江苏省十B

犯罪学前沿译丛

刘蔚文　主编

本书系公安部公安理论及软科学研究计划重点项目"金融安全视阈下的新型风险型经济犯罪侦查与对策研究"（2018LLYJJSST009）研究成果

FINANCIAL CRIMES AND EXISTENTIAL PHILOSOPHY

金融犯罪与存在主义哲学

［加］米歇尔·迪翁（Michel Dion）◎著　　蒋苏淮　姚　杏◎译

知识产权出版社
全国百佳图书出版单位
——北京——

First published in English under the title *Financial Crimes and Existential Philosophy* by Michel Dion，edition：1

Copyright © Springer Science + Business Media Dordrecht，2014

This edition has been translated and published under licence from Springer Nature B. V.

Springer Nature B. V. takes no responsibility and shall not be made liable for the accuracy of the translation.

本书中文简体翻译版授权由知识产权出版社有限责任公司在中国大陆地区以图书形式独家印刷、出版与发行。

图书在版编目（CIP）数据

金融犯罪与存在主义哲学/（加）米歇尔·迪翁（Michel Dion）著；蒋苏淮，姚杏译. —北京：知识产权出版社，2022.12

（犯罪学前沿译丛/刘蔚文主编）

书名原文：Financial Crimes and Existential Philosophy

ISBN 978 - 7 - 5130 - 7937 - 2

Ⅰ.①金… Ⅱ.①米… ②蒋… ③姚… Ⅲ.①金融犯罪—研究 Ⅳ.①D914.330.4

中国版本图书馆 CIP 数据核字（2021）第 269901 号

责任编辑：韩婷婷　江宜玲　　　　　　责任校对：谷　洋

封面设计：北京乾达文化艺术有限公司　　责任印制：刘译文

犯罪学前沿译丛

金融犯罪与存在主义哲学

［加］米歇尔·迪翁（Michel Dion）◎著

蒋苏淮　姚　杏◎译

出版发行：知识产权出版社 有限责任公司		网　　址：http：//www.ipph.cn	
社　　址：北京市海淀区气象路 50 号院		邮　　编：100081	
责编电话：010 - 82000860 转 8339		责编邮箱：jiangyiling@cnipr.com	
发行电话：010 - 82000860 转 8101/8102		发行传真：010 - 82000893/82005070/82000270	
印　　刷：三河市国英印务有限公司		经　　销：新华书店、各大网上书店及相关专业书店	
开　　本：720mm×1000mm　1/16		印　　张：18.5	
版　　次：2022 年 12 月第 1 版		印　　次：2022 年 12 月第 1 次印刷	
字　　数：278 千字		定　　价：99.00 元	

ISBN 978 - 7 - 5130 - 7937 - 2

京权图字：01 - 2022 - 5035

伦理经济学：经济伦理与哲学研究

丛书编辑：

Alexander Brink, University of Bayreuth

Jacob Dahl Rendtorff, Roskilde University

编委会：

John Boatright, Loyola University Chicago, Chicago, Illinois, USA

George Brenkert, Georgetown University, Washington D. C. , USA

James M. Buchanan[†], George Mason University, Fairfax, Virginia, USA

Allan K. K. Chan, Hong Kong Baptist University, Hong Kong

Christopher Cowton, University of Huddersfield Business School, Huddersfield, United Kingdom

Richard T. DeGeorge, University of Kansas, Lawrence, Kansas, USA

Thomas Donaldson, Wharton School, University of Pennsylvania, Philadelphia, Pennsylvania, USA

Jon Elster, Columbia University, New York, New York, USA

Amitai Etzioni, George Washington University, Washington D. C. , USA

Michaela Haase, Free University Berlin, Berlin, Germany

Carlos Hoevel, Catholic University of Argentina, Buenos Aires, Argentina

Ingo Pies, University of Halle-Wittenberg, Halle, Germany

Yuichi Shionoya, Hitotsubashi University, Kunitachi, Tokyo, Japan

Philippe Van Parijs, University of Louvain, Louvain – la – Neuve, Belgium

Deon Rossouw, University of Pretoria, Pretoria, South Africa

Josef Wieland, HTWG-University of Applied Sciences, Konstanz, Germany

目　录

引　言 ……………………………………………………………………………… 1

第一章　存在论哲学与存在状态哲学 ……………………………… 11

　　1.1　存在论哲学与存在状态哲学的先驱（克尔凯郭尔、尼采）…… 14

　　1.2　本体存在状态哲学（雅斯贝尔斯、布伯、马塞尔）………… 19

　　1.3　存在主义哲学（萨特）………………………………………… 24

　　1.4　存在本体论哲学（海德格尔）………………………………… 29

　　参考文献 ……………………………………………………………… 36

第二章　尼采与非正式价值转移系统（IVTS）……………………… 41

　　2.1　前言 ………………………………………………………………… 43

　　2.2　真理意志 …………………………………………………………… 45

　　2.3　尼采哲学的权力意志：超越道德的方式 ……………………… 48

　　2.4　超越虚无主义的尼采方式 ……………………………………… 70

　　2.5　非正式价值转移系统与尼采对解释的解释 ………………… 73

　　2.6　总结 ………………………………………………………………… 82

　　参考文献 ……………………………………………………………… 83

第三章　克尔凯郭尔与美学/伦理生活观：洗钱问题 ……………… 89

　　3.1　前言 ………………………………………………………………… 91

　　3.2　克尔凯郭尔的美学和伦理生活观 ……………………………… 92

　　　　3.2.1　美学的生活观：即时性的领域………………………… 93

3.2.2   伦理生活观：中间领域（自由）⋯⋯⋯⋯⋯ 99

3.2.3   宗教生活观：美学与伦理的综合 ⋯⋯⋯⋯ 109

3.3   道德推理与洗钱现象⋯⋯⋯⋯⋯⋯⋯⋯⋯⋯ 114

3.3.1   洗钱是欺骗之术 ⋯⋯⋯⋯⋯⋯⋯⋯⋯ 115

3.3.2   整理好我们的房子 ⋯⋯⋯⋯⋯⋯⋯⋯ 117

3.4   总结⋯⋯⋯⋯⋯⋯⋯⋯⋯⋯⋯⋯⋯⋯⋯⋯⋯ 120

参考文献 ⋯⋯⋯⋯⋯⋯⋯⋯⋯⋯⋯⋯⋯⋯⋯⋯ 122

第四章   雅斯贝尔斯和布伯的沟通观：贿赂问题 ⋯⋯⋯⋯ 127

4.1   前言⋯⋯⋯⋯⋯⋯⋯⋯⋯⋯⋯⋯⋯⋯⋯⋯⋯ 129

4.2   雅斯贝尔斯的真理与沟通观⋯⋯⋯⋯⋯⋯⋯ 130

4.3   布伯的对话观⋯⋯⋯⋯⋯⋯⋯⋯⋯⋯⋯⋯⋯ 137

4.4   贿赂是一种扭曲的沟通⋯⋯⋯⋯⋯⋯⋯⋯⋯ 142

4.4.1   贿赂是滥用职权 ⋯⋯⋯⋯⋯⋯⋯⋯⋯ 144

4.4.2   贿赂是反垄断或不诚信的行为和意图 ⋯⋯ 146

4.5   总结⋯⋯⋯⋯⋯⋯⋯⋯⋯⋯⋯⋯⋯⋯⋯⋯⋯ 148

参考文献 ⋯⋯⋯⋯⋯⋯⋯⋯⋯⋯⋯⋯⋯⋯⋯⋯ 150

第五章   海德格尔和马塞尔的技术观：网络犯罪的哲学挑战 ⋯⋯⋯⋯ 155

5.1   前言⋯⋯⋯⋯⋯⋯⋯⋯⋯⋯⋯⋯⋯⋯⋯⋯⋯ 157

5.2   海德格尔的技术本质观⋯⋯⋯⋯⋯⋯⋯⋯⋯ 158

5.3   马塞尔的技术观⋯⋯⋯⋯⋯⋯⋯⋯⋯⋯⋯⋯ 174

5.4   网络犯罪与海德格尔和马塞尔哲学的关联 ⋯⋯ 179

5.4.1   信息技术与网络栖居的浪漫情怀 ⋯⋯⋯ 180

5.4.2   网络犯罪与不真实生活 ⋯⋯⋯⋯⋯⋯ 183

5.4.3   网络犯罪与技术崇拜 ⋯⋯⋯⋯⋯⋯⋯ 187

5.5   总结⋯⋯⋯⋯⋯⋯⋯⋯⋯⋯⋯⋯⋯⋯⋯⋯⋯ 188

参考文献 ⋯⋯⋯⋯⋯⋯⋯⋯⋯⋯⋯⋯⋯⋯⋯⋯ 190

第六章   蒂利希式存在的勇气：如何对战欺诈行为 ⋯⋯⋯⋯ 197

6.1   前言⋯⋯⋯⋯⋯⋯⋯⋯⋯⋯⋯⋯⋯⋯⋯⋯⋯ 199

6.2 蒂利希和存在主义 ………………………………… 200

6.3 抵抗非存在的勇气 ………………………………… 208

6.4 作为个体存在的勇气与作为社会一员存在的
勇气之间相互依存 ………………………………… 222

6.5 绝望的勇气和接受上帝的勇气 ………………… 225

6.6 存在的勇气与欺诈 ………………………………… 227

6.6.1 保险欺诈 ………………………………… 227

6.6.2 预付金欺诈 ………………………………… 229

6.6.3 身份欺诈和信用卡欺诈 ………………… 232

6.6.4 欺诈受害与欺诈政府 ………………… 233

6.6.5 管理层舞弊和贪污 ……………………… 234

6.7 总结 ……………………………………………………… 235

参考文献 ………………………………………………………… 236

第七章 组织生活叙事：萨特对金融犯罪的预防战略观 ………… 243

7.1 前言 ……………………………………………………… 245

7.2 组织生活叙事 ………………………………………… 246

7.2.1 沟通交流的伙伴 ………………………… 248

7.2.2 组织生活中沟通交流的目的 ………… 249

7.2.3 加强组织生活中沟通交流的途径 … 253

7.3 打击金融犯罪，贯彻组织生活中沟通交流的主要目标 255

7.4 他人是组织生活中沟通交流的伙伴 …………… 259

7.5 总结 ……………………………………………………… 263

参考文献 ………………………………………………………… 264

第八章 结 论 …………………………………………………… 269

参考文献 ………………………………………………………… 278

文献目录 …………………………………………………………… 280

引 言

　　金融犯罪的增长速度难以估算。我们甚至无法评估大部分金融犯罪。贪污（贿赂、勒索）和洗钱都是在"幕后"进行的。许多金融犯罪的传播是以地理（跨国金融犯罪）和人口统计（因涉及各种变态人格和社会阶层）为基础的。信息和通信技术使我们更容易在极短的时间内与成千上万的潜在受害者取得联系。金融犯罪在世界各地蔓延，我们应深刻反思出于非法和不道德的目的利用科学技术的行为。我们还必须考虑人性的贪婪与自私，它会促使一些人实施犯罪计划。如果我们从哲学的角度仔细审视金融犯罪，那么就无法逃避理想社会这一议题。我们心中的理想社会是怎样的？我们想生活在什么样的世界里？我们应该支持什么样的价值追求？事实上，对这些问题的解答更多地需要依靠哲学基础而非仅仅探究社会原因。金融犯罪是一种可以从哲学角度分析的现象，因其使世界失去了人性。人类正在失去存在的意义及其所属世界的意义。这就是存在主义哲学可以帮助我们理解人类的存在以及世界是如何变得岌岌可危的原因。迄今为止，我们很少从存在主义的角度分析金融犯罪。借用存在主义哲学家的一些概念，可以帮助我们了解特定金融犯罪的未知维度：我们不仅应该关注它们导致的去人性化的影响，还应该关注金融犯罪引发的存在性空虚（失去意义）。哲学质疑源于去人性化的过程。金融犯罪在世界各地不断蔓延，我们的世界变得越来越没有意义，因此我们需要使用存在论（existential）哲学与存在状态（existentiell）哲学框架来解决这些哲学质疑。

　　哲学作品可用来批判日益增长的金融犯罪现象。存在主义哲学已经从不同的角度，特别是伦理决策过程的角度对此进行了分析，并在商业企业中加以应用（阿加瓦尔，马洛伊，2000）。存在主义哲学甚至已经从犯罪学的角度进行了分析。里本斯和克鲁（2009）重点关注了三位哲学家（尼采、海德格尔和萨特），其中最关注的是尼采。哈迪比克和里本斯（2011）

则坚持海德格尔和萨特的哲学。其他存在主义哲学家，如克尔凯郭尔、雅斯贝尔斯、马塞尔、布伯和蒂利希，并没有真正被考虑进去。在这本书中，我们将使用存在主义哲学来阐明日益增长的金融犯罪现象的哲学意义。本书的目的在于探讨这样一个问题，即当我们面对去人性化现象时，是否需要存在主义哲学质疑。从存在主义哲学的角度处理金融犯罪问题将有助于更好地设计有效的预防策略。运用存在主义哲学将有助于我们理解金融犯罪对人类定义自我方式的影响，或是对他人关注的人类观念的影响，甚至是对他人描述其想要生活方式的影响。然而，各种存在主义哲学的概念差别很大，这对我们试图运用存在主义哲学解读金融犯罪带来了真正的挑战。每一种存在主义哲学实际上都包含了各种与剖析金融犯罪现象或多或少相关的概念。因此，我们确定了一些概念，以阐明金融犯罪现象被忽视的方面。在此过程中，我们将揭示金融犯罪的增长是如何扭曲我们对人类和人类世界的理解。存在主义哲学并不等同于存在主义。❶ 存在论哲学与存在状态哲学是关于存在的首要性的两种不同的思想流派。我们不会从存在主义归属的角度来解释它们的概念。相反，我们将把存在论哲学与存在状态哲学解释为对"实体的价值"（存在者层次）或"存在的价值"（存在论层次）这一问题的基本贡献。

　　为了探索在领导力方法中使用它们的可能性，人们已经研究了一些西方哲学家的著作，尤其是伊曼努尔·康德（鲍威，2000）、尤尔根·哈贝马斯（施内贝尔，2000）、伊曼努尔·列维纳斯和阿拉斯代尔·麦金太尔（奈特，奥利里，2006）的哲学著作。在本章中，我们将会看到卡尔·雅斯贝尔斯、马丁·海德格尔、让·保罗·萨特和加布里埃尔·马塞尔的哲学著作在何种程度上被应用在领导力研究中。存在主义运动不是同质的。我们可以把它分为两种基本类型。海德格尔自己给出了区分存在主义各种趋势的方法。根据海德格尔（1962：33）的观点，存在状态指的是此在（Dasein）的本体事件，而存在反映的是对构成存在的东西（存在的本体论

---

　　❶ 正如索弗（1996：551）所说，脱离其历史根源的"主义"会变得空洞。存在主义是一场复杂的历史运动。我们在将某位哲学家定义为存在主义者时，要谨慎。

结构）的分析。海德格尔想要明确区分存在论层次领域和存在者层次领域。这本身并非一个方法论问题（反例：萨特，1980：293－294）。二者彼此独立，但又相互关联。以下三种存在模式反映了什么是存在主义领导力：（1）自我创造的存在（萨特）；（2）接受其存在有限性的有限存在（尼采、海德格尔）；（3）与无限密切相关的有限存在（克尔凯郭尔、雅斯贝尔斯、马塞尔、蒂利希、布伯）。海德格尔接受其存在有限性的有限存在，反映的是一种存在论分析，而自我创造的存在（萨特）以及与无限密切相关的有限存在（克尔凯郭尔、雅斯贝尔斯、马塞尔、布伯、蒂利希）反映的是一种存在状态分析。我们将哲学思想与特定领导风格（如魅力型领导和变革型领导）的内容以及意义联系起来，从而加深我们对这种领导风格的理解。我们还将把存在型领导风格作为一种道德领导风格来呈现，它可以帮助界定道德领导力教育的基本路径，特别是在金融犯罪的预防策略受到质疑时。

以下是我们方法论的四个基本要素：

第一是金融犯罪的形而上学维度。金融犯罪的概念涉及两个基本组成部分：金融方面和犯罪方面。一方面，从普遍角度而非给定的司法管辖范围来看，什么是犯罪？在一些国家，特定的行为被认为是犯罪，而在另一些国家，这些行为只是不被提倡或被认为是不道德的行为。就跨国犯罪而言，情况要复杂得多。罪犯有国际网络。受害者生活在许多国家。然而，其中一些国家并不从法律角度处置金融犯罪行为（如贿赂、洗钱、网络犯罪、逃税等）。一些金融犯罪具有跨国性质，但并不意味着存在禁止这种活动和做法的普遍道德价值观和准则。司法管辖有多种方式将特定的行为解释为金融犯罪。正如迈耶等人（2001）所说，犯罪是社会构念：它们不是由社会共识产生的。相反，金融犯罪的定义取决于公民、社会团体和政府机构之间相互冲突的关系。司法管辖起着决定性的作用，因为它反映了这种冲突关系的最终结果。对于金融犯罪，司法管辖并没有统一的解释模式。金融犯罪属于那些似乎陷入道德相对主义的问题。然而，现实与这种先验假设相去甚远。事实上，司法管辖区并不共享类似的伦理范式，但这并不意味着我们必须采用道德或文化相对主义的方法。如果我们理所当然地认为每个理性的人都有一些先天的责任，并且这些责任将禁止金融犯罪，那么康德关于金融犯罪的观点仍然站得住脚。金融犯罪的跨国性质并不是采用道德或文化相对主义方法的核心论据。司法管辖区不共享相同的道德依据这一事实也并非决定性因素。康德的观点摆脱了任何文化决定论。就人类的历史或文化根源而言，我们能否采用一种专注于纯粹理性的方法呢？事实上，不同司法管辖区对金融犯罪的道德或社会可接受性的分歧，揭示了在所谓的犯罪行为中什么是善与恶的深刻挑战。如果世界各地的司法管辖区就某一金融犯罪达成一致，这是否意味着这种禁止实际上反映了对人性的普遍定义，从而反映了对基本人权的普遍定义？或者说，它是一种基于历史的现象，可能会在一段或长或短的时间内消失？另一方面，犯罪的经济特征是不确定的。实施金融犯罪意味着什么？我们如何解释特定罪行的经济特征？我们可以从两个角度来审视金融犯罪。从因果角度（犯罪的来源），我们可以得出造成金融不确定性和风险的社会、文化、经济、政治因素。因果角度倾向于解释金融犯罪发生的方式与原因，但这绝不可能成为金融犯罪的道德依据。根据因果关系，个人和组织由于经济原因而犯罪。从效果角度来看，我们可以关注个人或组织遭受的经济损失。如果不能准确识别出经济损失，就不存在经济犯罪。因果角度没有考虑到任何原因都是先前原因的结果这一事实。效果角度忽略了效果成为不良效果的原因的可能性（例如，网络犯罪的受害者实施政府欺诈或税收欺诈或保险欺诈）。因此，特定犯罪的经济属性揭示了因果关系的哲学问题。金融犯罪具有形而上学的维度，因为它质疑我们对善与恶的定义以及我们对因果关系的解释。如果我们不明确什么是善与恶，或者对因果关系存疑，那么我们如何才能真正理解存在的意义？没有因果关系，我们就无法确定存在的意义，而因果关系在任何道德中都是固有的。因此，金融犯罪正在质疑寻找我们存在的意义的可能性。

第二是存在主义哲学与处理金融犯罪的相关性。很少有研究涉及存在主义哲学的主要流派，并试图将它们的某些概念用于解释金融犯罪，因为这是对存在意义的社会和文化建构的质疑。此外，存在主义哲学永远都不可能使包罗万象的基本问题消失：存在意味着什么？我们可以使用从存在主义哲学家那里继承来的概念。但是，如果我们不考虑这个深奥的问题，我们就会失去对所有存在主义范畴和概念赋予意义的基本上层建筑。如果道德正如康德（1983：6）和叔本华（2009：203－205；1978：3）所说，总是建立在形而上学的基础上，那么对金融犯罪的任何道德分析都不可避免地要考虑形而上学的问题。存在主义哲学意味着提出哲学问题，如自由和时间性（我们必须死亡）、苦难和死亡、错误和过失、绝望（存在范畴）。这些范畴可以用来回答深奥的问题。如果不处理这些形而上学的问题，我们就无法对金融犯罪进行任何道德分析。我们的道德分析将是空洞和无用的。因此，存在主义哲学可以有助于为道德审判提供形而上学的依据，尽管以存在主义为中心的哲学家以一种极其不同的方式评估形而上学。这些分歧可能是有益的，因为它们可以孕育各种道德观点。存在主义哲学家们一致认为有必要摆脱使人失去人性的过程。去人性化过程是由那些倾向于使人类丧失其独特性的社会、文化、经济、政治、美学甚至宗教/精神实践/规范导致的。存在主义哲学家们都在关注去人性化过程的负面影响，他们用完全不同的方式解释去人性化过程和人道主义（作为存在的追求）。金融犯罪是一种去人性化现象，因为它危及我们的团结感，从而危及人们的信任感。对此，存在主义哲学可能会有所帮助，因为它反映了任何去人性化过程固有的存在范畴：斗争，痛苦与死亡，错误与过失，绝望。作为存在追求的人道主义，不能忽视这种存在范畴。任何人文主义道德都是建立在对存在范畴的特定解释之上的。

第三是哲学家的选择。我们将在第一章论及，克尔凯郭尔和尼采是存在主义哲学的先驱，其他哲学家（如布莱斯·帕斯卡）深刻地影响了存在主义哲学家思想发展的方式。然而，我们决定把重点放在 19 世纪和 20 世纪的哲学著作上。虽然存在主义哲学可以追溯到从希腊哲学家到文艺复兴时期传承下来的思想，但人们通常认为存在主义哲学诞生于 19 世纪，并在 20 世纪达到顶峰。有两位哲学家被排除在我们的研究之外：尼古拉斯·贝加耶夫和阿尔贝·加缪。在这两位哲学家的著作中，我们没有看到他们的哲学思想将金融犯罪作为质疑存在意义的社会和文化建构。此外，我们认为他们对"无限"（信仰：贝加耶夫；不信仰：加缪）的基本选择无助于以存在主义方式更好地理解金融犯罪。然而，我们意识到这是我们研究的一个局限。我们有时会提到贝加耶夫和加缪的作品。但是我们认为，他们的哲学思想并不需要专章展示。无意义（加缪）这一问题肯定与存在绝望有关。克尔凯郭尔（以及蒂利希）深深意识到绝望的存在维度。然而，我们使用的是克尔凯郭尔的美学/伦理生活观的概念，而不是他对绝望的观点。勇于面对存在绝望当然很重要。然而，我们没有关注存在绝望，因为我们不知道它作为质疑存在意义的社会构念如何与金融犯罪联系起来。这是一个方法论的选择，因此也是我们研究的一个局限。

第四是多重概念及其在金融犯罪中的有限适用。一方面，我们已经确定了一些概念，以帮助我们以不同方式审视金融犯罪。金融犯罪的哲学观不能摆脱存在范畴。我们选择了一些概念，同时排除了其他的概念。由此，我们深刻地意识到，存在主义哲学是如此宏大和复杂，以至于有可能使用了其他概念进行表达。我们相信一些存在主义的概念可以帮助我们理解身处一个充斥着金融犯罪的世界里的意义。我们所选择的概念在解释金融犯罪方面相当有限。存在主义哲学不能完全适用于金融犯罪领域。它们的适用范围是有限的。虽然存在主义概念可以反映金融犯罪的存在（形而上学）维度，但它们不能揭示整个金融犯罪现象。它们有助于将金融犯罪重新定义为被存在约束的现象。存在主义的概念可能是有启发性的，无论是尼采的权力与不道德的意志、克尔凯郭尔的美学/伦理生活、布伯的"我－你"（I－Thou）对话的概念、雅斯贝尔斯将真理作为交流的概念、海德格尔和马塞尔的技术批判，还是蒂利希存在的勇气。然而，这些概念整体上不能直接适用于金融犯罪。存在主义哲学应用于金融犯罪问题的方式是有限的。另一方面，我们没有使用克尔凯郭尔关于存在焦虑的观点、尼采对人类中心说的批判、雅斯贝尔斯对极权主义的批判、马塞尔对存在及拥有的观点、萨特的为他人存在的概念，或者蒂利希的终极关怀的概念。我们选择分析的每一种存在主义哲学都可以以不同的方式呈现。金融犯罪是对存在意义提出质疑的社会构念。因此，我们只能选择与存在范畴密切相关的哲学思想，从而也只能选择与存在意义密切相关的哲学思想。我们意识到，其他概念也可能是相关的。因此，选择多重概念本身就是我们研究的一个局限。

腐败、贿赂、欺诈、洗钱和网络犯罪危及人们和谐相处的方式。金融犯罪正在破坏人类的团结、相互理解和信任。日益增长的金融犯罪（如网络犯罪、预付金欺诈、洗钱、保险或破产欺诈、贿赂和勒索）正在削弱公众对社会或政府机构的信任，同时也在逐步消减人们之间的相互信任和理解。金融犯罪使人类的自我认知产生存在主义误解。存在主义哲人们的特征便是哲学质疑。他们不会把任何生命意义、任何一套价值观、任何意义视为理所当然。他们会不断地寻找生活的意义。我们处理日常生活（尤其是组织生活）的方式反映了我们对其意义的深切关注。我们必须更加清楚地认识到我们看待存在和道德的方式。我们对"存在的价值"的存在主义表述，是每一项针对金融犯罪的长期预防策略的重要组成部分。要有效打击金融犯罪，就必须深入理解我们理想世界的意义。金融犯罪正在使这个世界失去人性，因为它降低了相互信任和理解的程度。这就是任何可有效打击金融犯罪的策略都必须解决存在主义质疑问题的原因。

| 参考文献 |

［1］ Agarwal, James, and David Cruise Malloy. 2000. The role of existentialism in ethical business decision-making. *Business Ethics*：*A European Review* 9（3）：143 – 154.

［2］ Bowie, Norman. 2000. A Kantian theory of leadership. *Leadership & Organization Development Journal* 21（4）：185 – 193.

［3］ Hardie-Bick, James, and Lippens Ronnie. 2011. *Crime, governance and existential predicaments*. New York：Palgrave Macmillan.

［4］ Heidegger, Martin. 1962. *Being and time*. New York：Harper & Row.

［5］ Kant, Immanuel. 1983. *Foundations of the metaphysics of morals*. Indianapolis：Bobbs-Merrill/Library of Liberal Arts.

［6］ Knights, David, and Majella O'Leary. 2006. Leadership, ethics, and responsibility to the other. *Journal of Business Ethics* 67（2）：125 – 137.

［7］ Lippens, Ronnie, and Don Crewe. 2009. *Existentialist criminology*. London：Routledge-Cavendish.

[8] Meier, Robert Frank, Leslie V. Kennedy, and Vincent F. Sacco. 2001. Crime and the criminal event perspective. In *The process and structure of crime: Criminal events and crime analysis*, eds. R. F. Meier, L. V. Kennedy, and V. F. Sacco, 1 – 28. New Brunswick: Transaction Publishers.

[9] Sartre, Jean-Paul. 1980. *L'Être et le néant. Essai d' ontologie phénoménologique*. Paris: Gallimard.

[10] Schnebel, Eberhard. 2000. Values in decision-making processes: Systematic structures of J. Habermas and N. Luhmann for the appreciation of responsibility in leadership. *Journal of Business Ethics* 27 (1 – 2): 79 – 88.

[11] Schopenhauer, Arthur. 1978. *Le fondement de la morale*. Paris: Aubier-Montaigne.

[12] Schopenhauer, Arthur. 2009. *Les deux problèmes fondamentaux de l'éthique*. Paris: Gallimard.

[13] Soffer, Gail. 1996. Heidegger, humanism, and the destruction of history. *The Review of Meta-physics* 49 (3): 547 – 576.

第一章

存在论哲学与存在状态哲学

从根本上说，存在论哲学研究的是"它是什么"（本体论范畴），而存在状态哲学则从存在者的角度（即从存在或人的角度）解决存在的基本局限性（如死亡和疾病、过错和罪责、空虚和无意义）。存在论哲学与存在状态哲学都试图更好地解释人类生命是如何充斥着对人类存在的哲学质疑。揭示这种质疑的方式实际上表达了它的本体论或本体层次的分析。存在论哲学与存在状态哲学主要关注了三种存在模式：（1）自我创造的存在（萨特）；（2）接受其存在有限性的有限存在（海德格尔）；（3）与无限密切相关的有限存在（雅斯贝尔斯、马塞尔、布伯、蒂利希）。海德格尔的接受其存在有限性的有限存在，反映的是一种存在论分析，而自我创造的存在（萨特）以及与无限密切相关的有限存在（雅斯贝尔斯、马塞尔、布伯、蒂利希）反映的是一种存在状态分析。如果我们理所当然地认为，克尔凯郭尔和尼采代表存在主义哲学的先驱，那么存在论哲学与存在状态哲学就有四个基本思想流派。存在论哲学与存在状态哲学的哲人不会想当然地认为生命有任何意义或者呈现出任何价值观。他们不断地寻找他们生活和所见的意义（但丁，2010：489）。存在论哲学与存在状态哲学的哲人会问一些深奥的问题，如关于与他人共处、存在、自由、真实的问题，有时还会问一些关于无限的问题。他们的哲思充满了这些哲学质疑。他们研究日常生活，尤其是组织生活的方式，反映了他们对"存在价值"的深切关注。克尔凯郭尔和尼采开辟了以存在主义为基础的哲学之路，但方式截然不同。克尔凯郭尔（以及列维纳斯）坚持上帝或无限的想法，尼采则否认任何宗教和精神的价值。因此，不难看出，他们的追随者分为两派：无神论存在主义哲学（尼采、萨特、海德格尔）和宗教存在主义哲学（克尔凯郭尔、雅斯贝尔斯、布伯、马塞尔）。克尔凯郭尔和尼采奠定了所有存在论哲学与存在状态哲学的历史基础和来源。

■1.1 存在论哲学与存在状态哲学的先驱（克尔凯郭尔、尼采）

如果没有尼采（他坚持事物自身意义的不确定性）和克尔凯郭尔（他揭示了发展伦理生活观的基本需求），存在论哲学与存在状态哲学就不会出现在 20 世纪中叶。当克尔凯郭尔专注于主体思想者（真理是主观的）时，尼采则在批判追求真理的意志。克尔凯郭尔在信仰中引入了主体性，而尼采否定了信仰本身的价值。克尔凯郭尔和尼采是 20 世纪存在论哲学与存在状态哲学的先驱。他们的哲学思想构成了存在主义哲学主流的基础，包括本体存在状态哲学（existentiell-ontical philosophy）（雅斯贝尔斯、布伯、马塞尔）、存在主义哲学（existentialism）（萨特）和存在本体论哲学（existential-ontological philosophy）（海德格尔）。

根据克尔凯郭尔（1974：74 – 79，84）的观点，存在的主体总是在形成中，也就是在存在和非存在（non-being）之间。存在作为存在的行为，只不过是不断形成的过程。这种形成的过程产生了不确定性。生命充满了不确定性，因为它是一个不断形成的过程。形成的不确定性即非存在的虚无（克尔凯郭尔，1969a：150）。我们不能确切地知道自我或世界会变成什么样子。人既是他自己，也是人类。我在参与人类，人类也在参与我自己。因此，我非常关心他人的历史，因为我自己就是人类。人类的自由是无限的，因为它是从虚无中诞生的（克尔凯郭尔，1969b：32 – 33，115）。我就是绝对的自己。在选择之前，自我并不存在。不存在内在的人类本质。自我的本质在于自我的存在。自我只能通过选择而存在。克尔凯郭尔并没有说我们是在创造自己。相反，我们正在选择我们想成为的人。选择"我想成为的人"需要存在主义的勇气，因为这样的"未来计划"可能会遇到一些限制和影响因素，使得"我"很难成为"我想成为的人"。这种存在主义的勇气是一切永恒和美的源泉（克尔凯郭尔，1992：562）。我的自由是我自己的绝对选择：选择"我想成为的人"就是以绝对的方式行使我的自由。在绝对的选择中，我使绝望成为我的一种存在可能性。克尔凯郭尔（1992：515 - 517，524）说，在我永恒的有效性中，绝对就是我自己。在选择自己的过程中，我不仅仅是在成为"我是谁"。我也正在把自己转变成普遍的个体（克尔凯郭尔，1992：551 - 552）。每个人都拥有真理。信仰不是一种知识。信仰的对象是主人（克尔凯郭尔，1969a：120 - 121）。这就是为什么每个人都可以拥有他的真理，因为这些真理是由他的主人传递的。信仰具有很强的主观性，因为存在的主体是一个主体思想者。所有存在主义的问题都涉及激情，因此也涉及主观性（克尔凯郭尔，1974：313）。克尔凯郭尔（1974：67 - 68）将主体思想者定义为"本质上对自己的思想感兴趣的个体存在，就像他存在于他的思想中一样"。他的思想只不过是内心反映。主体思想者思考普遍性，但这样做，他们会变得越来越特立独行，从而与他人隔绝。主体思想者无限关注存在的内在性。主体思想者所理解的每一个现象都是从他们自己的主观性中产生和脱离出来的。他试图从他的存在中理解他自己（克尔凯郭尔，1974：169，173，289，314）。人是有限（有限的存在）和无限（无限的激情）的综合体。笛卡尔在他的《第三次形而上学沉思》（1979：129）中，将信仰定义为对无法定义的神圣本质之美的激情。列维纳斯（2010：228）说，无限的观念是上帝的观念。真理是无限的激情，因而是主观性。信仰是内在的无限激情与客观不确定性之间的矛盾。因此，信仰是一种冒险的选择（克尔凯郭尔，1974：181 - 183，268，350，375）。真理是存在主义的内在性。存在本身没有真理。真理是自我的真理，也就是自我对真理的主张（克尔凯郭尔，1974：227，247）。信仰只不过是一种自由的行为（一种自由的决定）。信仰意味着主体思想者的内心正在形成信任，因此会接受不连续性。信仰是怀疑的对立面。信仰是形成的感觉。正在形成的存在是信仰的对象（克尔凯郭尔，1969a：147 - 155）。

根据尼采的观点，存在并非本质不可分割的一部分。存在的概念不能从现有存在中得出。存在的本质就是存在。这并不能证明存在确实存在。事物的存在不能用来证明事物的存在。事物本身并不存在。它本身没有任何意义（尼采，1975：34）。存在并非非存在的对立面（尼采，1968：312－313）。存在反映了事物之间的基本关系，但与事物的存在没有任何关系。存在和非存在的概念不能揭示任何真理，因为真理根本不存在。真理只不过是幻觉。换句话说，概念是我们追求真理的意志的不真实表达（格伦，2004：575－583）。语言不能表达现实的本来面目。语言扭曲了它们必须解释或表达的对象。语言具有基本的隐喻功能（尼采，1990：49－50，209－211）。根据尼采的观点，没有任何形而上学的世界是可以理解的，我们领悟不了这样的世界，我们只能说它不可能是什么（尼采，1975：24－25）。尼采的哲学否定任何形而上学真理。考恩（2007：537－556）说，它不是一种非形而上学的哲学。与叔本华不同，尼采断言，形而上学的需要并非宗教和灵性的起源。在相信来世之前，我们被宗教信仰奴役。即使无神论的人格也需要一个来世，尽管这样的世界是一个形而上学的世界。无神论者和信仰者都需要克服存在焦虑。与形而上学世界不同，以宗教为基础的来世是基于对自然现象的错误解释（尼采，1982：187－188）。尼采谴责有必要相信来世是一个真理的世界，从而可以平衡我们存在困境的观点。来世的世界让我们忘记了存在痛苦的真正根源。它使我们感觉人比其他生物优越，因为我们可以从我们存在的痛苦中获得来世（尼采，1974：50）。追求真理的意志使宗教和灵性渗透到整个历史中（尼采，1982：295）。对真理的无条件信仰是对形而上学价值的信仰，也就是对真理的绝对价值的信仰，因为它是由苦行理想保证的（尼采，1979：229）。形而上学、道德和宗教是关于存在、真理、善恶和事物本身的各种谎言。我们对生活的信仰往往建立在这样的谎言之上（尼采，1968：541）。正如查萨尔（1977：63）所说，尼采这种否定理想主义形而上学的方式等同于对生存意志的否定，是一种摆脱现实变化的方式。

尼采否认有神论的任何价值，因为有神论总是建立在武断的思想上（尼采，2006：25－26）。宗教（基督教）道德所传达的信念无法通过经验证明。信徒赋予这个世界一个信奉的意义，但并不反映任何现实。根据尼采的观点，世界和存在是没有意义的。宗教和道德是识别特定意义并将其范围扩大到每一种特定现象的手段。宗教就是关于生命价值的谎言。宗教和道德只不过是一系列责任。宗教实际上是理性所犯下的原罪（尼采，1977：55）。宗教和道德都属于表象领域，并不存在于事物本身。一切都是表象。尼采和叔本华说，世界是一个表象（尼采，1975：25，47）。道德和宗教用批评利己主义行为的方式催生了一种深深的负罪感：个人认为自己似乎是社会邪恶的真正根源。道德和宗教否定了生命过程的任何价值（尼采，1982：263，355）。它们要么将真理定义为被认为是真实的事物，要么将给定的心态看作现象的原因（尼采，1977：63）。人类良知的历史发展是以关爱他人的需要为特征的。人类作为社会性动物，是有自我意识的。道德和宗教催生了悲剧时代，也就是制造了一种存在主义隔阂的时代（对于"我们是谁"，我们感到陌生）（尼采，1982：37，306－308）。宗教确实与道德无关。宗教可以没有道德。但是，这样的宗教就不那么强大，也不那么有吸引力了。根据尼采的观点，宗教发明道德是为了统治人类的思想（尼采，1968：93，95）。有些人需要神，因为宗教提供了永生（尼采，2006：23，26）。任何宗教都没有真理。尼采（1975：114）说，宗教是建立在错误的基础上的（因此是对理性的滥用）。根据阿比和阿佩尔（1998：83－114）的说法，宗教为盲目服从权威提供了合理的理由。宗教宣称的基本真理是没有理性依据的。任何源于信仰的幸福都只是幻觉。自由的灵魂知道，宗教真理根本不是真理（尼采，1975：123－130）。救赎的需要与被认为是有罪的自然状态密切相关。正如尼采所说，罪的概念是通过教育过程获得的。任何需要救赎的需求都是由社会诱导的。

　　尼采对佛教进行了强烈的批判。尽管佛教对任何经验现实都提出了质疑，但好像背后还别的东西被忽视了。佛陀的四圣谛理所当然地认为真理本身确实存在。正如戴斯塔（2001）所说，佛教可以帮助我们在混乱的世界中和平地生活，但是不能用来彻底改变我们的世界（戴斯塔，2001：923－927）。根据瓦拉迪尔（1974：244）的说法，尼采并不想用佛教代替（死去的）基督教上帝。尼采对上帝之死的起源并不十分清楚。要么是上帝杀死了上帝（尼采，2006：38，42），要么是人类杀死了上帝（尼采，1982：169－170）。如勒维史（1973）所述，上帝的死亡需要自我超越，即超人的出现，从而感知现实的本来面目（变化和不可理解的现实）。超人意味着没有外部超验现实的存在。根据勒维史（1973：213 - 217）所说，尼采将基督教上帝定义为生命的对立面。上帝的观念以虚无的意志为前提，因为世俗生活的价值被来世的利益（虚无）所否定。德勒兹（2012：175）说，上帝的观念因此与生命过程相矛盾。上帝的死是生命的福音！

宗教建立在恐惧的基础上：我们害怕知道"我们是谁"。我们拒绝看到我们本来的样子。信徒宁愿祈祷一个想象中的存在（上帝），也不愿承认自己的内在力量。因此，人类所有伟大之处都被投射到一个虚构的存在中（德勒兹，2012：175）。根据尼采的观点，上帝的存在是由人类的美德和力量构成的。有些人认为，没有上帝，人类是不可能存在的，因为上帝为他们的存在提供了伦理意义（尼采，1974：85，96 - 97）。我们在神的存在中所敬仰的东西，已经存在于我们的心灵和精神中。根据尼采的观点，上帝的观念是对某些社会需求的回应。如果我们都需要一个仁慈的上帝，我们就会发展和加强上帝无限仁慈的本质。如果我们都需要一位作为审判－惩罚者的上帝，我们就会相信上帝的本质是终极惩罚的根源。上帝要么是权力的意志（邪恶的神：残忍、愤怒、惩罚），要么是无力的意志（善良的神：仁慈、慷慨）。在这两种情况下，上帝都是社会堕落的副产品（尼采，1978：28 - 30）。上帝不是真理本身（尼采，1974：99）。在上帝身上，我们圣化了虚无的欲望（尼采，1978：32）。上帝的观念是空无的，所以它不可能是万事万物的终极原因。这样的终极原因并不存在，因为先前的结果会成为新结果的原因。尼采说，原因必然是一个先验原因的结果（尼采，1990：30；1982：160，172；叔本华，2009：86 - 87）。宗教已经将虚构的原因设定为道德行为和习俗的依据。尼采说道德使人愚蠢（尼采，1974：31，40）。上帝的本质中没有"成为"，否则，这将是一种神化"成为"的方式（尼采，1973：19 - 20）。我们在上帝的存在中投射人性，从而增加一个想象的存在（上帝）的力量，使它成为人类所有存在性错误的救赎者（尼采，1982：169；1968：87）。不道德的勇气是一种摆脱奴隶道德的勇气（基于基督精神）。不道德被定义为主人道德，浸染着权力的意志（尼采，1968：214，216）。不道德将成为所有（增强生命）美德的来源。超人是有勇气去做不道德的事，从而专注于主人道德的人。尼采的超人学说否认奴隶道德具有任何价值，因为这种道德具有否定生命的特征（尼采，1968：232）。生命的本质是力量的意志。

■ 1.2　本体存在状态哲学（雅斯贝尔斯、布伯、马塞尔）

个人寻求真理的交流是真实社区的基础（雅斯贝尔斯）。对于雅斯贝尔斯和马塞尔来说，存在状态哲学并不意味着要摆脱本质。正如马塞尔（1955：21）所说，存在状态哲学并不是预先假定存在一个自给自足的本质，因此存在将是某种可以添加（作为补充）在不变本质之上的东西。雅斯贝尔斯和马塞尔并没有把本真作为哲学概念。存在状态哲学指的是人（本体层次领域）的经验性生存，并描述具体情况。这就是为什么本体存在状态哲学（雅斯贝尔斯、马塞尔）可以帮助界定针对当前金融犯罪增长的哲学质疑。

根据雅斯贝尔斯的观点，人类总是比我们自我认知的要复杂得多（雅斯贝尔斯，1970：13；1966b：66，171）。人类远比我们的自我认知或可达到的自我认知更复杂（雅斯贝尔斯，1963：38）。人类的存在是一种无限制的可能性，因为人类的存在是自由的（雅斯贝尔斯，1966b：171）。人类并非仅是一种存在实体，人类了解自己的存在状态。当他在探索自己的世界时，他意识到自己的存在。人类自由决定自己是什么样的存在（雅斯贝尔斯，1966b：11-12）。当我们能够辨别对与错的行为时，我们就形塑了我们自己（雅斯贝尔斯，1966b：62）。但是每一个知识都是解释。每一个存在都在被解释。所有的物体都是现象。当存在为人所知时，它既不是自身存在，也不是整体存在（雅斯贝尔斯，1966b：73，81，83）。卡尔·雅斯贝尔斯和加布里埃尔·马塞尔揭示了存在维度是如何与信仰共存的。

根据雅斯贝尔斯的观点，临界境遇（boundary-situations）是人类生活的基本（不可避免的）状况：死亡、痛苦、挣扎、机会、错误、罪责。之所以有临界境遇的存在，是因为我们不能改变它们。它们是我们历史处境的组成部分（吕格尔，2000：596）。临界境遇让我们陷入哲学思考。这可能就是海德格尔（1962：496）相信有限境遇（limit-situations）的原因，正如雅斯贝尔斯所描述的那样，其实际上具有基本的存在本体论意义。根据阿伦特（2005：34）的说法，我们正在通过临界境遇获得独立性。当我们做自己的时候，我们变得自由。但是，从普遍的观点来看，我们必须承认，临界境遇将是每个人生活的中心。它们仅在多个表达中发生变化。根据社会、文化、政治或宗教背景的不同，人们对临界境遇的看法也会有所不同。临界境遇实际上反映了我们的生存状况，它们定义了存在意味着什么。这就是为什么它们是决定性的。临界境遇属于人类的存在，而情境（situation）则是我内在意识的组成部分（雅斯贝尔斯，1970：179）。一方面，作为一个现存的本体，我处于一个特殊的情境中。正如雅斯贝尔斯（1970：183）所说，我存在于特定的社会、政治、经济、文化甚至宗教或精神环境中，处于历史的某个时间点或空间点，因此我的存在是情境性的，具有唯一性。另一方面，我处于相同（不可避免）的存在或普遍条件中。死亡是最关键的临界境遇，因为死亡是生命的尽头。我不知道我的死是客观的还是一种独特的现象。我的死亡通常不会被察觉，因为是我（而不是其他人）正在死亡。我的死亡是一种成为我自己的无限可能。根据雅斯贝尔斯（1970：197）所说，即使在我即将死去的时候，或者甚至在我为未来的死亡做准备的方式上，我也可以做我自己。死亡是我们存在史上不可分割的一部分（雅斯贝尔斯，1970：201）。

在日常生活中，人类经常忘记临界境遇，好像这种基本限制不会存在。我们忽略死亡，否认罪行。当我们清楚地看到临界境遇是如何影响我们的生活时，我们就会成为完全的自己（雅斯贝尔斯，1966b：19）。通过临界境遇，我们开始意识到我们的存在（雅斯贝尔斯，1963：193）。意识到这样的临界境遇实际上揭示了我们的失败，所以我们必须内化我们对真实性的追求。存在主义失败的经历使我们有可能成为真正的自我。通过临界境遇，我们能感觉出什么是真实的（雅斯贝尔斯，1966b：21-22）。存在主义哲人进一步拓展了临界境遇的含义。他们并没有声称自己拥有关于人类的终极真理。相反，他们想帮助其他人寻找自己的答案。在这样做的时候，他们是在尊重他人的自由，好像这将是一个神圣的现实。但是，如果停止寻找真理，就没有自由。雅斯贝尔斯认为，定义人类的是他的自由（雅斯贝尔斯，1970：13）。如果自由不符合真理，那么自由就毫无意义。真理是指理性发展和结构化的方式（雅斯贝尔斯，1970：48-49）。有时候，理性会被提升到一个不合理的层级。哲学的本质是对真理的追求。存在主义哲人认为，哲学质疑比我们给出这些问题的答案更为重要（雅斯贝尔斯，1966b：10-11）。没有他人，我就无法生存（雅斯贝尔斯，1966b：24）。只有当他人是自由的存在时，我们才能成为自由的存在（雅斯贝尔斯，1963：194）。作为自由的存在，我们需要与其他自由的生命交流（雅斯贝尔斯，1966b：123）。我们必须在无限制的交流中寻找真理和人类的意义（雅斯贝尔斯，1966b：126）。交流可以让人类建立真实的社区（雅斯贝尔斯，1963：161）。如果不能相互承认他人的存在和人性，交流就不可能发生。只有当"我"像"你"一样对他人敞开心扉时，他人才会为"我"而存在。相反，如果"我"不再将他人视为"我"可以敞开心扉的对象，如果我不再专注于他人的思想，"我"就不能对"你"如此敞开心扉。当他人沦为"我"感知他的方式时，他人就不能成为"我"以外的人，而是"我"自己的副产品，"我"和"你"之间便没有了根本区别（马塞尔，1935：155）。存在主义哲人更愿意承认"我"和"你"之间的根本区别。他们甚至认为，如果不厘清"我与你"关系的含义，组织的交流系统就无法达到其目标。这种看法为存在型领导提供了深刻的伦理维度。存在型领导是一种道德的领导风格，因为"与人相处"意味着处理"我与你"关系，从而揭示了相互承认对方为主体的基本要求。

雅斯贝尔斯用一种非常有趣的方式看待无限（the Infinite）。雅斯贝尔斯认为，可以在以下三种基本模式下感知"包含性"（the Encompassing）：（1）作为意识，我们都是相同的；（2）作为生命主体，每个人都有特定的个性；（3）作为存在，我们都是历史存在。对上帝的信仰植根于"包含性"。雅斯贝尔斯说，当我们意识到我们的自由时，我们就确认了上帝的存在。作为自由的存在，我不是独自存在的。如果我是真正的自己，那么我确信我不能只靠我自己做我自己。上帝为人类生存而存在。只要我在自由中成为真正的我，上帝就为我而存在（雅斯贝尔斯，1966b：45 - 46）。真正的自由意味着我一个人无法自由（雅斯贝尔斯，1966b：67）。上帝永远超越我们对神圣本质和生命所有表象的认知。在没有宗教或精神表象的地方，上帝更加存在。所有的宗教符号都是谬见。如果我们认为它们是上帝本质的一部分，那么我们就陷入了盲目的信念（雅斯贝尔斯，1966b：49）。人类越自由，就越相信上帝（雅斯贝尔斯，1966b：66 - 67）。受上帝指引的唯一途径是自由之路，因为上帝实际上是通过人类的自由行动来行动的（雅斯贝尔斯，1966b：70，75）。关于上帝和存在的直接知识并不存在。这只是信仰问题（雅斯贝尔斯，1966b：86）。

根据马塞尔的说法，人是处于情境中的存在，即植根于特定历史情境中的存在。有历史根源意味着我们受制于客观决定论（生物学、心理学、社会文化、宗教）和主观决定论（我对他人敞开心扉的方式）（马塞尔，1951：17，92；1940：338）。我们的存在缺乏凝聚力（马塞尔，1940：134 - 136）。任何情况都暗示着某种尚未解决的问题，因此也就意味着一种深深的厌恶。客观的和主观的决定论使我们的存在变得不确定。我们必须正视我们自己的历史处境，这样一来，这种处境将会传达客观和主观决定论，而这些决定论可能是从过去甚至是从我们现在的生活中继承下来的。我们的处境没有任何意义。我们必须找出最适合我们目前心境的意义，即为什么会有厌恶（马塞尔，1940：170 - 173）。根据马塞尔的说法，雅斯贝尔斯所定义的临界境遇（机会、死亡、错误、斗争）实际上定义了我们存在的意义。我的存在意味着我处在这种临界境遇之中。之所以只有人类存在，是因为只有人类物种共享有限和隔阂的存在条件。所以我们应该说上帝并不存在，因为上帝超越了所有的临界境遇。上帝不受机会、死亡、错误和斗争的限制（马塞尔，1961：12，46）。根据马塞尔（1961）的观点，人是不自由的，但他必须是自由的。自由既是一项工程，也是一项责任。人是一项追求自由的工程。这样的存在状态工程蕴含着自我超越和自由的责任（我必须为每个人的自由而奋斗）。获得自由的责任意味着为集体自由而战：如果我不能把别人从枷锁中解救出来，我就不是自由的；如果我任由世界不断增加社会不公和压迫，我就不是自由的。人是追求自由的工程，因为人的存在受到一定的制约。人必须变得自由，因为他不可能与他人拥有完美和谐的关系（马塞尔，1940：119－120，190，197）。自由不是我们可以拥有的属性。它是定义人类本质的要素（马塞尔，1961：130）。自由是我的目标，也是我（对他人）的责任。自由是肯定或否定我们自由的力量（马塞尔，1940：45）。否认我的自由就是否认"我是谁"。因此，自由可能意味着对"我是谁"的否定。绝望可能会开启这种否认存在状态的大门（马塞尔，1935：138，154）。这样做，我们将背叛自己（马塞尔，1967：55－56，172）。

我们的自由就是"我们是谁"。这就是为什么自由似乎是不可得的（马塞尔，1967：83，88）。当我们通过行动和决定表达存在自由时，我们就是自由的（马塞尔，1961：8－9）。我们与他人共处是我们自由的基础。我们的自由是可能的，因为"我"是一种与他人相对的存在。没有他人或世界的意识，自我意识就不可能存在。若与他人无任何关系，"我"无法定义"我"是谁。人是面对他人的存在。正如布伯（1975：205）所说，"我"只通过与"你"的关系而存在。当"我"说"你"的时候，"我"并不是从经验主义的角度来解释他人的自我。（经验主义的）经验视角意味着我只关注我自己。我并不真正关心"你"。从经验主义的角度来解释"你"意味着我们把"你"当作一个物体来对待。在这样做的过程中，我们正在加深"我"和"你"之间的差距。当"我"说"你"的时候，"我"是在与"你"的关系中。但我不能说我可以脱离"你"而成为"我"。在成为"我是谁"的过程中，"我"可以说"你"。此外，"我"在与"你"的接触中成就了自己（布伯，1968：12－13，25）。如果"我"不能和他人建立有意义的关系，"我"就不能做完全的自己。在看到他人的自我时，"我"也看到了我自己。在看到"我是谁"的过程中，我可以更好地了解他人的自我。没有他人的自我，我就不可能找到"我是谁"（个人身份），也不可能肯定自己（自我肯定）。当对自己的言行负责时，

"我"就是一个人（马塞尔，1944：25）。如果我们的意识不自由，就不可能向他人敞开心扉。身临其境意味着我们意识到存在的有限性。与他人共处意味着他人实际上也在"我"之中。他人的存在仍然是个谜。"我"不可能为了自己的目的而操纵他人的存在，将他人和我自己非人化（马塞尔，1951：24，94，110）。他人必须永远保持他们的差异性。"我"绝不能把他人的存在归结为"我"自己对他人存在的看法和解释。不然，我的存在将不再是与他人同在。我要对他人的自由施加非人性化的约束（马塞尔，1940：113）。这样一来，"我"将消除他人的神秘感（马塞尔，1967：76；1935：155）。正如达维尼翁（1985：53）所说，马塞尔的哲学思想是关于"我们是谁"的形而上学。这就是马塞尔坚持要我们共存的原因（达维尼翁，1985：53）。

■1.3 存在主义哲学（萨特）

萨特哲学中有自治（新康德主义）伦理的存在。萨特并不接受康德的道德约束，而只是揭示了康德的道德自主性是道德个体的核心。根据塞尔兹尼克（1992：81）的观点，存在主义既定义了客观的善（如爱和自我认知），又定义了客观的邪恶（如不诚实）。萨特（1980：82 - 107）主要关注不诚实（以不真实的方式拒绝我们的自由）。作为组织生活的战略领导者或观察者，商业领袖应在观察与领导之间建立基本联系。商业领袖必须观察他们的组织生活，以便识别其真正和深刻的挑战。通过增强意识活动，可大大减少组织环境中金融犯罪的发生。商业领袖必须明白，如果他们不能正确理解自己的组织生活，他们就不能承担领导之责。他们不能在不承担组织对他们提出的挑战的情况下打击金融犯罪。存在主义哲学的基本原则之一是人的自由，即选择自己的自由。我们就是我们选择成为的人。我们成为我们选择成为的人（沃，2004）。人类精神的自治性是所有存在主义真理探索的前提（舍勒，1970：63）。塞尔兹尼克（1992：69 -

73）定义了存在主义将道德的内容留给个人选择的方式（道德将从根本上是不确定的）。商业领袖必须观察他们的组织生活，才能有效地打击金融犯罪。没有观察就没有领导。而观察组织生活则意味着要把握将人的自由付诸行动的各种方式。里希特（1970）定义了存在主义感知人类自由的方式。

> 存在主义者并不致力于改变信仰，他们只是通过向个体展示他的本质自由和消除道德主义有害的思想来寻求个体的解放。道德法则的概念对存在主义是有害的，因为在这条路上存在高压政治和独裁主义的罪恶（里希特，1970：421）。

杰克逊（2005：321）指出，萨特对商业道德的看法实际上暴露了其隐藏的关于人类性格和自由本质的假设和信念。他给出了萨特哲学中与商业道德有关的五个基本组成部分：存在先于本质；人是主体，而不是客体；选择很重要；决策的普遍性（选择就是选择人类应该是什么样子）；不诚信和真实性。我们将重点讨论其中的一些元素。杰克逊（2005）所确定的萨特哲学的基本组成部分确实揭示了自我创造的存在只不过是情境存在。保卢奇（2007：257）断言，萨特在《存在与虚无》中揭示了人类作为情境中的存在，即在一个未来计划情境中的存在的至关重要性。这正是自我创造存在的意义。自我创造的存在是价值存在的存在（萨特，1980：691）。没有超验价值，价值观只不过是存在主义选择的现实。这意味着我就是我：我只需要选择我自己，以真正作为我自己存在。但就我的自我在这个世界上而言，我的存在计划同时也是改变我的世界的计划（萨特，1985b：292）。我在世界中的自我是一个计划，我的自我成为在世界中的自我。我的自我被抛入我的世界中，同时世界对我的自我的抛入也成为了我存在的一部分。任何计划都与我的未来紧密相连，换句话说，与我在这个世界中自我的形成紧密相连。

什么是自我？根据萨特的观点，存在性是一种以实体为特征的存在状态（萨特，1980：33）。萨特说，存在先于本质。萨特断言，没有先天的本质可以定义人类是什么或应该是什么。人自己选择成为人。人成为自己想要成为的人。正如哈迪－比克（2011：95）所说，无论环境如何，我们都可以自由地选择我们所处环境的意义。我们的存在就是我们的计划。因此，据萨特所说，人性根本就不存在。存在主义哲人会承认人类是完全自由的。人类是自己想要成为的人类。存在主义哲人会断言，人类不过是自己行动的全体。人类是自己决定成为的人类（萨特，1970：22，52，55）。存在主义哲人可以肯定，我们要对"我们是谁"负全责。负担看起来很重，但我们也得对他人负责。在选择我们想成为的人时，我们正在揭开我们所喜爱的人类形象（萨特，1970：24－25）。我们的行动揭示了我们想成为什么样的人（萨特，1947：89）。麦地哈马蓬（1996）比较了萨特的自我观（自我根本没有本质：它总是根植于存在）和佛教的自我观（没有独立的自我）。佛教在业力定律（因果关系）的背景下研究自我的概念，因此，它与轮回紧密相关。而萨特则假设所有本质都根植于存在。根据萨特（1970：20）的说法，启蒙运动仍然传达着一种信念，即本真先于存在。萨特甚至相信，当存在的主体创造本质时，本质就会出现。虽然佛教和萨特的哲学在自我的概念上似乎相当接近，但两者之间实际上存在很大的差距。

根据萨特（1980：60）的观点，人是自由的。这种自由即在世自由（萨特，1980：564）。通过行动，人学会了自由。因此，存在主义哲人选择了一种给定的可能性（从而排除了其他可能性），因为这种可能性与他们想要成为的人完美契合。我们注定是自由的，因为我们不是"我们是谁"（who-we-are），我们是"我们不是谁"（who-we-are-not）（萨特，1980：549）。西蒙（1950：73）说，绝对自由的感觉孕育了现代的悲剧感。简森（1965：27）更倾向于认为，这种对自由的谴责不能被认为是强烈的决定论，因为萨特想要摆脱所有的决定论。我们必须让我们成为自由的存在。当想要自由时，我逐渐意识到我的自由与他人的自由是相互依存的（萨特，1970：83）。我必须支持别人的自由，因为只有这样做，我才能保证我将有可能作出自由选择（萨特，1970：84）。存在主义哲人暗示，我们的个人责任基本上与人类观点有关。存在主义哲人是试图创造他们的价值观（不提及超越性价值观和信念），从而创造人类的领袖（萨特，

1970：38）。我们正在自由地决定人类将成为什么（萨特，1970：53）。在决定要成为什么样的人时，我正在构建一般概念（萨特，1970：70，78）。因此，存在型领导似乎具有基本的伦理维度。在观察他们所偏爱的人类时，存在主义哲人并不预设任何人类的形象。所有的可能性都是开放的。因此，自由的生命有选择特定行为和排除其他可能性的责任。若非如此，它们将被从本质上确定。萨特的哲学与本质主义哲学（如黑格尔的哲学）的假定背道而驰。存在主义哲人有以共同利益为目标，或以自身利益为目标的道德责任。从理论上讲，他们要么赞成功利主义，要么赞成哲学上的利己主义。但萨特坚称，我们总是在面对他人时做出选择。存在主义哲人因此强调在他人面前的自我处境，这揭示了任何组织价值观都是自由选择的结果，并不反映任何人性或本质。自由是一切价值的基础。各个组织都在创造自己的价值观。生命没有先天的意义（萨特，1970：80，82，89），死亡也没有赋予生命任何意义。萨特（1980：597 - 598）说，死亡使人类的存在变得毫无意义。根据马尔罗（1946：151）的观点，人的本质是命运意识。在小说《恶心》中，萨特（1938：238）说，存在的意义只是意识，是一种正在遗忘的意识。如果生命有任何意义，我们便无法在生命自身中找到它。甚至世界是无意义的，因为它只是偶然。正在遗忘的意识也是意识，它实际上知道生命没有内在意义，因为在存在之前没有本质。生命存在的唯一意义来自我们所建立的个人价值体系。萨特同意马尔罗（1972）的观点，即死亡正在悲剧性地将生命转化为命运。然而，与马尔罗不同的是，萨特（1981：604）认为我的死并不会揭示我生命的独特性。根据萨特（1981：604）的观点，人的现实是有限的，是选择的结果。存在主义哲人并非在寻找生命的先天意义，也不是在寻找普遍价值。与里希特（1970）不同，我们认为萨特的存在主义原则（"存在先于本质"）对决策者是有帮助的，因为它揭示了自由的真正含义：每个人都必须创造他的生命意义和个人价值体系。正如伯蒂耶夫（1954：74 - 75）所言，人类若无自由，存在之谜就会消失。自由是人类存在最神秘的一面。存在主义哲人在选择他的个人道德时选择了他自己。他的自由完全依赖于他人的自由，反之亦然（萨特，1970：47，78，80 - 84，89）。存在主义哲人认为价值并不存在规模或等级之分。价值是通过自我而存在的。组织价值观和个人价值观一样，都是一种超越自我的尝试。存在主义哲人预设价值是一个存在主义哲人必须具备的品质，他并非仅是一个躯壳。存在主义哲人认同道德框架，认为每个人都能创造自己的价值，每个组织都有自己的价值（不应因这些个人或组织价值的内容而受到批评）。萨特的伦理观预设任何价值都在传达一种特定的人性观点，任何价值都揭示对人类的具体看法。当我们选择我们自己的道德时，我们就是在构建我们自己。如果没有人性或本质，没有超验价值，就没有命运。正如利维（2000：752）所说，与海德格尔不同的是，萨特的结论是：死亡是不存在的，因为人死后不受任何命运的支配。死亡是与偶然性相联系的，因此生命走向死亡的运动是不可能存在的。爱德华兹（1975：562）解释了萨特是如何误解海德格尔所说的死亡是一种可能性的。事实上，萨特认为死亡不是我的可能性，而是我不再有任何可能性的可能性。萨特断言，人不是一个必须死亡的自由的存在，而是一个自由的、终有一死的存在（萨特，1980：606）。正如福特和劳勒（2007：415）所说，我们必须为自己创造意义。选择我们自己意味着选择我们自己的世界。通过他们的行动，存在主义哲人在强化一个既定的人类形象，仿佛这就是他们心中的理想人类。通过我们的选择，我们注定要创造人类（萨特，1970：17－28，37－38，52－53，55，62－63）。这正是存在主义哲人的道德观点。

根据萨特的观点，他人不是我的存在，我也不是他人的存在。他人在做他自己的时候把我排除在外，我在做我自己的过程中，也把他人排除在我自己之外。另一个相对的范畴是我所看见的存在和看见我的存在（萨特，1980：273，275，281）。我之所以能看到自己，只是因为我被他人看到了（萨特，1980：306），我是他人的客体（萨特，1980：273，317，388）。客体是我自身之外的存在，客体因在我面前停留而存在。如果没有他人为我而存在的事实，我就不可能意识到自己是他人的客体（萨特，1980：318）。存在主义哲人知道他人的自我反映了他的自我，因为他是他人的自体客体（self-object）（萨特，1980：283）。我的存在是为他人存在的（萨特，1980：283，307，328）。伯勒尔和摩根（1979：304）说，我的自在存在（being-in-itself）和我的自为存在（being-for-self）在日常互动中相遇。但是，我的自为存在并不能为他人理解，因为我常被他人视为自体客体。如果我只把他人视为理所当然的客体，那么我就无法理解他人本身是什么。自为存在总是与自体客体相悖（萨特，1980：287）。当我向他人展示我的自体客体时，我可以把握自体客体的存在（萨特，1980：302）。存在主义哲人也只能是另一个自由存在的客体（萨特，1980：316，365），只能是主体存在时的客体（萨特，1980：336）。他人的存在揭示了"我是谁"。当他人看着我的时候，他们实际上对"我是谁"有部分了解。他们知道一些我不知道的关于我的事情。与我而言，我是一个形塑"我是谁"的项目。当面对他人时，我声称自己是谁，尽管（也因为）有时被他人所同化。自由与他人看我的方式有着内在的联系。当他人看着我时，他们变成了我可以认为是客体的存在，以及自由的存在，他们承认我是自由的存在（萨特，1980：412－415，429）。通过存在于世界的经验，存在主义哲人意识到他们是"我们"的一个组成部分（萨特，1980：477）。与他人同在的基础是为他人而存在（萨特，1980：465）。根据萨特的观点，我要对一切负责，因为世界只有通过自为存在才存在。然而，我不为我自己的自由负责，因为我不是我自己存在的基础（萨特，1980：612－614）。与陀思妥耶夫斯基（2002：788）一样，萨特相信：如果上帝不存在，那么一切都是允许的。我们不再以人性为参照点。人类注定要自由。当人类来到这个世界时，人类要对自己所做的一切负责（萨特，1970：36－37）。这正是存在主义哲人的观点，因为他们被萨特的哲学所激励。我们无法逃避我们的自由，我们总是在践行我们的自由，在这样做的过程中，我们正在决定我们想成为什么样的人。

■ 1.4 存在本体论哲学（海德格尔）

海德格尔将本真的概念描述为接受我们存在有限性的方式（齐默

尔曼，1983：104），从而将非本真描述为拒绝我们存在有限性的方式（并将我们有限的存在提升到无限的地位）。正如巴克利（1993：408）所说，海德格尔（1962：380）将本真定义为面对此在（Dasein）有限时间性的坚定态度："原始时间是有限的。"非本真意味着成为日常生活的奴隶，否定我们存在的有限性，否认死亡的必然性（海德格尔，1962：302）。人活着就好像他永远不会死一样（海德格尔，1962：477）。死是此在走向终结的存在（海德格尔，1962：303）。本真似乎与真相和透明性紧密相连，非本真揭示了否认存在的有限性意志及自我奴役。

日常性意指此在的日常存在状态，无论是在此在的自主行为中，还是在此在与他人的交互行为中。此外，这还关涉惯有的舒适，即使这个人是被迫去做一些繁重和厌恶之事。明天将要发生的事（这也是人们每天都在等待的）也必将成为昨日之事。在日常性中一切存在都是一体的且相同的，但无论未来表现形式是什么，都会被视为存在的多样化。日常性对此在具有决定性意义，即便此在并未意识到这一点（海德格尔，1962：422）。

达尔梅耶尔（1984：213）恰当地展示了海德格尔的本真概念，使得海德格尔的观点与萨特的观点之间的差异显得十分明显。

此在从非本真到本真的转变不是简单的自由意志行为或选择行为，因此，人类自由的展开并不等同于盲目或武断的决定。在《存在与时间》中，对此在本真的描绘——与人的自由不谋而合，或者用海德格尔的话说就是自由状态的模式（自由存在）——发生在存在主义分析或描述性存在论的层面上，而不是在伦理学或实践要求的层面上。转向本真并不意味着在本体论目标或客体之间做出恰当的选择，而是此在走向自己的内在本质或本体论基础——这一基础总是隐含在日常存在中。

海德格尔没有将自己定义为存在主义哲学家。❶ 海德格尔的存在主义哲学涉及存在的基本范畴和存在的意义，即人类存在（ek-sistence）的本体论结构（科维斯，1966：10）：此在是脱离实体的存在（"ex-stasis"脱离自身），因为它对存在开放（格罗丁，2011：18，48，61；萨特，1985a：214）。此在是对自身的自我传递（海德格尔，2012：36）。人的本质存在于它的存在（海德格尔，2008：81）。脱离自身的实体面对它所立足的存在。此在将实体视为决定人存在方式的实体。实体是可以被客观分析的东西，我们可以支配它（吕格尔，1969：227）。实体正在以不同的方式展示自己。然而，正如亚里士多德（1991：110）所说，所有的实体都指的是一个独特的现实（存在）。人类的此在使人从根本上区别于其他实体（海德格尔，1979：290）。海德格尔论述了技术的问题，以及人类如何能够将他的存在有限性加诸他自身。在这种背景下，存在与做自己和做社区一员的勇气有着内在的联系（蒂利希）。打击金融犯罪意味着接受我们存在的有限性（从而避免任何盲目崇拜的态度），并有勇气做自己，做社区的一员。否则，我们存在的意义和我们世界的意义可能会逐渐瓦解。

根据海德格尔的观点，只有在这个世界中，存在才是它自己（海德格尔，1967：72）。我们自己是被赋予的存在（实体）。我们不可能接近我们真实的存在（海德格尔，1967：79）。海德格尔对奥古斯丁的自我观进行了本体论解读（海德格尔，1962：69）。正如奥古斯丁（1964：219）所言，非我离我很远。我应该非常接近我真实的存在。然而，对我自身而言，我正在成为一个满是麻烦和无尽汗水的存在。"在世存有"（being-in-the-world）指的是"存在的自我"，即"此在的谁"（海德格尔，1962：169），因此海德格尔没有受奥古斯丁存在主义观点的影响。存在型领导植根于海德格尔哲学。它揭示了"在世存有"是如何影响我们考虑其他文化叙事的方式。正如坎贝尔（2007：142）所言，海德格尔正在以我

---

❶ 然而，勒维史（1988：120，122）将海德格尔的哲学定义为存在主义，因为它试图"将这个世俗的存在形式主题化"，并将"个体本真存在的整体能力转置为本真国家的整体"。这种方法是否完全适合其他著名的存在主义哲学家（加缪、萨特）并不是不言而喻的。把海德格尔的基本本体论与存在主义哲学家联系起来似乎是相当危险的。

们理解自己为"在世存有"的方式来揭示内容的重要性。伯蒂耶夫（1936：56－57）认为，海德格尔的"在世存有"意味着存在的条件，即被投入存在中。人的实质是他自身的存在。我们可以在这里找到克尔凯郭尔的影响。海德格尔更为关注离我们最近的环境。在现成的环境中，我们会遇到他者：器物（equipment）的存在是现成的，即可以进行方便的操作和使用（海德格尔，1962：135）。器物基本上是目的论的东西，也就是"何所为"。如果不考虑其所属器物的总体，就无法揭示任何器物的存在。器物始终属于器物的总体（例如，房间只不过是使用或观察对象的总和）。正如布朗和莱特福特（1998：298）所说，我们在世界上遇到的许多东西都是待用状态（就像要使用的东西一样），事物可以被视为在场状态（自然就是在场状态）。器物在我们的存在和我们理解现实的方式中扮演着重要的角色。然而，这并不意味着技术应该决定"我们是谁"。

　　根据海德格尔的说法，他人并不是除了我之外的所有人。他人是那些我无法将自己与之区分开来的人。因此，海德格尔指出他人是那些与我们共享存在条件的人（海德格尔，1962：153－155）。这样的原则对存在主义哲人来说相当重要，因为它反映了人们看待存在和他人的方式。这甚至是存在主义哲人形成共识的基本道德观点。共享相同的存在条件应该有助于我们表达相互信任和理解。不幸的是，文化、社会、政治、经济甚至宗教差异，使得我们很难专注于我们存在的共享之处。如果我们全力承担挑战并接受共同存在条件的概念，那么许多行为（如金融犯罪）在道德上将变得不可接受，因为这样的行为会被认为让世界失去人性。我们与他人保持和改善对话的方式将发生根本变化。存在主义哲人认为人类是"语言中的存在"。正如海德格尔（1962：208）所说，人是"会说话的存在者"。根据扎科特（1990）的观点，海德格尔把语言理解为感知世界的基本条件。没有文字，人类就不可能对事物、现象及其相互关系有任何精确的认识。海德格尔关于人类存在的观点（植根于语言）与亚里士多德关于人类语言的观点相似（扎科特，1990：59－60）。根据亚里士多德（1980）的观点，人类语言是人类的特征，尽管海德格尔可以在他的《存在与时间》中采用人类中心主义原则："自然是在世界中遇到的存在者"（海德格尔，

1962：92），但我们不能得出结论，海德格尔的观点是纯粹的人类中心主义。紧随尼采的观点（尽管以不太令人信服的方式），海德格尔对于非人类与自然，采用的是非人类中心主义方法（齐默尔曼，1983）。这一点在海德格尔（1973：190）研究人类在自然中的地位时，得以充分体现。海德格尔关注的是与本真和谐共处的需要，以及从对死亡的否定中解脱出来的需要（海德格尔，1971：100 – 102）。自然不应该再被认为是可供人类使用的自然资源的宝库（海德格尔，1962：100；1966：50）。紧随尼采的观点（尤其是在《查拉图斯特拉如是说》中），海德格尔强调有必要让生物圈顺其自然。海德格尔批评使自然臣服于技术目的的观点。自然总是作为技术的客体出现（海德格尔，1977：100）。这显然是一种非人类中心主义的自然观（海德格尔，1971：182）。存在主义哲人在考虑人与自然之间的基本关系时，就采用了这样的观点。存在主义哲人反对以人类为中心。这种非人类中心主义的自然观和人类观赋予存在主义哲人深刻的伦理维度，因为它重新定义了人与自然的关系。

技术的使用揭示了对存在有限性的一种既定态度：要么接受它（本真生命），要么否认它（非本真生命）。正如巴克利（1993：408）所言，海德格尔将本真定义为在面对此在有限时间性时的坚决态度，海德格尔（1962：380）说"原始的时间是有限的"。非本真意味着成为日常生活的奴隶，并否认我们存在的有限性。自我在否认死亡的必然性（海德格尔，1962：302）。他们的自我活着，就像永远不会死亡一样（海德格尔，1962：477）。死亡是此在最终抵达的彼岸（海德格尔，1962：303）。非本真揭示了否认存在主义的有限性和自我奴役的意志。

日常性意指此在的日常存在状态，无论是在此在的自主行为中，还是在此在与他人的交互行为中。此外，这还关涉惯有的舒适，即使这个人是被迫去做一些繁重和厌恶之事。明天将要发生的事（这也是人们每天都在等待的）也必将成为昨日之事。在日常性中一切存在都是一体的且相同的，但无论未来表现形式是什么，都会被视为存在的多样化。日常性对此在具有决定性意义，即便此在并未意识到这一点

（海德格尔，1962：422）。

根据海德格尔的观点，此在（存有）的本质在于它的存在。存在先于本质，该观点受到克尔凯郭尔学说的影响（波伊克特，1984：255），是此在的基本特征之一。然而，存在论并不等同于存在：存在论基本上与物体所具有的存在联系在一起，而存在则是此在存在的一种标识。此外，此在是它自身的可能性：它可以选择自己，也可以抛弃自己（海德格尔，1962：67-68）。此在永远属于"我的"（海德格尔，1962：235）。此在就是我的存在（海德格尔，2013：309）。此在的"我性"，针对实体存在的分析总是自我的（海德格尔，1962：67），使本真和非本真成为可能（海德格尔，1962：78）。正如达尔迈尔（1984：213）所说，此在本真与人类的自由不谋而合，这就是自由的生存模式。转向本真意味着此在走向其内在本质。本真和非本真都是此在的可能性（海德格尔，1962：235）。此在要么以本真的方式，要么以非本真的方式呈现。非本真是基于本真的可能性（海德格尔，1962：303，372）。非本真意味着"完全被这个世界和其他人的此在所吸引"（海德格尔，1962：220）。非本真领导人着迷于日常状态。从我们的"自我"不真实的那一刻起，我们的"在世存有"就已经堕落，因而被"他们自己"（they-self）所表征："他们自己"拒绝任何存在的有限性，因此必须死亡（海德格尔，1962：308）。当"此在"将自己投射到"存在"的潜能上，而不是投射到"他自己"的可能性上时，存在才是真实的（海德格尔，1962：308）。然而，这并不意味着非本真的"在世存有"拥有具体的或本体层次的内容。波利齐（2011：136-137）曾谈到"像犯罪般在世存有"。他谴责了这样一个事实，即罪犯仍然"被困在这样的共在中"。他扭曲了"在世存有"的本体论意义。"在世存有"不是一个本体层次上的概念，而是一个本体论层次上的概念。将它应用于特定的存在者，是在扭曲存在主义。从本体论上讲，"在世存有"不会因性别、种族、社会经济阶层、政治成员身份或宗教信仰而改变。这样的制约因素属于本体层次上的领域（存在者层面）。这与本体论层面无关。波利齐（2011）没有考虑海德格尔"本体"（ontical）与"本体论"（ontology）

的区别。我们很容易理解，罪犯除了成为违法者，还有其它存在的可能性（被感知）。波利齐（2011）曾提及"除违法者之外的在世存有"。但是，这样做的同时，我们也无需曲解海德格尔"在世存有"的概念。

非本真假定我们拥有一切，或者我们可以达到任何我们想要达到的目标（海德格尔，1962：220，223－225）。所以，海德格尔描述了此在的双重接纳：一方面，将自我纳入他人之中（这暗示着在面对自身时，此在的逃避是一种真实存在的潜能）；另一方面，将自我纳入世界之中（从而暗示了此在在面对本真时的逃避）。根据海德格尔的观点，此在在很大程度上是不真实的（海德格尔，1962：229，232，237，368）。面对死亡，此在一般是不真实的（拒绝存在的有限性，或否定朝向终点的存在）。非本真的时间性认为有限的时间是无限的（海德格尔，1962：304，379）。在《奥德赛》中，荷马（2009：397－398）说：人类相信，只要神赐予他们幸福和力量，他们就不会遭受邪恶的折磨。但是，当他们失去神的支持时，他们存在的负担就会相当沉重，也会更加痛苦。拒绝我们存在的有限性只会增加我们存在的痛苦。

存在主义哲人是真实的。他们接受自己存在的有限性。这种对有限性的接受具有强烈而长期的影响。有限不是无限。人类意图控制自然资源的方式反映了一种盲目崇拜的态度（将有限提升到无限的行列）。虽然海德格尔并没有真正在意无限的存在，但他相信存在无法克服其有限性。我们必须接受它，因为它是人类存在的一部分。海德格尔说，接受我们的有限性将促使我们不再扮演"自然之王"的角色。然后我们会看到存在型领导力是如何具有深刻的伦理维度的。本真意味着作为有限的存在，我将成为我是或想成为的人。

综上，存在主义哲学（克尔凯郭尔、尼采、布伯、雅斯贝尔斯、海德格尔、萨特、马塞尔）将有助于我们理解金融犯罪对人类定义自身和其所处世界的影响。这些哲学概念将从存在主义视角论证并强调更有效的预防金融犯罪的战略。由于怀疑和无意义的焦虑（加缪和萨特的无神论存在主义的影响）是世界演进方式的特征，深化人类存在的意义已成为 20 世纪哲学的基本挑战。这样的哲学质疑将成为存在主义哲人的特征。存在主义哲人并不认为任何生命意义、任何一套价值观、任何意义都是理所当然的。他们不断地寻找他们生活的意义。存在主义哲人会追问一些深奥的问题，如关于同他人共存、存在、自由、本真的问题，有时还会追问关于无限的问题。他们的哲思充满了这种关乎存在的质疑。

⌄ 问题

1. 自我是什么意思？自我是否有助于设计有效的预防犯罪策略？

2. 我们选择道德（和价值观）时，存在会不受任何他律势力的影响吗？

3. 真理是主观性，因而是内在性吗？如果是这样的话，社会道德如何才能得到持续的发展呢？

4. 制定预防犯罪策略时，信仰或不信仰是一个相关的因素吗？

| 参考文献 |

［1］Abbey，Ruth，and Fredrick Appel. 1998. Nietzsche and the will to politics. *The Review of Politics* 60（1）：83 – 114.

［2］Arendt，Hannah. 2005. *Qu'est-ce que la philosophie de l'existence，suivi de L'existentialisme français*. Paris：Éditions Payot et Rivage.

［3］Aristotle. 1980. *Politics*. New York：The Modern Library.

［4］Aristotle，A. 1991. *Métaphysique. Tome 1 . Livres A-Z*. Paris：Librairie Philosophique J. Vrin.

［5］Augustine. 1964. *Confessions*. Paris：Gamier-Flammarion.

［6］Berdiaeff，Nicolas. 1936. *Cinq méditations sur l'existence*. Paris：Aubier/Montaigne.

［7］Brown，Steven D.，and Geoffrey M. Lightfoot. 1998. Insistent emplacement：Heidegger on the technologies of informing. *Information Technology & People* 11（4）：290 – 304.

［8］Buber，Martin. 1968. *La vie en dialogue*. Paris：Éditions Montaigne.

［9］Buber，Martin. 1975. *Between man and man*. New York：Macmillan Publishing Co.

［10］Buckley，R. Philip. 1993. La notion d'authenticité chez Husserl et Heidegger. *Philosophiques* 20（2）：399 – 422.

［11］ Burrell, Gibson, and Gareth Morgan. 1979. *Sociological paradigms and organizational analysis*. Portsmouth：Heinemann.

［12］ Campbell, Constance R. 2007. On the journey toward wholeness in leader theories. *Leadership & Organization Development Journal* 28 （2）：137 – 153.

［13］ Chassard, Pierre. 1977. *Nietzsche. Finalisme et histoire*. Paris：Éditions Copernic.

［14］ Corvez, Maurice. 1966. *La philosophie de Heidegger*. Paris：PUF.

［15］ Cowan, Robert Bruce. 2007. Nietzsche's attempted escape from Schopenhauer's South Asian sources in "The Birth of Tragedy". *German Studies Review* 30 （3）：537 – 556.

［16］ Dallmayr, Fred R. 1984. Ontology of freedom：Heidegger and political philosophy. *Political Theory* 12 （2）：204 – 234.

［17］ Dante, Alighieri. 2010. *La Divine Comédie*. Paris：GF Flammarion.

［18］ Davignon, René. 1985. *Le mal chez Gabriel Marcel. Comment affronter la souffrance et la mort?* Montréal／Paris：Bellarmin／Cerf.

［19］ Deleuze, Gilles. 2012. *Nietzsche et la philosophie*. Paris：Quadrige／PUF.

［20］ Descartes, René. 1979. *Méditations métaphysiques*. Paris：GF-Flammarion.

［21］ Dostoyevsky, Fedor. 2002. *Les frères Karamazov*. Paris：Gallimard.

［22］ Edwards, Paul. 1975. Heidegger and death as possibility. *Mind* 84 （336）：548 – 566.

［23］ Foa Dienstag, Joshua. 2001. Nietzsche's Dionysian pessimism. *The American Political Science Review* 95 （4）：923 – 937.

［24］ Ford, Jackie, and John Lawler. 2007. Blending existentialist and constructionist approaches in leadership studies. An exploratory account. *Leadership & Organization Development Journal* 28 （5）：409 – 425.

［25］ Glenn, Paul E. 2004. The politics of truth：Power in Nietzsche's epistemology. *Political Research Quarterly* 57 （4）：575 – 583.

［26］ Grondin, Jean. 2011. *Le tournant dans la pensée de Martin Heidegger*. Paris：Presses universitaires de France.

［27］ Hardie-Bick, James. 2011. Total institutions and the last human freedom. In *Crime, governance, and existential predicaments*, ed. James Hardie-Bick and Ronnie Lippens, 85 – 107. New York：Palgrave Macmillan.

［28］ Heidegger, Martin. 1962. *Being and time*. New York：Harper and Row.

［29］ Heidegger, Martin. 1966. *Discourse on thinking*. New York：Harper and Row.

［30］ Heidegger, Martin. 1971. *Poetry, language and thought*. New York: Harper and Row.

［31］ Heidegger, Martin. 1973. *Approche de Hölderlin*. Paris: Gallimard.

［32］ Heidegger, Martin. 1977. *The question concerning technology and other essays*. New York: Harper and Row.

［33］ Heidegger, Martin. 1979. *Kant et le problème de la métaphysique*. Paris: Gallimard.

［34］ Heidegger, Martin. 2008. *Questions III – IV*. Paris: Gallimard.

［35］ Heidegger, Martin. 2012. *Ontologie. Herméneutique de la factivité*. Paris: Gallimard.

［36］ Heidegger, Martin. 2013. *Introduction à la recherché phénoménologique*. Paris: Gallimard.

［37］ Homer. 2009. *Odyssée*. Paris: Le livre de poche.

［38］ Jackson, Kevin T. 2005. Towards authenticity: A Sartrean perspective on business ethics. *Journal of Business Ethics* 58 (4): 307 – 325.

［39］ Jaspers, Karl. 1963. *Autobiographie philosophique*. Aubier: Éditions Montaigne.

［40］ Jaspers, Karl. 1966b. *Introduction à la philosophie*, 10 – 18. Paris: Le monde en.

［41］ Jaspers, Karl. 1970. *Essais philosophiques*. Paris: Petite bibliothèque Payot.

［42］ Jeanson, Francis. 1965. *Le problème moral et la pensée de Sartre*. Paris: Seuil.

［43］ Kierkegaard, Soeren. 1969a. *Riens philosophiques*. Paris: Gallimard.

［44］ Kierkegaard, Soeren. 1969b. *Le concept de l'angoisse*. Paris: Gallimard.

［45］ Kierkegaard, Soeren. 1974. *Concluding unscientifific postscript*. Princeton: Princeton University Press.

［46］ Kierkegaard, Soeren. 1992. *Either/or. A fragment of life-view*. London: Penguin Books.

［47］ Levinas, Emmanuel. 2010. *Entre nous. Essais sur le penser-à-l'autre*, Le livre de poche, no 4172. Paris: Librairie générale française, Éditions Grasset & Fasquelle.

［48］ Lévy, Bernard-Henri. 2000. *Le siècle de Sartre*. Paris: Grasset.

［49］ Löwith, Karl. 1973. Nietzsche et l'achèvement de l'athéisme. In *Nietzsche aujourd'hui*, 207 – 222. Paris: Union générale d'éditions.

［50］ Löwith, Karl. 1988. *The political implications of Heidegger's existentialism*. New German Critique 45: 117 – 134.

［51］ Malraux, André. 1946. *La condition humaine*. Paris: Gallimard.

［52］ Malraux, André. 1972. *L'espoir*. Paris: Gallimard.

［53］ Marcel, Gabriel. 1935. *Être et avoir*. Paris: Aubier/Montaigne.

［54］ Marcel, Gabriel. 1940. *Essai de philosophie concrète*. Paris: Gallimard.

［55］ Marcel, Gabriel. 1944. *Homo Viator. Prolégomènes à une métaphysique de l'espérance.* Paris: Aubier/Montaigne.

［56］ Marcel, Gabriel. 1951. *Les hommes contre les humains.* Paris: Fayard.

［57］ Marcel, Gabriel. 1955. *L'homme problématique.* Paris: Aubier/Montaigne.

［58］ Marcel, Gabriel. 1961. *La dignité humaine et ses assises existentielles.* Paris: Aubier/Montaigne.

［59］ Marcel, Gabriel. 1967. *Foi et réalité.* Paris: Aubier/Montaigne.

［60］ Medhidhammaporn, Phra. 1996. *Sartre's existentialism and early Buddhism.* Bangkok: Buddhadhamma Foundation.

［61］ Nietzsche, Friedrich. 1968. Beyond good and evil. Prelude to a philosophy of the future. In *Basic writings of Nietzsche*, 179 – 435. New York: The Modern Library.

［62］ Nietzsche, Friedrich. 1973. *Humain, trop humain*, vol. II. Paris: Denoël/Gonthier.

［63］ Nietzsche, Friedrich. 1974. *Aurore. Pensées sur les préjugés moraux.* Paris: Gallimard.

［64］ Nietzsche, Friedrich. 1975. *Humain, trop humain*, vol. 1. Paris: Denoël/Gonthier.

［65］ Nietzsche, Friedrich. 1977. *Crépuscule des idoles, ou Comment philosopher à coups de marteau.* Paris: Gallimard.

［66］ Nietzsche, Friedrich. 1978. *L'antéchrist.* Paris: Gallimard.

［67］ Nietzsche, Friedrich. 1979. *La généalogie de la morale.* Paris: Gallimard.

［68］ Nietzsche, Friedrich. 1982. *Le gai savoir.* Paris: Gallimard.

［69］ Nietzsche, Friedrich. 1990. *La philosophie à l'époque tragique des Grecs.* Paris: Gallimard.

［70］ Nietzsche, Friedrich. 2006. *Fragments posthumes sur l'éternel retour.* Paris: Éditions Allia.

［71］ Paolucci, Gabriella. 2007. Sartre's humanism and the Cuban revolution. *Theory and Society* 36 (3): 245 – 263.

［72］ Peukert, Helmut. 1984. *Science, action, and fundamental theology. Toward a theology of communicative action.* Cambridge: The MIT Press.

［73］ Polizzi, David. 2011. Heidegger, restorative justice and desistance: A phenomenological perspective. In *Crime, governance, and existential predicaments*, ed. James Hardie-Bick and Ronnie Lippens, 128 – 155. New York: Palgrave Macmillan.

［74］ Richter, Anders. 1970. The existentialist executive. *Public Administration Review* 30 (4): 415 – 422.

［75］ Ricoeur, Paul. 1969. *Le conflit des interprétations. Essais d'herméneutique.* Paris: Seuil.

［76］ Ricoeur, Paul. 2000. *La mémoire, l'histoire, l'oubli*. Paris: Seuil.

［77］ Sartre, Jean-Paul. 1938. *La Nausée*. Paris: Gallimard.

［78］ Sartre, Jean-Paul. 1947. *Huis clos, suivi de Les mouches*. Paris: Gallimard.

［79］ Sartre, Jean-Paul. 1970. *L'existentialisme est un humanisme*. Paris: Nagel.

［80］ Sartre, Jean-Paul. 1980. *L'Être et le néant. Essai d'ontologie phénoménologique*. Paris: Gallimard.

［81］ Sartre, Jean-Paul. 1981. *L'être et le néant. Essai d'ontologie phénoménologique*. Paris: Gallimard.

［82］ Sartre, Jean-Paul. 1985a. *Critique de la raison dialectique, précédé de Questions de méthode. Tome 1. Théorie des ensembles pratiques*. Paris: Gallimard.

［83］ Sartre, Jean-Paul. 1985b. *Critique de la raison dialectique. Tome 2. L'intelligibilité de l'Histoire*. Paris: Gallimard.

［84］ Sartre, Jean-Paul. 2001. *La mort dans l'âme*. Paris: Gallimard.

［85］ Scheler, Max. 1970. *Man's place in nature*. New York: Noonday Press.

［86］ Schopenhauer, Arthur. 2009. *Le monde comme volonté et représentation*, vol. 1. Paris: Gallimard.

［87］ Selznick, Philip. 1992. *The moral commonwealth. Social theory and the promise of community*. Berkeley: University of California Press.

［88］ Simon, Pierre-Henri. 1950. *L'Homme en procès. Malraux-Sartre-Camus-Saint-Exupéry*. Neuchatel/Paris: Éditions de la Baconnière.

［89］ Valadier, Paul. 1974. *Nietzsche et la critique du christianisme*. Paris: Cerf.

［90］ Waugh, William L. 2004. The existentialist public administrator. *International Journal of Organization Theory and Behavior* 7 (3): 432–451.

［91］ Zimmerman, Michael E. 1983. Toward a Heideggerean ethos for radical environmentalism. *Environmental Ethics* 5 (2): 99–131.

［92］ Zuckert, Catherine H. 1990. Martin Heidegger: His philosophy and his politics. *Political Theory* 18 (1): 51–79.

第二章

尼采与非正式价值转移系统（IVTS）

■ 2.1　前言

　　尼采认为（1976：235），我们的知识意志是我们堕落的征兆。知识以生命为前提。生命只是知识的工具（尼采，1982：260）。知识应始终维护和增强生命过程。生命胜于知识。如果知识正在摧毁生命，正如道德引导型社会中的情况一样，那么它就是在摧毁自己（尼采，2000：89，111）。在道德引导型社会中，善与恶之间的边界不会变化，这使得个人无法实现自己的存在，无法成为自由的人。绝对知识是从"美德时代"继承而来的，那是一个以善恶的静态概念为特征的时代，仿佛善永远不会有不幸的后果，恶也永远不会有好的影响（尼采，2006：41）。我们可以分析的最有趣的现象是非正式价值转移系统（Informal Value Transfer Systems，IVTS）的多样性。这种现象可能催生这种非正式系统的合法使用（帮助国外亲属）以及非法使用（非正式系统只是从事犯罪活动或实现洗钱等任何非法目的的手段）。根据世界银行的数据（2006），每年有 1670 亿美元通过官方金融系统转移到国外亲属手中，同期有 840 亿美元是通过非正式价值转移系统转移的。但是，我们并不知道通过非正式价值转移系统转移了多少用于犯罪目的的钱。根据谢胡（2003）的观点，非正式价值转移系统在 7 世纪到 8 世纪在东南亚传播，11 世纪到 12 世纪在中东传播（哈瓦拉系统）。每一个非正式价值转移系统都是为了满足特定的社会、文化和经济需要而设立的。在 20 世纪末用于洗钱之前（比莱斯，2008），非正式价值转移系统一直被认为是向国外转移资金的合法机制。根据多尔蒂（2006）

的研究，最常见的哈瓦拉系统包括以下步骤：（1）一个位于美国的哈瓦拉达尔与一个位于巴基斯坦的哈瓦拉达尔，一个美籍巴基斯坦人想要在巴基斯坦向外转账（出于家庭目的）。（2）汇款有一定的手续费（0.5%～3%）。（3）美国的哈瓦拉达尔与巴基斯坦的哈瓦拉达尔取得联系。（4）实现价值转移，不存在实物货币转移。大多数时候，两个哈瓦拉达尔已经在一起做了很多年的生意（通常是通过进出口交易）。巴基斯坦的哈瓦拉达尔将钱提供给接收者（居住在巴基斯坦）。美籍巴基斯坦人向其亲戚（巴基斯坦接收人）发送密码。接收者会将密码给巴基斯坦的哈瓦拉达尔，这样他就会收到钱。（5）存在一个债务交换系统。由于两个哈瓦拉达尔已在一起工作多年，因此向（巴基斯坦）接收方付款的一方（巴基斯坦人）将通过虚开发票的方式（在进出口交易中）获得补偿。这是非正式价值转移系统最常见的方式。非正式价值转移系统正在挑战我们应对这种模糊现象的能力。从道德的角度来看，我们被逼到了墙角。非正式价值转移系统怎么可能是一种混合着善与恶的现象呢？更确切地说，我们如何从道德上判断这种模棱两可的现象？

尼采的真理意志的概念，对理解这种困境很有意义。一方面，如果我们用真理意志来解释非正式价值转移系统现象，那么我们有可能会扭曲现象本身。另一方面，如果我们的解释是由权力意志主导的，那么我们就摆脱了社会公认的道德观念。这是否意味着我们会否认任何社会或文化制约因素？这是否意味着我们将寻找社会行动者所提供的其他道德参数（例如，哈瓦拉系统中的哈瓦拉达尔）？权力意志可以用来分析道德话语，可以用于解释非正式价值转移系统现象。这是否意味着我们应该采取一种虚无主义的观点？这种观点不一定涉及任何后现代主义对非正式价值转移系统现象的看法。事实上，非正式价值转移系统现象在道德上似乎是中立的。这种现象的道德或不道德特性还没有定论。我们必须明晰非正式价值转移系统现象的内部结构，这样才能运用我们的道德进行判断。只好或者只坏的现象很少存在。如果我们考虑尼采的道德观点，那么我们将不得不揭开非正式价值转移系统现象的所有方面，并在我们分析它的时候，批判地评价我们看待善恶的方式。

■ 2.2　真理意志

真理意志必须受到强烈的批判：我们必须深刻质疑真理本身的价值（尼采，1968b：589）。尼采（1968e：199）提出了以下问题："我们要的是真理：为什么不是虚假、不确定性，甚至是无知？"真理是一种错误，没有它，人类就无法生存（尼采，1967：272）。尼采（1967：248）认为，真理切断了能够让我们的知识得以增长的力量。我们需要真理，因为我们既不想欺骗自己也不想欺骗别人。那些寻求真理的人相信还有另一个世界（来世），因此否认（世俗的）生命、自然和历史的价值。尼采（1982：287－289）说，拥有真理意志实际上是一种死亡意志，即是一种否定我们世俗生活价值的意志。很多时候，我们需要真理，就像我们需要食物一样。人类在寻找一个不会自相矛盾的世界。我们需要一个不变的世界，或者一个没有痛苦的世界（尼采，1967：316）。我们正在寻找不变的（先验）真理，因为它们可以帮助我们得以在不断变化的、易变质、退化的世界里生存。我们需要不变的真理，因为我们不接受现实的本来面目。我们认为真理就好像因我们的需要而存在一样（尼采，2006：42）。真理是掌握多种感觉的意志，也就是把现象归为不变类别的意志。真理意味着相信现象的现实性，也就是说，相信事物的"自在"特性（尼采，1967：280）。我们相信我们已经发现的真理（尼采，1975：26）。事实上，我们需要我们可以相信的真理。人类相信那些被强化为合理信仰的东西（尼采，1975：72）。如果这不是一种被社会和文化接受并被社会、文化、经济、政治，甚至宗教机构强化的信仰，那什么是合理的信仰？尼采希望摆脱合理的信仰，因为它们传达了对不变真理的不合理需求。真诚与真理无关。尼采（1975：72）认为，我们可以在不说真理的情况下表现出真诚，因为真理本身并不存在。确认先验真理就是扭曲现实。它甚至扭曲了解释的意义，扭曲了我们感知和解释现实的解释学语境。真理意志是一种解释艺术（一种技巧），因为它需要解释事物和现象的力量（尼采，1967：317）。正如蒂勒（1991：587–588）所说，（历史上或人类学上的）真理统治都是权力和斗争的副产品。先验真理一直被用来加强权力博弈。

有些天真的人相信人性可以转变为纯粹的逻辑本性。每个人都觉得有必要回到他不合逻辑的本性中去（尼采，1975：48–49）。因此，尼采深刻地批评了启蒙运动对理性的强调。尼采认为，人的生命不能仅仅用逻辑前提来解释。非逻辑的思想和行为并非反自然的现象。它们是人类生存不可或缺的一部分。人的生命充满了反真理（尼采，1975：52）。

> 现在是时候用"为什么相信这种判断是必要的？"来取代康德的问题了："综合判断如何成为一种先天的可能？"——并要理解，为了保护像我们自己这样的生物，我们必须相信这种判断是真实的；当然，这些判断可能是错误的！或者更浅显易懂地说，先天的综合判断根本不存在；我们没有权力得到它们；在我们嘴里，它们只不过是错误的判断。但是，我们必须要相信它们的真实性，因为这是一种对前景的信仰和透视生命的视觉证据（尼采，1968e：209）。

无真理本身就是真理（尼采，2006：67）。真理不是我们可以拥有或失去的东西（尼采，1978：96）。善良的人知道他们不可能掌握真理。这就是他们不能说出真理的原因（尼采，1968a：785）。只有知道真理的人才能说出真理。从这一意义上说，因为真理本身并不存在，因此我们无法说出真理。我们的语言和生活经历都充满了无法达到真理的可能性。善良的人是软弱的、病态的，并且会遭受痛苦（尼采，1968a：791）。善良的人没有强大到可以作恶的地步（尼采，1967：195）。善良的人因此是人类的一种残缺（尼采，1967：91）。人是由善与恶组成的。尼采认为，当我们正确地认识人类时，我们意识到，我们的存在可以实现好的意图和行为，也可以实现错误的意图和行为。善与恶都是人类不可分割的一部分。危险的不是对人性的抽象和扭曲的认识。尼采强烈反对人类的存在中有任何不变的成分。尼采强调，作为人类，我们是谁。尼采关注的是人的存在，而不是任何关于人应该是什么的先验定义。事实上，没有真实的世界，所以永远不可能有一个生活在（真实的）世界中的本质的自我。一个真实的世界会去定义真与假、善与恶、美与丑。只有真实的世界才有可能定义人类的本性。只要没有真理本身，也就没有真正的世界，我们就无法划定人性的边界。我们没有任何可用于区分真实世界和表观世界的分类方法（尼采，1967：313）。每一种信念都不过是主张认为某件事是真的，而它却是绝对假的。每一种信仰都是一种欺骗机制。每一种信仰都在扭曲现实。虚无主义否认任何真实世界的存在（尼采，1967：14–15）。基督教将现实生活误解为来世（个人永生），将虚假生活误解为现世生活（尼采，1967：102）。有些真理可以比作废物。我们想摆脱它们。当我们明白真理（以及对这种先验真理的信仰）根本没有根据时，我们就可以做到这一点（尼采，2006：74）。尼采认为，真理意志是权力意志的工具（尼采，1967：202）。真理意志是权力意志的一种形式（尼采，1967：314）。没有真理意志，权力意志就不会扭曲。如果没有权力意志，我们就无法摆脱真理意志。真理的方法是从权力的动机（即有优越感的意志）中创造出来的（尼采，1967：249）。

为什么我们总是说真话？尼采认为，这种现象背后有两个基本动机：（1）谎言需要更多的精力、想象和记忆力；（2）在许多情况下，说真话可能比说谎更有利（尼采，1975：73）。尼采（2006：39）希望看到所有矛盾都消失。声称既定陈述是真实的，没有任何错误或虚假的可能性，这本身就是戴着面具的：虽戴着面具，却没有意识到我们在戴着面具（尼采，2006：40）。既然真理本身并不存在，所以我们不能说出真理本身。我们能做的就是揭示我们的信仰，即表达我们对真理的理解。与先验真理不同，内在真理确实存在。尼采之后解释了为什么我们经常说的是真话（内在的真理），同时又确信它等同于真理本身。

■2.3 尼采哲学的权力意志：超越道德的方式

　　每一种美德都注定被用作行使权力的手段（尼采，2006：62）。尼采（1967：254）承认这种绝对不道德的手段在整个道德史上都曾使用。美德应该是我们根据不断变化的需求而创造出来的。每个人都应该能够创造自己的美德和道德责任。否则，美德会威胁生命进程。虚无主义价值观指的是被定义为不变义务的道德义务。社会和宗教机构可以传达不变的道德义务。尼采认为，不变的道德义务是不现实的，因为它能消除人的邪恶。如果我们不明白善与恶都是人的组成部分，那么我们就会把精力集中在追求善上。我们将努力摆脱恶，好像恶永远不会带来好的结果。传统的善与恶观念，尤其是通过宗教和灵性思想（如基督教、犹太教、伊斯兰教、佛教）传播的善与恶观念，在自我控制制度化方面的尝试从未成功过。为什么会这样呢？尼采宣称，好的美德实际上是在摧毁生命过程，而恶却在增强生命本身。尼采将坏的美德（否定生命的美德）定义为服从、贞操和正义。它们是虚无主义的美德，因为它们拒绝被其他美德（增强生命的美德，也就是维持生命、保存物种的美德）所抵消：这种美德的目标是将虚假作为生命的条件。基督教注重个人的利益，从而忽视了物种的利益。所有的灵魂在上帝面前都是平等的。尼采认为，这种个人主义的观点正在导致人类物种走向毁灭。因此，他总结说基督教是"选择原则的反原则"（尼采，1967：141－142）。

　　尼采（1975：43）强烈批评康德式道德观：没有人知道人类应该考虑（或希望）哪些行为有利于集体幸福。当一种美德（以及一种恶习）过度发展时，它可能会导致民族的衰落（尼采，2000：9）。美德不可能在任何情况下都被实践。它们实际上赋予了人类生存的悲剧性。正义的美德很少被实现，尽管有些人在深化它的意义。但更多的人强烈批评这种美德的内容（尼采，2000：57）。尼采（1967：245）宣称公正和客观（作为意志的

组成）没有任何共同之处。我们可以在不参照任何经验真理的情况下书写
人类历史的一部分，同时声称我们的书写是完全客观的（尼采，2000：
61）。现在的力量应该用来解释过去。它有助于辨别我们过去最重要的组
成部分（尼采，2000：65）。道德判断和宗教判断都意味着相信不存在的
现实。道德判断的前提是相信善恶的永恒观念。尼采说，这样的先验概念
是不存在的。宗教审判意味着信仰上帝。尼采认为，上帝并不存在。所
以，道德判断和宗教判断都关注于不存在的现实。这两种判断都混淆了现
实和虚构事物。道德只不过是一种解释，更确切地说，是对特定现象的一
种错误解释。根据尼采（1968e：275）的观点，没有道德现象，只有对给
定现象的道德解释。对给定现象的任何道德解释都有一个道德之外的起源
（尼采，1967：149）。这样，道德判断就变得毫无意义了（尼采，1977：
67）。道德判断是令人厌恶的（尼采，1967：218）。道德只是一种象征性
的语言（尼采，1977：68）。迄今为止，社会使用道德的方式基本上是不
道德的，因为其贬低了增强生命的美德，而高估了否定生命的美德（尼
采，1977：73）。善恶只是表象。它们不能帮助我们加深对现实的理解
（尼采，1985：100）。当我们试图知道什么是善与恶的时候，我们只能找
出似乎是善的或恶的图像或迹象。我们无法从否定生命的美德中了解任何
东西（尼采，1985：123－124）。史蒂文斯（2003：574）说，尼采拒绝任
何暗示"对词语感兴趣的动物"的道德观念。根据史蒂文斯的观点，尼采
认为人类实际上需要价值的语言。超人需要道德语言，来关注增强生命的
美德，摆脱否定生命的美德。与但丁（2010：345）的观点不同，尼采认
为语言仍然是需要的，直至出现超人。

与亚里士多德（《尼各马可伦理学》）不同，尼采并不相信美德源于对
幸福的不断追求。善良反映了我们本能的实际需求。一切善都是本能的，
因此是必要的和自由的（尼采，1977：56）。当我们回应本能的要求时，
我们就是自由的存在。错误是本能退化的结果。所有的错误得到救赎，这
永远都没有必要（尼采，1974：377）。我们的美德是以存在为条件的。我
们存在的弱点需要它们（尼采，1977：122）。善与恶并不是静态的现象。
相反，它们是我们存在困境中不可分割的一部分。道德观念（如善与恶）

在各个历史时期都在不断发展。因此，道德观念不变的观点从历史的角度
看是错误的（尼采，1975：108）。只有禁欲主义者才把美德视为必要的情
感，把自我禁欲视为愉快的生活体验。尼采谴责禁欲主义，认为它是一种
将自我崇拜为上帝的方式，导致我们存在的其他部分（如性冲动）被视为
邪恶的表达（尼采，1975：85，137）。人们错误地把性冲动与邪恶联系在
一起。事实上，性冲动是增强生命的过程。因此，否认性冲动的任何道德
价值，正使人类物种退化。被认为是邪恶的性冲动是相当好的增强生命的
美德。禁欲主义者的理想意味着对真理的无条件渴求（格伦，2004），因
此相信先验真理可以正确地定义什么是善与恶（尼采，1968b：587）。自
我克制的行为是由个人的快乐所驱动的。即使基于他人的兴趣，它们也反
映了对个人快乐的关注：这种快乐被认为是一种利他人格的快乐（尼采，
1982：73；1975：139）。这就是主宰生活本身的意志。禁欲主义者代表了
生命与生命的对立。他与苦难，而不是苦难的最终根源，做斗争（尼采，
1968b：553－556，566）。禁欲人格是由一个普遍的目标主导的，该目标
不允许对人类的存在和现实进行任何其他解释："它仅从其解释的角度拒
绝，否认，肯定和制裁。"（尼采，1968b：582）禁欲主义者相信真理王国
的存在，但不对其内容进行任何理性思考（尼采，1968b：554）。

　　尼采认为邪恶是历史上的需要：如果我们没有在残酷的世界生活过，
就不可能有和平的世界（格伦，2001）。这就是尼采（1973：25）说邪恶
是人类的建筑师的原因。因此，如果人类尊重自身的存在，他就能够做坏
事，且不会有（基于基督教的）罪恶感（尼采，1967：163）。没有邪恶，
我们就无从知道如何成为好人（尼采，1967：191）。这就是为什么尼采
（1967：218）说（基于基督教的）道德是一个有用的错误，也就是说，应
该视谎言为超人崛起的必要条件。尼采揭示了人类存在既可怕又可疑的特
征：谎言（关于善与恶、事物本身、意义和真理）是生存所必需的。道德
谎言（关于善与恶的谎言）是在人类存在中产生超人所必需的。我们需要
这样的存在性谎言来征服现实本身，即接受现实的本来面目。我们需要道
德谎言，因为我们必须克服它们才能成为真正的自己。我们需要幻想，即
那些被视为真理的谎言（尼采，1991：48，53）。真理是其本质（如虚幻

的概念）已被遗忘的幻象（尼采，1991：123）。真理是改变我们世界的手段（尼采，1991：125）。然而，只有傻瓜才相信他们真正拥有真理。真理不能被拥有，因为它不能被定义（尼采，1991：135）。我们需要相信真理（尽管它们构成了幻想），因为真理是一种强烈的社会需求（尼采，1991：55，75）。相信真理会带来快乐。这就是我们愿意相信真理的原因（尼采，1991：139）。这可能是人类存在中最悲剧的一面（尼采，1967：451）。尼采（1967：729）将自己定义为"第一个悲剧哲学家"。他是悲观主义哲学家（至少是叔本华）最极端的对立面。他更喜欢赫拉克利特的哲学（耶尔，2000）。尼采说，真正的哲学必然是乐观的。否则，它将否定自己存在的权力（尼采，2009：61）。

> 在我之前，酒神转变为哲学的悲痛是不存在的，因为缺乏悲剧的智慧；即使在苏格拉底之前两个世纪的伟大的希腊哲学中，我也找不到它的迹象。我对赫拉克利特保留了一些怀疑，在他周围，我感觉比其他任何地方都要温暖和美好。肯定死亡和毁灭，这是酒神哲学的决定性特征；对反对和战争说"是"；连同对"存在"概念的彻底否定——所有这一切显然比迄今为止所认为的任何其他事情都更接近我（尼采，1967：729）。

尼采说，快乐既不是道德的，也不是不道德的。社会、政治、文化甚至宗教机构都没有理由对善与恶强加任何具体的解释。只有功利主义才能分析指定快乐的错误影响，因快乐导致他人的不快乐或痛苦（尼采，1975：102－103）。尼采认为，我们窃取或杀害他人是出于自我保护的本能。此外，我们不知道自己的行为会在多大程度上对他人的幸福产生负面影响。所以，一切都是为了个人的快乐。判断某一特定的行为是否会给别人带来痛苦是无关紧要的。实际上，我们并不知道我们的决定会造成什么真实的、全球性的后果。没有快乐，就没有生命。寻找快乐就是增强生命（尼采，1975：103－104）。在历史上，有道德等同于服从。对旧法律和传统的服从意味着接受社会、文化、政治或宗教机构定义善恶的方式（尼采，1975：94－95）。所谓好人是指行为受道德美德和原则引导的人。尼采认为，好人在别的方面也有好处。好人是那些接受社会、文化、政治或宗教机构对善恶的定义的人。他们对社会、政治、文化甚至宗教都是有用的。他们是这些机构保卫其对人民的权力的手段。好人是权力的工具。社会、政治、文化或宗教领袖都明白，如果没有一大群好人（他们毫无疑问地接受这种善恶的准则），他们就不能强加任何给定的善恶的定义。好人是权力结构背后的战士。有用的东西（"好人"）不一定带有真理（尼采，1973：11）。尼采认为，有用性相当于证实真理已经被扭曲，即已成形。不道德是抵制传统的一种方式（作为坚持真理的人）。古老的传统（如印度教、佛教和基督教）比最新的传统更有力量（尼采，1975：95）。

我们可以很容易地识别什么是善的，但很难实现它（尼采，2000：36 - 37）。我们经常寻找真理，以此作为对人性的判断（尼采，2000：57）。历史是有效的不道德行为的汇编，而非这种不道德行为的拥护者。道德在助长禁忌，那些被禁之事在历史长河里一再上演。这就是尼采（2000：85）将历史定义为有效的不道德行为汇编的原因。正如霍克海默（2010：125 - 127）所说，尼采当时在表达一种理性主义思想，因为他欣赏的是历史的终极力量。英雄的人格能够将自己从道德的力量中释放出来。他们想要有道德的生活，虽然这意味着摆脱传统的道德。否定生命的美德需要存在主义的毁灭。英雄人物能够抵抗美德的吸引力，也就是说，抵抗否定生命过程的诱惑（尼采，2006：41）。英雄人物有能力成为他们想成为的人（尼采，1974：263）。道德意味着生命过程必须被否定。最终，道德不得不自我否定（尼采，2006：45）。我们并不确切知道道德的基本含义（尼采，1974：144）。这就是尼采提出价值观念的转变，并因此提出超人（作为新人类，其自由不再被否定生命的美德所限制）的建议的原因。根据尼采的观点，我们实际上拥有适合于我们权力的道德（尼采，2006：50）。我们的社会道德反映了我们在日常生活中必须面对的那种权力游戏。在一些社会中，最强大的游戏将涉及宗教机构。在其他社会，政治机构将比宗教机构强大得多。有些社会甚至以经济制度的终极权力为特征。在任何情况下，人们都将被强加一种善与恶的定义。社会道德则表达了哪些机构能够将他们自己对善恶的解释强加于大众。我们正在寻找道德规范。由于我们认为自我中心主义作为道德框架是没有用的（尼采，2006：57），因此我们将自己置于道德体系之下，即道德体系是由权威和传统发展和强化的。社会制度隐含着维护传统、权威或责任的意志，即具有道德命令的意志（尼采，1977：126）。当前的道德是一种软弱的道德：我们在寻找拐杖（真理），以使我们在生存困境中生活得更容易。这就是我们需要权威（及其道德体系）的原因（尼采，2006：61）。但是需要（拥有拐杖）不能创造什么（道德）。相反，事物（道德）是由我们的需要创造的（尼采，1982：203）。上帝使我们软弱。上帝的思想教导我们要软弱。好人无非是颓废的自我肯定（尼采，1976：216）。上帝的概念意味着摆脱增强生命的美德和过程（尼采，1967：91）。尼采强调自然主义价值而不是道德价值（尼采，2006：85）。道德价值不过是社会存在的条件，只要它们被认为是不容置疑的（尼采，1967：155）。道德价值随后被认定为否定生命的过程，因此它们无法得到保护。它们的价值可解释为被给予，即是事实的，然后是不容置疑的（尼采，1968b：456）。超人是由自然主义美德（增强生命的美德）而不是道德美德（否定生命的美德）所决定的。

我们绝不应该利用别人的美德（尼采，2006：88）。我们必须扼杀道德（尼采，1977：22）。我们必须有勇气去做被禁止的事情（尼采，1978：9），也就是说，有勇气承认我们的自然本能，包括性冲动（尼采，1976：283）。与卢梭（1971：109，119）的观点不同，尼采并不认为本能应该被理性或道德良知引导，并被用来改善他人的幸福。我们很少有勇气去考虑我们所知道的东西（尼采，1977：13；1976：188）。尼采强调要有勇气面对（先验的）真理中的谎言。尼采认为存在的勇气无非是自我肯定的勇气，以及增强生命过程的勇气。这就是酒神人格的本质（格伦，2004）。尼采（1978：10）强调自尊、自爱和自我的绝对自由。一切来自软弱的东西都是坏的，尽管弱者和强者的概念是相对的（尼采，1982：164）。软弱不是邪恶的表现。善与恶是由社会、文化、政治，甚至宗教所引导的。没有先验的善恶概念。所以，最大的错误就是用善与恶的概念来定义软弱。幸福是一种自我逐步强大的感觉（尼采，1978：12）。尼采强烈批判了苏格拉底和亚里士多德的美德观。根据尼采的说法，苏格拉底揭示了一种深层的幻想：相信我们可以认识并纠正存在。这就是尼采（1968a：727；1968c：95；1967：231）认为苏格拉底是一个典型颓废者的原因，他把理性和本能对立起来，从而破坏了生命本身。这种知识的幻想一直是亚里士多德美德理论的标志。自知是不可能的，因为我们生活在一个不断变化的世界里。一切总是在变化（尼采，1967：330）。理性 = 美德 = 幸福，这个等式只不过是摆脱本能（从而摆脱无意识和非理性的过程）的手段。理性否认了本能的基本价值。因此，它是一种疾病。颓废意味着控制自然本能。尼采（1977：32－33）认为，幸福等同于本能。如果没有自由地满足我们的本能，我们就不会快乐。颓废（它是由基督教甚至是康德引入的概念）使我们区分真实和表观的世界。颓废不是历史的必然。与颓废不同，退化是生命过程的必然结果（尼采，1976：201）。颓废意味着混淆因果（尼采，1976：205）。然而，颓废是产生超人所必需的（尼采，1976：202）。道德观念（以及因此否定生命的美德）对于超人的诞生是必要的。

根据布多（1971：90）的观点，尼采的人本主义是对自为存在与自在存在的选择。不幸的是，布多没有意识到他将自在之物具体化了。如果尼采的人本主义是有意义的，那它应该与超人紧密相连。尼采并不真正关心任何自在的现实。超人意味着克服任何事物和现象的"自在"（in－itself）特性。人类没有止境。没有内在（自在）的对与错、善与恶、真与假的概念（尼采，1967：165）。人类唯一的结局是战胜自己的人性（尼采，1967：519；2006：47）。超人是增化生命尊重的人类（尼采，2006：49）。我们人类无非是不断的自我克服（尼采，1968a：689；伯迪亚夫，1963：30）。根据考恩（2007：550）的观点，超人是菩萨理想的延伸和变形："菩萨发誓要无私地行动，以结束所有众生的痛苦。"这就是考恩称超人为"超级菩萨"的原因。格里莱尔特（2003：164）提出，尼采的超人并不是人类应该追求实现的完美理想。相反，超人是一种超越人类的存在。人是通向超人的桥梁。正如杰米斯（2001：339）所说，超人是一个统一自我的建构：所有相反的内在趋势（如阿波罗和酒神）随后被混合到一个新的统一中。根据舍勒（1970：69）的观点，我们必须学会容忍我们坏的和不正当的内在趋势。

对舍勒来说，人永远不能被看作一件东西或物质；人更像是生活的统一体，它可以直接在我们的经验中体验，并能与我们的经验一起体验，而不仅仅是在背后或外面直接体验到的东西。人不是物质的实体。人的存在也不能完全专注于成为遵循一定规律的理性行为的主体（海德格尔，1962：73）。

超人能够存在，是因为上帝已死（尼采，2006：51；舍勒，1955：81 - 82）。尼采（2006：53）坚持以下原则：如果某物在变化，我必须知道它会变成什么。根据布伯的观点（1962：47），尼采曾说人现在是人类的胚胎。人主要专注于未来，也就是说，关注他会成为什么样的人。世界在运行，也在变化。世界永远不会停止前进。世界通过运行和成为的过程得到保护（尼采，2006：91）。

成为并不以最终状态为目标，也不会流向存在。成为不仅仅是一种表面状态；也许生命的世界只是表象。成为在每一时刻都具有等价的价值：它的价值总和始终保持不变。换句话说，它根本没有价值，因为没有任何东西可以用来衡量它，也没有任何东西可以与"价值"这个词联系起来。世界的全部价值是无法被评估的（尼采，1967：378）。

人类已经不复存在；只有超人才能使人类存在（尼采，1967：55）。尼采认为，超人是必须战胜自己的人。超人不相信来世的希望。超人强调并增强生命过程。超人拒绝任何退化的意志，即拒绝所有否定生命的美德（尼采，1985：22 - 25，50 - 51，323）。超人作为人类有其自身的意义（尼采，1985：29）。超人是一个全新的人类，他能以不同的方式评估现实（事实）。超人意识到他为事物或现象赋予了价值。超人意识到找出事物和现象给定意义的危险。超人暗示价值的深刻变化（尼采，1985：80）。超人必须打破所有否定生命的美德（尼采，1985：149）。否定生命的美德只不过是谎言。这就是为什么尼采（1985：311）说，打破所有否定生命的美德是最真实的行动。超人必须憎恨否定生命的美德而提倡增强生命的美德（尼采，1985：347）。

自由的精神是酒神式的。它对生命过程无条件同意（对权力感的同意），并因此摧毁了真实/表观世界二分法（尼采，1968a：735；1976：216；1977：42，44）。所有的一切都在说"对生命过程的同意"（尼采，1967：165）。尼采解释了阿波罗世界的美（沉思；美丽形式的永恒）和酒神野蛮本性（本能的狂喜表现：淫荡、残忍）的基本区别。一方面，阿波罗证明痛苦世界是必要的，因此人们在寻找一种救赎的愿景。阿波罗随后作为道德神灵出现，我们从他身上学会了自制。另一方面，过度也必须被视为真理的一部分。阿波罗精神专注于美的世界，酒神精神则强调增强生命的美德，以及自然本能（尼采，1968c：45-47，83）。阿波罗世界的美是静态的，植根于传统（先验的、不变的真理），而酒神的存在运动则增强了生命的过程，因而是价值的重新估值。任何价值的重估都会使（传统的、先验的）道德价值消失（尼采，1968a：746）。然而，正如阿伦特（2009：233）所说，尼采试图推翻柏拉图主义是一种加强柏拉图哲学的方式。阿波罗的存在离不开酒神（尼采，1968c：46，53）。根据甘比诺（1996）的观点，酒神象征着庆祝生命的力量，象征着更新生命的无政府主义趋势。尼采试图维护阿波罗对极限的需求和酒神对超越所有极限的社会、文化、政治多样性的肯定（甘比诺，1996：427-430）。尼采试图强化阿波罗式的统治和酒神式的极限毁灭。这两种趋势都与权力意志有着内在的联系。阿波罗对限制的需求是出于贯穿于整个历史的权力行使的需要。酒神对破坏限制的需求是超人权力意志的表现。

> 酒神的智慧。从目睹最高尚的事物毁灭中获得的喜悦，实际上是一种对即将到来和存于未来的事物的喜悦，它战胜了现存的事物，无论现存的事物多么美好（尼采，1967：224）。

酒神原则暗示我们要认同生命原则（尼采，2006：58）。我们不断地创造自己（尼采，2006：70）。人类的自由意味着遇到阻力和否定，并能够克服它们。因此，人类的自由与存在主义斗争有着内在的联系（伯蒂耶夫，1954：76；1979：210）。这是一个承诺，我们将获得生命的所有维度，不排除任何自然本能（尼采，2006：90）。尼采在寻找我们应该创造的人类，即最有尊严的人类。因此，人类拥有更多获得未来的可能性（尼采，1978：13）。人类不是一种进化。进步只不过是错误的观念（尼采，1978：13）。在进步的概念中，我们找不到成功的必要性（尼采，1975：42）。我们能够理性接受的唯一进步是人类理性的进步（尼采，1973：46）。我们无法识别动物和人类之间的任何进步（尼采，1976：249）。邪恶使人类有可能改善自身（尼采，1982：43）。尼采（1976：283）所能接受的唯一进步是向不道德的进步，也就是向增强生命美德的进步。不道德有两个基本含义：（1）基于基督教的道德是不道德的，否定生命的美德定义了不道德的道德（尼采，1967：172，254），基督教道德是否定生命过程的本能（尼采，1967：189）；（2）作为摆脱基于基督教的道德力量的途径，不道德被认为是使超人在人类存在中出现的唯一方式。尼采（1967：189）说，为了解放生命本身，我们必须摧毁道德。这样，我们就可以通过一种不道德的态度来摆脱宗教上的不道德。我们必须将先验的善视为本质上的恶，而将先验的恶视为本质上的善。

> 从根本上说，我的"不道德者"一词涉及两个否定。首先，我否定了迄今为止被认为是至高无上的一类人：善良的、慈善的、仁慈的人。然后我否定了一种道德，它作为道德本身已经变得很流行、很重要——即堕落的道德，或者更具体地说，基督教的道德（尼采，1968a：784）。

美德是最昂贵的罪恶。美德和罪恶一样危险。对于否定生命的美德来说，尤其如此。当尼采（1967：178）关注增强生命的美德时，这种美德的昂贵特性就获得了一种高度不道德的品质。尼采（1967：182）认为，罪恶和美德不是原因，而是结果。以基督教为基础的罪恶或美德源于一种颓废的道德（作为原因），而超人的罪恶或美德反映了人类正在成为一种非道德主义者（作为结果）的事实。但如果没有基于基督教道德的积极力量，我们就不能成为非道德主义者（尼采，1967：197）。如果没有基于基督教的（先验的）道德，超人就永远不会出现。

很多时候，我们的日常现实与酒神现实隔绝（尼采，1968c：59）。酒神（无意识的）智慧被错误地贬低为一种非自然的可憎之物（尼采，1968c：69，104）。因此，尼采（1968a：791）用强烈的言辞反对基督徒否定生命的美德："酒神反对钉十字架。"

> 我认为阿波罗是个性化原则的变形天才。只有通过它，才能真正地获得幻象中的救赎；而在酒神神秘的胜利呼喊中，个性化的咒语被打破，通向存在之母，即通向事物最深处的道路打开了（尼采，1968c：99－100）。

所谓的"存在之母"是妄想、意志和灾难（尼采，1968c：124）。尼采认为，非酒神精神（un-Dionysian spirit）与酒神智慧正在进行斗争。它试图消解神话作为宗教的先决条件。非酒神精神相信它可以通过知识纠正这个世界（尼采，1968c：109－111）。如果我们的感情是建立在酒神的存在之上，那么神话（传达符号）将是无效的。这就是我们还需要阿波罗的力量的原因（尼采，1968c：127）。阿波罗的技巧不能摆脱酒神的智慧。这两种心态是相互关联的。尼采（1968c：129－131）把悲剧神话看作酒神智慧或力量和阿波罗技巧之间的基本统一（兄弟的结合）的象征。尼采将酒神定义为"首先将整个现象世界称为存在的永恒原动力"。以阿波罗的名义，我们可以抓住一切由外表产生的美的幻觉。酒神是我们话语的最终基础，而阿波罗是一种变形的力量（尼采，1968c：143）。

自由精神接近生命过程（尼采，1975：11－12）。自由精神不符合社会期望和惯例（尼采，1973：8）——无论这些惯例是对还是错（尼采，1982：110）。自由精神将自己从传统（先验真理）的枷锁中解脱出来。对道德的服从可以通过各种原因实现：奴性的、虚荣的、自我中心主义的、顺从的或赞颂的心理状态（尼采，1974：105）。自由精神试图理解现象背后的动机，而其他人只是在寻找信念。有些人想要并且需要相信不变的事物、人物和事件。信念只不过是对知识原理的习惯，而不带任何理性动机（尼采，1973：8－9）。信念是我认为真实的东西（尼采，1976：181）。自由精神总是在寻找对现象和思想的更好认识（尼采，1973：58）。自由精神能够改变他们对特定现象或观念的看法（尼采，1974：68）。

基督教一直反对自我保护的本能，这是最基本的本能（尼采，1977：102）。罪恶基本上与自我保护的本能联系在一起（尼采，1982：36）。善恶本能的区别导致了自我保护本能的退化（尼采，1982：44）。强调人类精神因充满罪恶而具有最高价值，即违背了人类的理性（尼采，1978：14）。罪恶是由宗教创造的（尼采，1974：67）。基督教是一个试图解释和证明每一种现象的体系。如果我们从这样的体系中提取出任何基本的思想（如对上帝的信仰），那么整个体系就会被摧毁。基督教的前提是人类永远不可能知道什么是善，什么是恶。只有上帝才能区分善与恶。这样，基督教的道德就永远不会受到批评，因为它有一个先验的起源。它应该被视为真理，因为上帝被视为真理本身。只要我们相信上帝，基督教的道德就可以维持下去（尼采，1977：88–89）。拥有一个超越善恶的上帝意味着什么（尼采，1976：157，220）？没有绝对的真理（尼采，1975：19），因此，也没有绝对的道德（尼采，1974：153）。既然上帝不存在，上帝超越善恶的观念就毫无意义。任何传统道德（如基督教道德）都垄断了关于什么是对与错、道德与不道德的真理，因为上帝被视为真理本身。因此，上帝关于善恶的话语是不容置疑的（尼采，1974：173）。但是，相信特定的行为适合于每个人是不道德的。有时候，对某些人来说是对的事情，对其他人来说却是不公平的（尼采，1968e：339）。

> 基督教从一开始，从根本上说，就是生命对生活的厌恶，只是这种想法被隐藏起来，伪装成对另一种生活或更好生活的信念。对世界的憎恨，对激情的谴责，对美和肉欲的恐惧，一种为了诽谤生命而发明出来的更好的东西，实际上是对虚无的渴望，对结局的渴望，对安息的渴望——所有这一切都一直震撼着我，就像基督教无条件的意志只承认道德价值一样，这是意志衰落的所有可能形式中最危险和不可思议的形式——这是极度的疾病、疲惫、沮丧、衰竭和生命贫瘠的最起码的迹象。因为，面对道德（尤其是基督教的，或无条件的道德），生命必须不断且不可避免地处于错误之中，因为生命本质上是非道德的……（尼采，1968c：23）

堕落是在道德中实现的。堕落意味着颓废。任何失去本能的生物都倾向于自我毁灭，因而堕落。尼采试图捍卫维护和增强生命本身的本能。在这样的情况下，尼采拒绝否定生命的价值。价值判断强加了错误的真假观念。针对生命过程的价值判断不可能是真实的。这是严重疾病的症状。这种价值判断揭示了我们无法接受生活的本来面目。此外，价值判断以既定的目的和价值为前提。事实上，尼采（1967：150）说，我们已经将目标和价值投入我们的意志。因此，我们对目的和价值的选择是完全任意的。如雷吉斯特（1997：283）所说，当人们的价值判断是基于怨恨的时候，尼采批判的是他们的精神状态。生命的价值是无法估量的，因为我们将他们的判断作为生命的存在（尼采，1977：26 - 27）。我们的行为和感知基于价值判断，也就是说，这种行为能给我们带来的快乐多于痛苦，或痛苦多于快乐（尼采，1967：275；1974：108）。真理在维护生命。错误在破坏生命，从而威胁生命过程的可持续性（尼采，1978：17，20）。生命不能否认自己允许先验真理摆脱自然本能。真实世界的概念已经被扭曲，因为它基本上与堕落的道德概念（否定生命的美德）联系在一起（尼采，1978：21）。道德是颓废者的特质：它被用来否定生命过程（尼采，1968a：789）。攻击本能就是否定生命过程的价值（尼采，1977：46）。健全的道德是由生命的本能所支配的。直到现在，道德总是试图贬低生命的过程。因此，尼采将上帝定义为生命的敌人。尼采将价值和生命联系起来。正如弗雷泽（2006：58）所说，尼采将人定义为"计算或评价的动物"，即选择自己的目标和价值的生命。反自然的道德谴责生命的过程，并以此来评判生命本身的价值。反自然的道德正在强调一种堕落和被谴责的生命。这种道德是软弱意志的最大表现，即颓废的本能（尼采，1976：245 - 246；1977：49 - 51）。颓废的支持者需要对现实说谎（尼采，1968a：728）。

尼采提出了价值的颠倒。他显然是在攻击真与假、对与错二分法的有效性，因为它们被基督教强化了。他提倡自由精神（尼采，1978：24）。基督教的价值观正在否定生命过程的价值。基督教的价值观和信仰所禁止的，恰恰是增强生命过程的东西。基督徒因此成为价值观的标准（尼采，

1978：83）。无论是基督教道德，还是基督教本身，都与现实没有任何联系（尼采，1978：27）。尼采（1978：28）认为，基督教加深了对任何自然过程的仇恨，因此也加深了对现实本身的仇恨。尼采认为这种仇恨定义基于对一切的不安。逃避现实的人正在遭受现实的痛苦。他们只是避开了现实。痛苦可能来自错误（关于道德或事物本身），或来自罪责（尼采，1967：311）。根据尼采（1977：12）的说法，我们的世界充满了神像，因此没有任何空间留给现实本身。基督教对现实只有致命的敌意（尼采，1978：48）。相信来世是一种否定现实的意志（尼采，1978：119）。正如波德莱尔（1964：143）所说，当我们否认现实的本来面目时，我们就失去了灵魂。相信就是拒绝知道什么是真的（尼采，1988：94）。基督教信仰就是接受谎言（尼采，1978：84－85）。这是一种对所有现实的本能憎恨，即逃避到虚幻的（或不可思议的）现实中去（尼采，1978：52）。基督教信仰牺牲了所有的自由和自信，增加了奴役和自残（尼采，1968e：250）。有些信念可能是对的，也可能是错的。但重要的是，人们真的相信它们是对的。尼采（1978：39）声称对先验真理的信仰与真理本身无关。对道德或先验真理的信仰不是道德的证明（1967：246）。怨恨的本能创造了一个世界，在这个世界里，保护生命过程在道德上是错误的（尼采，1978：42）。基督教建立了一种抽象的道德，这种道德否认生命过程的任何价值（尼采，1978：44）。根据尼采（1968：277）的说法，真理越抽象，我们就越必须引诱感官去接受它。基督教只不过是对生命过程（包括性冲动）的系统怨恨（尼采，1977：152）。上帝和基督源于怨恨（尼采，1978：70）。基督教道德表达了对生命过程的深深怨恨（尼采，1968a：768；1978）。这就是为什么上帝是危害生命的罪行（尼采，1978：84）。尼采（1978：93）认为，基督教是人类从未经历过的最大悲剧。尼采在批判基督教作为每一种奴隶道德的基础的同时，却偏爱一种"主人道德"。奴隶道德认为恶会激发恐惧，而主人道德认为善会激发恐惧（尼采，1968e：397）。奴隶道德需要一个敌对的世界（尼采，1968b：473）。每个人都把自己的道德强加于人（尼采，1968e：205）。奴隶制因基于基督教的道德而改变（尼采，1967：195）。基督教所否认的，而被主人道德所强调的，即超人的道德。主人道德对自我的伟大肯定，即对生命过程的自我肯定和自我美化（尼采，1968d：646－647）。这是使世界人性化的最好方法（尼采，1967：329）。人类的自由无非是怨恨的释放（尼采，1968a：685）。

> 奴隶们带着一种完全被动的价值观念工作。他们无法创造自己的价值，他们首要的价值定位不在于什么对他们有好处，而是什么伤害了他们，如贵族。他们对善的定义在概念上于他们定义为恶的东西来说是隐性的。这是他们软弱的表现，也是嫉妒、恐惧、恶意、卑鄙和渴望复仇的表现，尼采称之为怨恨（汉密尔顿，2000：176）。

根据雷吉斯特的说法（1997：286－294），以怨恨为中心的人知道什么无法满足他的生活愿望。他觉得他缺少一些重要的东西来实现他的价值观。他的价值观是自欺欺人的（1997：297）。他"将满足愿望的条件与享受这种满足的条件分开"（雷吉斯特，1997：303）。奴隶道德始于对生命的怨恨，然后是否定生命的美德。否定生命的美德使我们失去了权力意志（尼采，1967：171）。奴隶道德实际上需要一个敌对的外部世界（尼采，1968b：473）。奴隶道德使我们渴望敌人（怨恨的人）（尼采，1968b：475）。根据威德的观点（2004：194），奴隶道德的不道德性在于它的价值判断源于报复和不宽容精神。尼采认为我们已经内化了奴隶道德。

> 他在上帝身上领悟到他不可避免的动物本能的终极合成：他将这些动物本能重新解释为一种在上帝面前的罪恶（作为对"上帝"、"父亲"、世界的原始祖先和起源的敌意、反叛、起义）；他在"上帝"与"邪恶"的矛盾上绞尽脑汁；他把他对自己，对其本性以及对自然和现实的否定，以肯定的形式，视为存在的、有形的、真实的东西，视为上帝，视为圣洁的上帝，视为审判者的上帝，视为刽子手的上帝，视为超越，视为永恒，视为无尽的折磨，视为地狱，视为无尽的惩罚和罪行(尼采，1968b：528）。

个人永生的谎言摧毁了我们的本能。本能有利于生命，保护着人类。对个人永生的信仰正在破坏这种对生命过程的有利态度。那么，生命的意义是这样的：我们活着，这样生命就没有意义（尼采，1978：73）。尼采（1967：96）明确地说存在根本没有意义。尼采强烈谴责了使人类有可能采纳否定生命的美德的神圣谎言。基督教对生命过程的阉割被错误地认为是神圣的（尼采，1967：143）。尼采（1967：92）认为，神圣谎言的起源是权力意志，因为权力意志否定生命过程的任何价值。

因此，神圣的谎言被编造出来：（1）可以惩罚和奖赏的上帝，严格遵守祭司的律法并严格将其作为喉舌和全权代表送入世界；（2）在来世，伟大的惩罚机器首先被认为是有效的——为此，灵魂堕落；（3）对于人而言，善与恶是永恒的，这便是人的良知——当上帝建议人们遵守祭司的戒律时，上帝如是说；（4）道德否定一切自然过程，将一切事件还原为道德条件下的事件，道德影响（即惩罚和奖励的概念）是渗透到所有事物的影响，是唯一的力量，是所有转变的创造者；（5）所给出的真理，所揭示的真理，与祭司的教导相同——作为今生和来世所有救赎和幸福的条件（尼采，1967：90 - 91）。

信徒不属于他们的存在。他们需要有人把他们当作物品来使用。信仰是一种自我疏离的形式（尼采，1978：99）。信徒没有自由精神：他们不能自由地定义真与假。说谎是拒绝看到现实的本来面目（尼采，1978：100）。信徒无法定义善与恶。他们相当符合神的意志和先验的道德（尼采，1978：102）。尼采将基督教定义为一种谎言的意志，一种对生命过程的厌恶和蔑视，因此是一种好的本能（尼采，1978：119）。道德并没有创造生命。尼采（1975：7；1982：151）采用了一种道德之外的观点，即超越善与恶，或超越先验与传统道德。我们依附于道德（作为约束）是为了避免任何不愉快或社会的不赞成。后来，我们将自由地遵守常规习惯，然后，我们将遵守从这些习惯中提取的道德原则或美德（尼采，1975：99）。善的等级（参考穆勒的功利主义）假定存在较高的善（健康、精神、教育）和较低的善（物质的善、感觉）。从历史上看，善的等级制度从来就不是稳定和相同的。它一直是由环境因素，尤其是社会、文化、政治或宗教制度所决定的（尼采，1975：63 - 64）。没有我们的感官，就不可能有任何道德感知（和道德判断）（尼采，1982：161）。

尼采（1974：52）将道德情感的历史（关注我们采取特定行动之前的情况）与道德概念的历史（关注我们采取特定行动之后的情况）区分开来。道德情感的历史包括四个基本步骤：（1）某些行为被认为是对的或错的，而不考虑其动机，我们只关注其对社会（好或坏）的影响（功利主义关注公共利益）；（2）行为的善或恶被投射在具体的动机或意图上（叔本华，2009a：237）；（3）行为的善或恶是投射在整体上的（康德主义）；（4）人要对自己的影响负责。在《善恶的彼岸》中，尼采（1968e：233 - 235）解释说，第一阶段关注后果，第二阶段关注意图，第三阶段关注道德的克服（即价值观的逆转和根本转变：道德之外的领域）。但尼采认为，人不可能对任何事情都不负责：人不需要对他的存在、动机、行为及影响负责（阿里斯托芬，1966：249）。与我自己相比，教育者、亲戚和朋友对我的行为更为负责（尼采，1975：82，106）。根据尼采（1982：154）的说法，道德情感的历史是围绕着责任概念的错误的历史——其中一些错误可能对自我保护有用。因此，这是一个基本错误的历史：与所有的历史主张不同，自由意志并不存在（尼采，1975：60 - 62，77）。

现存的一切事物都与道德密切相关。世界因此获得了一种道德意义（尼采，1974：26）。道德无非是对社会习俗的服从，是行动和判断现实的传统方式。自由的人类是不道德的，因为他们不受制于传统（先验真理，传统的善恶定义）。传统是一种我们必须服从的高级权威，因为这种传统是在命令某些东西（并非因为它们所命令的东西实际上是有用的）。事实上，强加道德的当局（如天主教会）正在定义某些行为是错误的或虚假的，因此是危险的。然而，当局担心失去他们的权力和威信。对于那些否认道德权威信息价值的人来说，没有其他危险（尼采，1974：111）。社会习俗的道德是指自我牺牲（尼采，1974：28 - 29）。幸福和自我牺牲意味着把自己看作一个有用的公民。有用的公民只不过是最强大的机构为了维护其权力和影响而使用的对象（尼采，1974：145）。社会习俗的道德摆脱了因果。它使人们忽视现实的本来面目。信徒倾向于将基本的美德（如尊重、骄傲、爱）放入一个虚构的（据说是优越的）世界（尼采，1974：51）。

　　道德解释人类行为的方式已经被内化了。我们可以发现人为（阿波罗式的）需求，这些需求与"我们是谁"没有内在联系（尼采，1976：154）。道德（先验的）原则不会带来幸福。道德和非道德可以用来发展我们的理性（尼采，1974：112）。尼采认为，人类并不想要幸福。相反，他们是在寻找作为快乐基本来源的权力感（尼采，1967：238）。事实上，感官享受、自我中心主义以及支配意志，是人类生存和存在的基本组成部分。它们是增强生命的美德，永远不应该被低估（尼采，1985：235 – 237）。强大的意志是增强生命过程所必需的（尼采，1976：197）。它意味着拥有尽可能多的善的意志（尼采，1976：285）。

　　如果我有能力实现的话，我想做的就是我能做的。"你必须做某事"只是"如果我能做到，我就会做"的意思（尼采，2006：19）。说我必须做些什么，是对现实的错误解释。无论在什么情况下，都无须采取任何人为行动。于是，尼采否认康德的道德观。我们的善恶观念不能用既定的行动来证明，因为没有行动是可以被了解的。因此，我们对善恶的理解是由存在决定的。先验的善恶观念不能反映现实的本来面目。我们不可能知道围绕我们决定的所有条件因素（尼采，1982：273）。这就是先验的善恶概念不可能存在的原因。这样的观念只有考虑到所有的条件因素，并适用于任何情况，才可能是正确的。事实并非如此。先验的善恶观念不能反映现实的复杂性。这就是尼采否认先验真理价值的原因。说现实是复杂的，意味着：（1）我们不能完全获得所有的知识，或是因为我们的理性有限，或是因为现象不能揭示它们的所有方面。我们能得到的唯一知识是多维知识。现实的各个方面之间相互联系。然而，与黑格尔（2010：35）不同的是，阿多诺（2010：64）认为整体性不是真理。（2）由于现实总是在变化，因此我们不能确定我们对现实的感知是正确的。不确定性很高，故我们不能摆脱模糊性（莫林，2005：11 – 12，49，91 – 93，111）。由于先验的善恶概念不能揭示人类存在困境的复杂性，尼采开启了对现实的新理解。

　　此外，康德式道德正在否认我们行为的独特性、无可比拟性和最终的个人特性（尼采，1988：308）。"你必须做某事"的意思基本上与服从权威或传统的本能有关。它从不与我们的观点相联系（尼采，1976：233；1982：292）。我们的道德应该说"我想做某事"，而不是"我必须做某事"（尼采，2006：57）。每一句"你必须这样做"都是一种否定生命本身的方式，因为人类正在远离他想成为的人（尼采，1978：24 – 25）。每一句"你必须这样做"都是一种扭曲现实的方式，因为它否定了生命过程的任何价值。认真对待存在意味着生活在我们的自然本能中，并以此作为我们真正知识的基础。根据尼采（1982：41）的观点，高级存在（人类）受其自然本能的支配，所以他们的理性不支配这些本能。我们必须理解任何事物都是不断变化的（尼采，2006：21）。我们应该成为转瞬即逝的人，接受人类存在转瞬即逝的特性（尼采，2006：43）。这就是"你应该成为你自己"这句命令的真正含义（尼采，1982：219）。存在既无意义，也无目的（尼采，1975：51；2006：82）。人类不追求任何普遍的目的。人类的精神和存在并没有什么基本目的。我们可以追求的任何特定目的都不是必需的。我们甚至不能预先定义它（尼采，1976：185）。如果是这样的话，那么一些道德责任就会与我们的行为紧密相连（尼采，1974：113）。人类成为唯一质疑自身存在意义的存在，对生命的信仰就建立在这样的哲学质疑之上（尼采，1982：39）。当我们不能把自己的意志放在自己身上时，我们就会给事物或事件赋予意义（尼采，1977：17）。意志不是用来承担行动的（尼采，1977：40）。意志不是我们行动的原因（尼采，1977：57）。错误的行为建立在形而上学的错误上。不幸的是，人类相信自由意志。如果自由意志确实存在，那么我们个人要为我们的仇恨、我们报复的快乐、我们的恶意，甚至我们扭曲的想象而承担罪责（尼采，1975：98）。没有人能够对他的存在负责。没有人能够选择出生在一个特定的家庭或国家（尼采，1977：65）。所以，自由意志永远不可能成为绝对的现实。人的意志不是绝对自由的。尼采认为，自由意志根本不存在——自由意志的不存在通过科学被强化（尼采，1967：352）。意志意为愿意做某事，即某人或某物被命令顺从这样的要求（尼采，1967：353；1983：32）。快乐来自权力的增加，而痛苦则来自对他人权力意志的抵制（尼采，1967：369）。尼采（1968e：237 –238）认为，思考是我们自然本能之间的基本联系，因为自然本能被赋予了人类存在的全部现实。

我们的意志不能摆脱外在或内在的制约因素。它永远不能让时间倒流（尼采，1985：177 - 178）。如果人没有自由意志，那么他对他的行为就不负有道德责任。此外，应受谴责的行为的概念也没有理性依据。尼采（1967：165）认为，由于现实的相互联系，我们不可能在不排除所有现实的情况下，仅排除一件事/人/事件。这就是尼采相信一切都是同样有价值和必要的原因。每件事都在对生命说"是"（尼采，1967：165）。

意志理论的建立是为了识别有罪的人。罪恶感是一种痛苦的状态，需要一个社会、文化、政治的解释（尼采，1967：133）。基督教创造了自由人类的概念（上帝创造了自由的人类），目的是把他们变成有罪的人。如果每个行为都基于自由意志，那么每个人都可能有罪。罪责和痛苦植根于自由意志被感知和定义的方式（尼采，1967：87；1968c：71）。这就是尼采（1977：64 - 65）将基督教视为酷刑者的形而上学的原因。尼采认为，基督教把一切（包括我们的自然本能）置于道德或神圣惩罚的力量之下（尼采，1974：89）。我们因自己的美德而受到惩罚（尼采，1968e：278）。拥有自由意志（自决）的意志会摧毁人类（尼采，1975：9）。当人们满足自己的自然本能时，自由意志会使人有罪。它被用来证明否定生命的美德。尼采认为，没有自由意志。对自由意志的信念以另外两种信念为前提：（1）对无条件物质的信念；（2）对自然界相同事物的信念。相信自由意志意味着将自由意志定义为所有结果的原因（尼采，1967：352 - 353）。形而上学一直涉及物质和自由意志。这就是尼采（1975：36，106）将形而上学定义为基本错误的科学（似乎是先验真理）的原因。真理只有在放弃自由意志之后才会出现（尼采，1967：205）。只有超人才能进入与自由意志无关的思维方式。

根据尼采的观点，神话（通过宗教和道德）强加了一种不自由的意志，即一种专注于否定生命美德的意志。在现实生活中，人类所需要的只是坚强的意志，即以增强生命美德为基础的权力意志（尼采，1968e：219）。权力意志就是生命意志（尼采，1968e：393），即保存人类作为物种的意志（尼采，1967：272）。尼采（1967：369）将权力意志定义为存在的最内在本质。然后，快乐被视为一种力量的增长，一种对生命增强过程的肯定。人的意志既可以强化增强生命的美德，也可以强化否定生命的美德。然而，权力意志从根本上意味着要实践增强生命的美德。尼采认定，人的意志就是权力的意志。根据叔本华的观点（2009a：84－85，88，137，188），我们的意志是我们真实的自我：我就是我的意志。在我生命的每一刻，我的意志都集中在一件特定的事情上，而不是其他。通过我的行动和决定，我正在学习我是谁。然而，我的意志不是道德自由的（叔本华，2009a：192）。这就是法律存在的原因。叔本华（2009a：265）描述了意志的力量，但不是权力的意志。世界就是我的意志（叔本华，2009b：78－79）。与叔本华不同，尼采没能将意志的概念从权力意志中分离出来。增强否定生命的美德是对我们意志的扭曲。真正的意志是权力的意志，然后是强调增强生命美德的意志（尼采，1967：369）。生命被定义为权力增加的形式表达（尼采，1967：375）。人类只不过是权力的意志（尼采，1967：550；2006：70）。正如查萨德（1977）所说，尼采的权力意志克服了"本质"和"存在"之间的学术区别。事实上，它是一种试图增加其力量强度的现有力量。尼采的权力意志是一种激情，而不是一种心理能力。其强度可能因人而异（柯克兰，2004；坎贝尔，2003）。

　　"权力"这个词在这里并不表示意志的客体，如凌驾于他人之上的权力；作为增强剂，它意味着一个人能够应付自如。因此，人类的权力意志是一种与应对和控制有关的激情，而代理意义上的意志是选择的基础。这种"选择"意味着自愿的、有意的行动，而不是自由意志（坎贝尔，2003：31）。

尼采（1967：221－222）定义了对我们世界的两种基本解释：（1）世界是上帝的作品和表达，世界是完美的。每一种现象都必须与上帝的意志紧密相连。（2）世界是不完美的，罪恶和罪责与世界自身的本质有着内在的联系。道德教导人类憎恨权力意志（尼采，1976：158，221）。但事实上，权力意志是生命中最宝贵的元素（尼采，1976：159）。权力意志是我们能获得的唯一意义（尼采，1967：323）。德勒兹（2012：96，188）认为，尼采的权力是意志的驱动力：权力使价值的重新评估成为可能，从而产生新的价值。与德勒兹不同，布伯（1962：48）认为尼采使用了权力意志的两种不同含义：（1）获得权力的意志；❶（2）表达权力或行使权力的愿望。这种哲学观念并不集中于同一现实。不断地寻求获得权力和不断地寻求行使权力是不一样的。

只要权力意志和人类自由是相互关联的，我们就应该从存在主义的观点出发，解决自由问题，或者至少应该解决我们定义自由的方式。自由包含五个基本组成部分：（1）对自己负责的意志；（2）将我们自己与他人隔离的距离；（3）对别人的痛苦和可怕的考验漠不关心，甚至对生活本身也漠不关心；（4）人们为了既定的原因而牺牲自我的事实；（5）权力意志优先于其他本能。正如格伦（2001：136）所言，尼采将自由理解为"内在斗争的结果"。自由的现代概念表达了本能的退化（尼采，1977：130）。尼采（1977：124－125）将自由的人定义为存在主义的战士。自由总是要被征服的（尼采，1982：141）。自由意志的概念意味着自由是人类与生俱来的一部分。因此，自由永远不必被征服。尼采批评任何将自由定义为一种无限的行动力量的企图。尼采否认自由意志的存在。人类总是要征服自己的自由。意志基本上是命令的反映（尼采，1968e：215）。正如伯蒂耶夫（1950：13）所说，主题不仅是思想，还有存在和意志。这个世界并不充满美。人类创造了美的概念，因为他们相信美与幸福有着内在的联系（尼采，1975：151）。人类给了世界美丽，但他们不能声称自己是美的完美典范。每一种美学都以除了人，没有什么是美的为前提。但事实上，除了退化的东西，没有什么是丑陋的。当我们的权力意志、勇气和自豪感下降时，我们的丑陋就会增加。丑陋即是退化（尼采，1977：102－103）。能增强我们的权力意志的东西，就是好的。当我们将自己或他人视为自己的代表时，我们面对的就是我们的权力感。当我们看到想象的存在（神）

---

❶　布伯（1962：51）说，尼采在定义权力意志的概念时受到了布克哈特的普遍历史观的影响。根据布克哈特（1972）的观点，历史的本质在不断变化。每次堕落都是由先前的社会、政治甚至宗教的衰落导致的（Jacob Burckhardt, *Considérations sur l'histoire universelle.* Paris：Petite bibliothèque Payot, 1972, p. 54）。

时，我们甚至会产生这样的感觉，就好像它是神圣本体不可分割的一部分（尼采，1974：280）。生命本质上是一种增长、持久和权力的本能。当缺乏权力意志时，文明和民族就会衰落。在神圣价值的形式下，我们可以找到颓废的价值，即虚无主义的价值（尼采，1978：15）。

■ 2.4 超越虚无主义的尼采方式

虚无主义美德的本质是否定和放弃（对生命过程和自我保护的本能）（尼采，1968e：201 – 202；1982：248 – 251）。因此，崇拜否定生命的美德意味着摆脱我们自爱和自我保护的本能（尼采，1982：62 – 63）。但是，这种责任（像康德的责任）否定了生命过程的基本价值（尼采，1978：21 – 22）。虚无主义的美德被用来统治人民（尼采，1978：77）。没有不朽的（永恒的、不变的）善恶观念。如果我们没有意识到道德观念（如善恶）并不能反映任何现实，那么我们将暴力地强加否定生命的美德，如禁欲（尼采，1976：216；1985：149）。虚无主义得到发展，是因为信徒们加强了对现实，包括我们的世界和我们自己的道德解释（尼采，2006：84）。

那些不相信上帝的人认为宇宙中根本没有道德秩序。于是，他们面临意义的缺失。因此，一切所是之物（everything – that – is）都没有任何意义（尼采，1967：7）。意义都是通过意图创造的，而且也只是一种解释，"通过解释，事件中的一些点被强调和选择，而其他的点则被有意识地忽视"（尼采，1967：351）。因此，任何行动都不可能与既定的（理论的、理性驱动的）目的和手段联系在一起。这些目的和手段都是由我们的意图所设定的。既然给定的行为和目的/手段之间没有基本的联系，那么因果关系就是一个毫无意义的概念。人类为那些根本不传达任何意义的现实定义意义。我们变得更加怀疑每一种意义的可能性，无论这种意义是投射在邪恶还是存在上。然后，一切似乎都毫无意义（尼采，1976：155，173，175，218）。虚无主义不是导致颓废的原因，而是颓废的逻辑（尼采，1976：

204）。虚无主义暗示着永恒的虚无：存在既无目的，也无意义（尼采，
1976：156）。最高级的所谓永恒价值在贬低其自身（尼采，1967：9）。虚
无主义是一种虚无的意志（瓦拉迪尔，1975）。正如尼采（1979：246）所
说，我们选择将意志化为虚无，而不是否认我们的意志。那些相信道德的
人谴责人类的存在，因为道德是指否定生命的美德。这些美德只不过是衰
变和衰亡的法则（尼采，1968e：393）。道德劫持了我们生存的意志。虚
无主义是对价值和意义的根本拒绝。它产生于基督教对人类生活的道德解
释（尼采，1976：167）。基督教道德世界观的退化，催生了虚无主义。一
切都没有任何意义（尼采，1976：168）。

　　虚无主义意味着对所谓的优越价值的贬低，甚至是对价值和意义的彻
底否定。优越价值被解释为遵循上帝的意志（上帝的诫命），然后被解释
为社会价值。社会价值定义了什么才是真正的世界。放弃对上帝的信仰并
不意味着我们不相信道德（尼采，1976：184）。我们只会放弃信仰先验真
理，然后放弃否定生命的美德。激进的虚无主义宣称不可能相信来生，也
不可能发现自在之物（尼采，1968c：61－62；1976：171，173－174；
1991：78，82）。尼采不是一个虚无主义者。他认为虚无主义是基督教道
德至上和超人崛起之间的中介状态。虚无主义意味着感知世界和存在是没
有意义的（尼采，1976：174，197）。感知世界正在堕落意味着将这种感
知建立在我们应受谴责的本性上。事实上，虚无主义的态度维护了统治
（基于基督的）价值（尼采，1976：199）。但我们必须生活在一个虚无主
义的世界，才能创造新的超人价值（尼采，1967：4）。为了使超人在存在
中产生，必须要有虚无主义。

　　尼采区分了积极虚无主义和消极虚无主义。一方面，虚无主义可以表
现为人类精神力量的增强。信念和信仰被抛弃（积极的虚无主义）。另一
方面，消极的虚无主义是一种软弱的标志：特定的价值观相互斗争（尼
采，1976：186－187）。根据尼采的观点，虚无主义有三种形式：（1）当
任何事件都没有意义时，人类不被视为"成为"过程的中心。任何事情都
不应追求"成为"过程（强调最终性）。（2）任何事件都有一个内在的组
织，每一个"成为"过程都意味着没有大的统一性，让我们感觉基本上与

整个系统的其他部分相连（强调统一性）。（3）我们谴责"成为"的世界是一种妄想，在"成为"的世界之外创造了一个真实的世界，我们永远不应该相信一个真实的世界。"成为"的现实是独一无二的现实。存在不可能是真的或假的。真实的世界是没有根据的（强调存在）。世界似乎毫无价值（尼采，1976：176－179，181）。事实上，世界的全部价值是无法评估的（尼采，1967：378）。我们运用理性范畴（如结论性、统一性和存在性）来评价世界的真实性。我们对理性范畴的信仰是虚无主义的根源（尼采，1976：179）。人类不是一切事物的意义和衡量标准。事物的价值不能由人或存在来衡量。没有真理，也没有自在之物（尼采，1968e：200；1976：180）。

　　一切理想不过是心灵的毒药。如德里达（1994：10）所说，尼采认为所有的道德理想都是与生命敌对的反动力量。事实上，尼采（1967：130）认为理想只能作为暂时的治疗方法。这就是尼采说虚无主义是一种理想的原因。虚无主义是一种反对任何真实世界的展示方式（尼采，1976：181）。道德评估只不过是谎言的历史（尼采，1976：292）。自在之物并不存在。萨特（1938：138）明确地断言事物就是它们看起来的样子。没有自在之物，因为它承认本质不依赖于存在。世上没有独立的东西。每个事物都依赖于周围的其他事物（尼采，1967：302）。不存在自在之物和自在意义。没有内在的事实（尼采，1967：301）。没有事实，只有解释（尼采，1967：267）。没有自在。没有什么是内在的意义。意义不是"给定的"，而是投射在事物、存在、现象或事件上的东西。沃特林（2012：71－84）对此表示了质疑：尼采怎么能声称他的权力意志概念比其他有关人类和存在的解释有更高的价值？尼采只是试图说服人们，权力意志可以有更强大的潜力来理解存在条件：权力意志既是一种影响（命令），也是一种思想（命令本身的基础）（尼采，1968e：215－217）。权力意志作为一种影响，既是一种受外部条件因素影响的能力，也是一种对其施加压力（或权力）的能力。权力意志不是一个事实，而是一种对人类与存在的诠释。解释基于语言、生活经历和历史传统。如果不参考先前的解释，我们就无法理解现象。一切都在改变，令人难以理解，特别是我们的观点。对既定事物或现象的新解释建立在旧的解释之上，因此我们不能把握现实的本来面目（尼采，1967：327）。根据尼采的观点，我们必须摆脱言语的诱惑。在"我思考"这句话中，我们可以发现五个信念：（1）是"我"在思考；（2）一定有会思考的东西；（3）从被认为是原因的存在的角度来看，思维是一种活动和操作；（4）有自我；（5）关于什么是思维，已经有了规定（我们知道思维的意义）。"我思考"这句话没有直接的确定性。根据尼采的观点（1968e：236），相信眼前的确定性是一种道德上的天真。当我说"我思考"时，我是在将我的现状与"我已经知道的自我状态"进行比较（尼采，1968e：213）。主语"我"是谓语"思考"的一个条件。我心里有东西在想。但是，还没有证明自我就是在我心里思考的那个东西。思考是一种活动，所以这种活动背后一定有一个代理人。然而，自我是思考的代理人这一说法并非不证自明（尼采，1968e：214）。尼采承认思考不是大脑的纯粹过程。思考与人体所处的物理、生物和化学过程密切相关。

■ 2.5　非正式价值转移系统与尼采对解释的解释

人类的存在只不过是一种解释。我们甚至正在解释我们应该如何解释存在事件。没有自在之物，这并不意味着我们生活在虚无之中，但我们确实生活在虚无之中。"无"是一种没有自在之物的存在状态，而虚无则意味着什么都没有，此时此地什么都没有。尼采不是虚无的拥护者。然而，他坚信我们生活在虚无之中。我们没有虚无的事实证据。它只是一种解释自我和世界的方式。此外，虚无让我们质疑人类存在的意义。尼采认为生命是不断的自我超越。这就是超人是可能的，而不是人类思想的纯粹产物的原因。然而，没有自我的超越就没有超越。既没有上帝，也没有终极现实。无限并不存在。神的信息或意志只是心理形象。这与现实毫无关系。如果我们相信生命是不断的自我超越，与本质没有任何联系，那么事物（作为现象）就必须建立在存在上。事物存在的时候就是它们的样子。物性就是没有任何自在的存在。太多时候，我们关注尼采对基督教的批判，却没有意识到尼采（1967）也对佛教信仰进行了深刻的批判。基督教和佛教都被他解释为虚无主义运动（尼采，1967：128）。尼采无法接受佛教徒解释自我缺失的方式。存在虚无，然而，这并不意味着我的自我不能改变，并成为超人。根据尼采（1968e）的说法，佛教信仰阻止人类克服自我。虚无的原理只是揭示了没有自在。一切都取决于存在。本质根本不起作用。然而，虽然我们不能准确地定义自我，但我们确实观察到了自我的变化。这些变化将使我们摆脱对善恶的错误观念。尼采因此拒绝了任何（佛教、基督教）的自我概念，因为这将构成自我超越的障碍。尼采（1967）也谴责佛教是一种否定增强生命美德（本能）的宗教。尼采（1967：312）认为，佛教因此否定了现实的本来面目。

> 行动把人束缚在存在中，但所有的存在都没有意义。他们在邪恶中看到了朝着不合逻辑的方向发展的动力：对达到所否认的目的的手段予以肯定。他们寻求一种不存在的方式，因此他们恐惧地看待所有的情感驱动（尼采，1967：96）。

尼采（1968a：685－687；1967：108）认为佛教否认任何值得怨恨的东西，其特点是意志薄弱。佛教拒绝接受存在的苦难，也不能引导行动。因此，佛教对增强生命的美德，即自然需求和本能，进行了根本的否定。否定生命的过程被解释为衰变的原理（尼采，1968e：393）。尼采（1967：121）说怨恨是获得内心平静的唯一途径。然而，我们必须脱离我们所生活的世界。因此，尼采批判佛教不仅因为它否定了增强生命的美德（因此是一种基本的虚无主义运动），而且因为它趋向于使自我不可能存在于任何计划中。尼采将佛教解释为一种无条件的诚实的无神论，因为它揭露了任何信仰上帝的谎言。然而，尼采意识到佛教仍然保持着对真理的意志。当我们深深地意识到我们的真理意志时，我们的道德价值（反映了不变的道德）将会退化（尼采，1968b：596－597）。真理意志是对真理的绝对价值的信仰（尼采，1968b：587）。正如沃特林所说（2012：80，302－308），基督教和佛教拒绝将任何权力意志，作为通过增强生命的美德来超越自我的基本运动：权力意志就是生命意志（尼采，1968e：393）。然而，基督教是一种主动的虚无主义（关注邪恶的起源：怨恨的虚无主义），而佛教是一种被动的虚无主义（拒绝任何道德命令：怀疑的虚无主义）。在这两种情况下，超人的可能性都被排除在外。这里没有什么是需要被战胜的。与佛教不同，尼采坚信我们可以战胜自己。自我超越甚至是每个人的首要责任，只要他充分意识到没有任何意义。虚无原则是自我超越的哲学基础，超人的诞生就是以此为基础的。

如果我们想要掌握解释现实的方式，尼采的虚无原则至关重要。没有自在的物性将从根本上改变我们看待事物、人和事件的方式。如果我们想当然地认为"物性"意味着没有"自在"，那么对所有现象的解释就会不同。先验的原则和价值将无法从宗教或精神的观点来解释或证明存在和现实。我们将不得不面对现实的本来面目，也就是说，没有任何自在（它带有先验的概念或信念）。此外，如果我们真的相信自在之物是不存在的，那么我们批判自己的解释方式就必须得到实质性的修正。解释我们解释现象的方式也可能是相当危险的：事实上，我们可以使用参数来揭示先验的本质。尼采提醒我们，虚无将防止我们落入这样的解释学陷阱。如果没有自在之物，那么我们就不能使用任何先验的存在观来解释现象，或者解释及批评我们的解释模式。尼采批判了两种层次的解释，对现实的解释以及人对现实的解释的解释。虚无的哲学原理对我们感知和理解自我以及世界的方式有着深远的影响。正如尼采（1991：71）所说，认识自我是认识世界的先决条件。根据尼采（1974：63）的观点，我们的自我认识与我们对一切所是之物的认识紧密相连。我们的自我认识很有限。莎士比亚的《奥赛罗》（1943：54）揭示了一个事实，那就是我们不是"我们是谁"。伊阿古甚至说，人应该是他们看起来的样子。这是一种承认自在之物不存在的方式。我们对自己而言是陌生人（尼采，1968b：451）。自我感知是建立在错误的基础上的，即对"我们是谁"的错误解读（尼采，1974：126）。别人的意见（关于我们自己）总是被用来加强我们的自我认知。自信是一切存在的基础（歌德，1964：86）。尼采的自我限制原则可以有效地解释非正式价值转移系统现象，这样，我们就能在不忽略非正式价值转移系统的道德影响的情况下，将事物纳入其文化和历史背景。

非正式价值转移系统构成了一种可以用多种方式解释的现象，因为它可以基于道德目的（家庭意图）和不道德目的（犯罪意图）。考虑到尼采重新解释善与恶之间的边界这一事实，从尼采的观点分析非正式价值转移系统现象可能是非常有意义的。非正式价值转移系统现象是特别有趣的，因为它揭示了社会定义的道德边界可能传达关于善恶的错误概念。有时候，好事会带来非常坏的后果，而坏事会带来非常好的影响。非正式价值转移系统不是金融犯罪。相反，它可以被用于道德或犯罪目的。因此，如果我们想从道德上评估非正式价值转移系统现象，我们必须非常谨慎地选择我们的道德标准（或参数）。尼采的虚无原则暗示了并不存在可以帮助我们从道德上判断这种现象的先验原则或信念。我们必须批判我们的道德标准，以阐明我们对非正式价值转移系统的伦理或不道德性质的有意识或无意识的看法、解释或期望。根据纳瓦兹等人（2002：331）的说法，非正式价值转移系统具有一些共同的特征：缺乏记录、客户识别或监管监督，以及存在被犯罪分子滥用的可能性。非正式价值转移系统可以被称为"陈旧的汇款系统，平行的、分散的、黑色或剩余的金融系统"。纳瓦兹等人（2002）认为，非正式价值转移系统是对我们可以在正式金融服务市场上发现的信息不对称性的一种结构性反应。它们的费用远低于正规机构的收费（扎加里斯，2007；尚穆加姆，2004）。哈瓦拉系统已在没有正规金融系统或金融系统不可靠的国家使用（伊斯梅尔，2007；基恩，2007）。它们既没有得到政府的认证，也没有受到政府的监管（范德班特，2008：691）。

根据尼采（1967：293－294）的观点，对给定事件的每一种解释都是一个行为，一个痛苦的行为：每一种变化都以作者和受到这种变化影响的人为前提。每一个事件都是解释的对象。不存在无法解释的"本身"事件。事件是解释者聚集在一起的现象。任何文本都可以有不止一种解释（一种所谓的"公正的"解释）。每一个文本都可以接受各种解释（尼采，2006：73）。世界本身对所有可能的解释都是开放的（尼采，1982：350）。每一种必要性都只是一种解释（尼采，1967：297）。伯纳姆（2007：39）正确地指出："任何不把自己理解为一种解释的解释都是糟糕的解释。"尼采承认了解释既定事件或现象的深层挑战。他清楚地意识到，他对整个历史中世界的解释只不过是一种解释而已。尼采认为，绝对的道德绝不能扭曲我们解释事件和现象的方式。这正是我们在考虑非正式价值转移系统现象时应该采取的观点。我们应该意识到：（1）我们对非正式价值转移系统的定义是基于历史的解释；（2）我们对非正式价值转移系统的看法受历史和文化（有时是宗教）的影响；（3）非正式价值转移系统可用于道德或非法目的；（4）我们对非正式价值转移系统的道德判断是以给定的（预先批判的）善恶观念为前提的。如果我们把虚无的哲学原则放在自己身上，那么当我们对非正式价值转移系统现象进行道德评价时，就会理所当然地认为：善与恶的边界是不断变化和不确定的。非正式价值转移系统已经存在了一千多年。我们在对非正式价值转移系统现象进行道德评估时必须非常谨慎。尼采的虚无原则（没有自在之物）将使我们更容易理解现象的本来面目，而无须任何先验的道德原则或信仰。

非正式价值转移系统现象有两个基本要素。一方面，该系统普遍缺乏透明度，更确切地说，是对所有交易都要保密的意图。帕萨斯（2004b：169）对这种态度给出了几个引人注目的例子："没有大额交易记录，每天大笔转账，来自单个客户的大笔款项，不具有经济意义的做法。"缺乏记录证实了将所有交易保密的意图。正如帕萨斯（2004a）所说，外部人士无法理解实际记录。所以，事物的不可解性让外部人士产生了怀疑。如果我们想让外部人士无法理解，我们怎么能提供明确的证据，证明我们的意图是有道德基础的呢？此外，帕萨斯（2004a）解释说，哈瓦拉系统很少从事独立的业务。事实上，提供非正式价值转移系统（一项额外服务）的业务种类繁多，如旅行社、杂货店、古董店、经纪行、计算机设备进口商或出口商、图书商、纪念品商店和电话或互联网商店。事实上，非正式价值转移系统很少是一个特定商业的主要活动，这也揭示了将非正式价值转移系统隐藏在合法或法律活动背后的意图。此外，缺乏记录为偷税漏税敞开了大门。另一方面，犯罪分子也可能利用这种非正式价值转移系统来转移非法资金。根据帕萨斯（2004b：169）的研究，一些钱可以转移到参与非法活动的个人或公司的银行账户中。如扎加里斯（2007：160－161）所说，非正式价值转移系统的部分活动可能带有非法用途，如洗钱和恐怖主义融资。但事实上，非正式价值转移系统很少用于恐怖主义融资或洗钱。政府机构和警察都很容易追查到一些非法转账。洗钱者和恐怖分子不应该选择非正式价值转移系统作为转移赃款的优先方式（比莱斯，2008：29；反例：佩克尔，2004：184）。根据基恩（2007：192）的说法，非正式价值转移系统将更多地被有组织犯罪❶和洗钱者使用，而不是被恐怖分子使用。佩克尔（2004：184）认为，其他金融犯罪似乎也与非正式价值转移系统活动密切相关（腐败、绑架、走私武器和人体器官）。

纵观历史，非正式价值转移系统现象的表现形式多种多样。最早的例子之一是中国唐朝（6 世纪至 8 世纪）的飞钱。在亚洲日益增长的茶叶贸易中，为了减少物质交换，飞钱得到了使用（谢胡，2003；纳瓦兹等，2002）。哈瓦拉系统（非正式价值转移系统的形式之一）出现在 11 世纪的印度。哈瓦拉系统似乎起源于阿拉伯商人，他们想要避免商队在中东和南亚之间的丝绸贸易路线上被抢劫（扎加里斯，2007；谢胡，2003）。帕萨斯（2003）甚至提到，作为汇款系统的哈瓦拉系统与 12 世纪和 13 世纪的欧洲做法类似（如在佛罗伦萨和威尼斯使用的汇票）。这些历史事实非常重要，因为它们反映了非正式价值转移系统基于道德的起源。至少在 20 世纪 70 年代之前，非正式价值转移系统不属于地下金融系统（范德班特，2008；韦尔斯，2008；基恩，2007；尚穆加姆，2004；帕萨斯，2003）。在许多亚洲国家，哈瓦拉系统是支付的主要方式（扎加里斯，2007）。自 20 世纪 90 年代以来，许多国家已经禁止非正式价值转移系统（扎加里斯，2007）。洗钱行为在 20 世纪彻底改变（如黑市比索交易所的出现）。但是，肇始于 6 世纪的非正式价值转移系统却并没有被纳入法律管控的范围内。这主要是因为有关非正式价值转移系统的历史事实并没有那么大的影响力，人们无须在道德上为每一个非正式价值转移系统辩护。然而，各种形式的非正式价值转移系统正在构建一个全球非正式金融体系（纳瓦兹等，

---

❶ 齐格勒（1998：21-22）将"犯罪卡特尔"定义为以营利为目的的企业（资本主义：利润最大化）、军事结构和权力形式（盲目服从）以及民族（民族中心主义）之间的创造性综合。

2002：333）。当然，非正式价值转移系统的增长与公众对正规金融体系缺乏信心有着内在的联系，尤其是在发展中国家。许多文化和种族群体的散居（特别是在西方国家）和移民之间的团结也使得非正式价值转移系统的快速增长成为可能（扎加里斯，2007）。纳瓦兹等人（2002）正确地指出，法规的制定和实施不会阻止个人使用非正式价值转移系统。历史和文化条件因素仍在加强非正式价值转移系统的使用。

非正式价值转移系统现象是由文化、经济和政治因素造成的。至于文化的影响，我们必须说，文化的概念并不是不言而喻的。它是否只包括统治阶级的文化，而损害少数族裔的文化？我们是否能够区分一些特定地方社区中广泛共享的习俗，而不将其视为社会（国家）文化的一个组成部分？文化影响的问题并不是决定性的。真正起决定作用的是非正式价值转移系统活动的道德品质，无论它们是否受到文化的影响。哈瓦拉达尔（在发送方国家和接收方国家之间）使用各种手段来补偿他们的资金转移交易。他们经常使用进出口交易：高开进口发票或低开出口发票（特雷汉，2002）。虽然使用这种手段是为了在合法交易中得到补偿（不涉及任何非法资金），但虚开发票和少开发票意味着对货物的实际价值存在基本谎言。操纵发票意味着对现实撒谎，在发票上多开金额或少开金额都是虚开。这进一步表明，非正式价值转移系统并没有看上去那么道德。

但是，非正式价值转移系统是道德信念的问题吗？尼采认为，信念是监狱。它们比谎言更危险，因为它们声称持有真理（尼采，1973：151，193）。每一条陈述都声称具有特定含义。这样，它就具有了一个既定的真理概念。然而，正如吕格尔（1985：402）所说，这种说法是根植于过去的信念。令人信服的不一定是真的（尼采，1976：182）。尼采认为，信念的前提是：（1）有绝对的（无可辩驳的）真理；（2）有完美的方法可以定义绝对真理；（3）对于那些有信念和信仰的人来说，运用这些方法是可能的（尼采，1973：193；1982：218）。信念和信仰实际上证明了真理根本不存在（勒维史，1973：216）。在描述非正式价值转移系统现象时，我们不应该提及我们的信念和信仰。我们绝不应该假定我们拥有一些可靠的、静止的、坚定的关于现实的真理。对思想和现象的深刻认识是信念和信仰的敌人（尼采，1973：199）。我们思想的懒惰使我们有可能拥有信念和信仰。信念和信仰应该被视为纯粹的手段（尼采，1978：98）。每一种信念或信仰都有其历史、形式、尝试和失败。自由的精神没有信念，也没有信仰（尼采，1973：199）。它已从真理意志中释放出来（瓦拉迪尔，1975）。从道德的观点来看，这并不意味着我们必须证明非正式价值转移系统现象。但是，如果我们没有意识到自己思维的局限性，也没有意识到自己解释的局限性，我们就不会去解决这个道德问题。我们将十分清楚精神偏见的束缚。

在《威廉·迈斯特》一书中，歌德（1912：219）曾说过，犯罪可以"把它的危害扩大到无辜之人身上，就像把它的祝福扩大到许多不配得到祝福的人身上一样"。所以，无辜的人可能被认为有错误的意图，因为他们参与了可疑的活动。帕萨斯（2004a）正确地描述了与非正式价值转移系统相关的道德挑战："如何仅针对通过哈瓦拉实施的非法行为，而不影响无数诚实地把钱寄回家的无辜客户？"我们如何在不削弱"白哈瓦拉"潜力的情况下打击"黑哈瓦拉"（多尔蒂，2006；尚穆加姆，2004）？比莱斯（2008：25）认为"试图对哈瓦拉系统进行积极的监管会（对无辜的人）造成与预期收益不相称的社会损害"。但是黑/白哈瓦拉二元论实际上隐藏了哈瓦拉系统内在的不道德。我们不应该对这一现象采取人类学或社会学的观点。这样，我们就可以摆脱与非正式价值转移系统现象有内在联系的道德问题。如果我们仔细分析非正式价值转移系统现象的要素（缺乏透明度，意图保持交易秘密，虚假发票，对逃税的影响），我们就无法得出非正式价值转移系统是道德中立，甚至是道德现象的结论。尼采的价值转变是有帮助的，因为它强调了非正式价值转移系统使用后主要的好或坏后果。尼采的虚无原则将有助于对非正式价值转移系统的伦理或不道德性质做出谨慎的判断。然而，尼采并没有消灭善恶。他只是说，善与恶的边界永远是不确定的。我们仍然可以从道德上评估任何现象。然而，在处理非正式价值转移系统的道德或不道德方面时，我们必须谨慎。我们必须避免做出任何预先的（道德）判断，因为没有先验的本质。只有存在的困境不断地设计善与恶的边界。非正式价值转移系统对个人和社区生活有深刻的道德影响。我们不能声称我们关于非正式价值转移系统的道德判断在未来仍然是可靠的，因为善与恶的边界正在变化，并不确定。我们不能确保非正式价值转移系统有助于改善或降低我们的集体幸福。非正式价值转移系统可以有人性化和非人性化两种效果。由于其非人性化的深度影响，非正式价值转移系统可能被用于不道德的意图（包括撒谎和逃税），因此在道德上值得怀疑。但我们坚持，说出真相和缴纳税款是我们永远不应违背的道德责任。如果我们坚持尼采的观点，那么我们必须补充一点，撒谎和逃税不一定是不道德的。它取决于环境。例如，当生活在独裁和专制的政权中时，我们必须支付所得税（从而避免任何逃税）吗？尼采式的逃税方法将意味着否认支付所得税的任何绝对（道德）责任。尼采讨厌康德主义（绝对道德责任），也讨厌功利主义。尼采认为，权力意志比道德要求和任何道德计算更具有决定性（利波维茨基，2006：211）。当说真话是有利于增强生命的美德（而不是否定生命的美德）时，我们应该说真话而不是撒谎。只有当我们的谎言能强化增强生命的美德时，我们才能撒谎。逃税问题也应该用这种方法来分析。然而，在这两种情况下（撒谎和逃税），人们肯定会认为他们的行为有利于增强生命的美德。他们很少声称自己的行为与否定生命的美德紧密地联系在一起。因此，尼采对道德的批判的弱点是：我们很容易将我们的行为立足于增强生命的美德之上，并认为我们从未受到否定生命的美德的激励。我们在道德上评估非正式价值转移系统的方式必须考虑到撒谎和逃税本质上与非正式价值转移系统有关这一事实。我们主要的道德挑战是确定非正式价值转移系统合乎道德的程度。保持尼采的观点，我们将不必提及任何道德命令（康德），或任何结果主义方法，无论是哲学利己主义（史密斯、霍布斯、斯宾诺莎），还是功利主义（休谟、本森、密尔、罗斯、摩尔）。尼采认为一个特定的行为要么有利于增强生命的美德，要么有利于否定生命的美德。尼采关于非正式价值转移系统的观点将给出以下道德标准：只要非正式价值转移系统涉及有利于增强生命的美德的谎言和逃税，它在道德上就是合理的。当洗钱者使用非正式价值转移系统时，我们不应该声称这些非正式价值转移系统是为了增强生命的美德。如果洗白的钱来自毒品贸易、走私和勒索，我们就不能合理地为非正式价值转移系统辩护，因为在这样的情况下非正式价值转移系统之后也会被用于犯罪目的。当非正式价值转移系统用于合法目的（向国外亲属汇款）时，情况就不同了。尼采的观点意味着我们要去评估谎言和逃税：在多大程度上，我们可以宣称这些谎言和逃税有利于增强生命的美德？虽然这个标准仍然很模糊，但它是我们唯一的道德标准，至少在尼采的观点中是这样的。

■ 2.6   总结

根据尼采（1978：86）的观点，我们不会永远对善恶一无所知。知识在各个历史时期是不断发展的（尼采，1975：19）。正如帕夫利奇（2009：59）所说，尼采认为一个行为是完全没有内在价值的："这取决于谁来执行。"因此，尼采宣称伟大的罪犯是勇敢的。这些伟大的罪犯正在实现一种价值的转变（重新估价）。帕夫利奇（2009：61）给出了纳尔逊·曼德拉的例子。当然，罪犯（如小偷和杀人犯）并不是那些重新定义善恶边界的英雄或象征人物。纵观历史，人们对非正式价值转移系统的看法实际上反映了它对集体幸福的积极贡献。然而，20世纪下半叶开始（特别是20世纪70年代以来），非正式价值转移系统被滥用。分析这种意义的历史转移，可以使我们专注于黑/白哈瓦拉二元论。但这样做的时候，我们就隐藏了哈瓦拉系统的内部结构：谎言、保密和操纵的传播文化以及逃税效应。尼采认为，我们的知识能力意味着我们希望将陌生的事物转变为已知的事物。它的基础是我们需要被熟悉的事物包围（尼采，1982：309 – 310）。在整个知识过程中，我们面对的是僵化的语言。我们可能会陷入错误的（自我伪造的）解释鸿沟：我们可以施加强大的（概念上的）压力，以使非正式价值转移系统符合我们对金融犯罪的理解。这样做会歪曲事实，忽视非正式价值转移系统现象的主要部分：谎言、保密和操纵文化，以及逃税效应。这种文化可以通过合法以及非法的非正式价值转移系统活动发展。

我们看待非正式价值转移系统的方式揭示了道德标准使社会期望的标准具体化的方式。非正式价值转移系统可能被用于犯罪目的，这在道德上是不合理的。然而，当非正式价值转移系统被用于合法目的时，它们也具有道德意义，因为它们利用谎言和逃税来使资金转移成为可能。所以，最基本的哲学质疑是：我们是否准备好接受这样的判断，即谎言和逃税有时可以帮助那些生活在国外有需要的人及穷人？生活在这样一个世界意味着什么？谎言和逃税总是合乎道德的吗？当然不是。那么，为什么非正式价值转移系统会是一个例外呢？在尼采的观点中，没有"我们必须永远说真话"之类的规则（康德）。如果没有这样的规则，那么，既然非正式价值转移系统以谎言和逃税为前提，我们该如何在道德上评估非正式价值转移系统呢？尼采让我们更加意识到好的行为可能会有坏的结果，错误的行为也可能会有好的影响。谎言和逃税不能被接受为一般的行为规则，只有将其用于合法目的，它们在非正式价值转移系统中才是可以接受的。尼采的这种方法将贫穷（海外亲属）作为在道德上证明非正式价值转移系统正当化的基本标准。

问题

1. 尼采认为，真理意志是否会否认任何现实或现象的真实性？

2. 你是否相信，真理意志可以解释非正式价值转移系统经常被描述为犯罪行为的原因？

3. 权力意志有什么道德准则吗？

4. 你同意我们的权力意志实际上证明了"黑哈瓦拉"系统的合理性吗？如果是这样，考虑到人们实际上知道这样的系统会引发犯罪行为，那么"白哈瓦拉"系统的哲学依据是什么？

参考文献

［1］ Adorno，Theodor W. 2010. *Minima Moralia. Réflexionssur la vie mutilée.* Paris：Petite bibliothèque Payot.

[2] Arendt, Hannah. 2009. *Responsabilité et jugement*. Paris: Petite bibliothèque Payot.

[3] Aristophanes. 1966. *Théâtre complet*, vol. 1. Paris: Garnier-Flammarion.

[4] Baudelaire, Charles. 1964. *Les paradisartificiels*. Paris: Le livre de poche.

[5] Berdiaeff, Nicolas. 1950. *Esprit etr éalité*. Paris: Aubier/Montaigne.

[6] Berdiaeff, Nicolas. 1954. *Vérité et révélation*. Paris/Neuchatel: Delachaux & Niestlé.

[7] Berdiaeff, Nicolas. 1979. *De la destination de l'Homme. Essai d'éthique paradoxale*. Lausanne: L'Âge d'Homme.

[8] Berdiaeff, Nicolas. 1963. *De l'esclavage et de la liberté de l'homme*. Paris: Aubier/Montaigne.

[9] Boudot, Pierre. 1971. *L'ontologie de Nietzsche*. Paris: PUF.

[10] Buber, Martin. 1962. *Le problème de l'Homme*. Paris: Aubier/Montaigne.

[11] Burckhardt, Jacob. 1972. *Considérations sur l'histoire universelle*. Paris: Petite bibliothèque Payot.

[12] Burnham, Douglas. 2007. *Reading Nietzsche. An analysis of " beyond good and evil "*. Montreal/ Kingston: McGill-Queen's University Press.

[13] Campbell, David. 2003. Nietzsche, Heidegger, and meaning. *Journal of Nietzsche Studies* 26: 25 – 54.

[14] Chassard, Pierre. 1977. *Nietzsche. Finalisme et histoire*. Paris: Éditions Copernic.

[15] Cowan, Robert Bruce. 2007. Nietzsche's attempted escape from Schopenhauer's South Asian sources in "the birth of tragedy". *German Studies Review* 30 (3): 537 – 556.

[16] Dante, Alighieri. 2010. *La Divine Comédie*. Paris: GF Flammarion.

[17] Deleuze, Gilles. 2012. *Nietzsche et la philosophie*. Paris: Presses universitaires de France.

[18] Derrida, Jacques, and Richard Beardsworth. 1994. Nietzsche and the machine. *Journal of Nietzsche Studies* 7: 7 – 66.

[19] Dougherty, Jonathan M. 2006. Hawala: How terrorists move funds globally. *Corporate Finance Review* 10 (6): 28 – 36.

[20] Frazer, Michael L. 2006. The compassion of Zarathoustra: Nietzsche on sympathy and strength. *The Review of Politics* 68 (1): 49 – 78.

[21] Gambino, Giacomo. 1996. Nietzsche and the Greeks: Identity, politics, and tragedy.

Polity 28 （4）： 415 – 444.

［22］ Gemes， Ken. 2001. Postmodernism's use and abuse of Nietzsche. *Philosophy and Phe-nomenological Research* 62 （2）： 337 – 360.

［23］ Glenn， Paul F. 2001. Nietzsche's Napoleon： The higher man as political actor. *The Re-view of Politics* 63 （1）： 129 – 158.

［24］ Glenn， Paul E. 2004. The politics of truth： Power in Nietzsche's epistemology. *Political Research Quarterly* 57 （4）： 575 – 583.

［25］ Goethe， Johann-Wolfgang. 1912. *Wilhelm Meister.* NewYork： J. M. Dent & Sons.

［26］ Goethe， Johann-Wolfgang. 1964. *Faust.* Paris： Garnier-Flammarion.

［27］ Grillaert， Nel. 2003. A short story about the "übermensch"： Vladimir Soloc'ëv's inter-pretation of and response to Nietzsche's "übermensch". *Studies in East European Thought* 55 （2）： 157 – 184.

［28］ Hamilton， Christopher. 2000. Nietzsche on nobility and the affirmation of life. *Ethical Theory and Moral Practice* 3 （2）： 169 – 193.

［29］ Hegel， G. W. F. 2010. *Phénoménologie de l'esprit*, vol. 1. Paris： Gallimard.

［30］ Heidegger， Martin. 1962. *Being and time.* New York： Harper and Row.

［31］ Horkheimer， Max. 2010. *Les débuts de la philosophie bourgeoise.* Paris： Petite bibliothèque Payot.

［32］ Ismail， AbdirashidA. 2007. Lawlessness and economic governance： The case of hawala system in Somalia. *International Journal of Development Issues* 6 （2）： 168 – 185.

［33］ Keene， Shima. 2007. Hawala and related informal value transfer systems-An assessment in the context of organized crime and terrorist finance： Is there cause for concern? *Secu-rity Journal* 20： 185 – 196.

［34］ Kirkland， Paul E. 2004. Nietzsche's honest masks： From truth to nobility "beyond good and evil". *The Review of Politics* 66 （4）： 575 – 604.

［35］ Lipovetsky， Gilles. 2006. *Le bonheur paradoxal. Essai sur la société d'hyperconsomma-tion.* Paris： Gallimard.

［36］ Löwith， Karl. 1973. Nietzsche et l'achèvement de l'athéisme. In *Nietzsche aujourd'hui*, 207 – 222. Paris： Union générale d'éditions.

［37］ Morin， Edgar. 2005. *Introduction à la pensée complexe.* Paris： Seuil.

［38］ Nawaz， Shahid， Roddy McKinnon， and Robert Webb. 2002. Informal and formal money transfer networks: Financial service or financial crime? *Journal of Money Laundering Control* 5 (4): 330 – 337.

[39] Nietzsche, Friedrich. 1967. *The will to power*. New York: Vintage Books.

[40] Nietzsche, Friedrich. 1968a. *Ecce homo. In Basic writings of Nietzsche*, 671 – 800. New York: The Modern Library.

[41] Nietzsche, Friedrich. 1968b. On the genealogy of morals. In *Basic writings of Nietzsche*, 449 – 599. New York: The Modern Library.

[42] Nietzsche, Friedrich. 1968c. The birth of tragedy. In *Basic writings of Nietzsche*, 15 – 178. New York: The Modern Library.

[43] Nietzsche, Friedrich. 1968d. The case of Wagner. In *Basic writings of Nietzsche*, 609 – 653. New York: The Modern Library.

[44] Nietzsche, Friedrich. 1968e. Beyond good and evil. Prelude to a philosophy of the future. In *Basic writings of Nietzsche*, 79 – 435. New York: The Modern Library.

[45] Nietzsche, Friedrich. 1973. *Humain, trop humain*, vol. II. Paris: Denoël/Gonthier.

[46] Nietzsche, Friedrich. 1974. *Aurore. Pensées sur les préjugés moraux*. Paris: Gallimard.

[47] Nietzsche, Friedrich. 1975. *Humain, trop humain*, vol. 1. Paris: Denoël/Gonthier.

[48] Nietzsche, Friedrich. 1976. *Le nihilisme européen*. Paris: Union Générale d'Éditions.

[49] Nietzsche, Friedrich. 1977. *Crépuscule des idoles, ou Comment philosopher à coups de marteau*. Paris: Gallimard.

[50] Nietzsche, Friedrich. 1978. *L'antéchrist*. Paris: Gallimard.

[51] Nietzsche, Friedrich. 1979. *La généalogie de la morale*. Paris: Gallimard.

[52] Nietzsche, Friedrich. 1982. *Le gai savoir*. Paris: Gallimard.

[53] Nietzsche, Friedrich. 1983. *Par-delà le bien et le mal*. Paris: Gallimard.

[54] Nietzsche, Friedrich. 1985. *Ainsi parla Zarathoustra*. Paris: Gallimard.

[55] Nietzsche, Friedrich. 1991. *Le livre du philosophe*. Paris: GF Flammarion.

[56] Nietzsche, Friedrich. 2000. *Première considération intempestive*. Paris: Éditions Mille et une nuits.

[57] Nietzsche, Friedrich. 2006. *Fragments posthumes sur l'éternel retour*. Paris: Éditions Allia.

[58] Nietzsche, Friedrich. 2009. *Première considération inactuelle*. Paris: Éditions Allia.

[59] Passas, Nikos. 2003. *Informal value transfer systems, terrorism, and money laundering. A report to the National Institute of Justice*, Washington: The U. S. Department of

Justice，（November 2003）.

［60］ Passas，Nikos. 2004a. Law enforcement challenges in hawala-related investigations. *Journal of Financial Crime* 12 （2）：112－119.

［61］ Passas，Nikos. 2004b. Indicators of hawala operations and criminal abuse. *Journal of Money Laundering Control* 8 （2）：168－172.

［62］ Pavlich，George. 2009. Being accused，becoming criminal. In *Existentialist criminology*，ed. R. Lippens and D. Crewe，51－69. London：Routledge-Cavendish.

［63］ Perkel，Walter. 2004. Money laundering and terrorism：Informal value transfer systems. *The American Criminal Law Review* 41 （1）：183－211.

［64］ Reginster，Bernard. 1997. Nietzsche on resentment and valuation. *Philosophy and Phenomenological Research* 57 （2）：281－305.

［65］ Ricoeur，Paul. 1985. *Temps et récit. Vol. 3. Le temps raconté.* Paris：Seuil.

［66］ Rousseau，Jean-Jacques. 1971. *Discours sur les sciences et les arts. Discours sur l'origine et les fondements de l'inégalité parmi les hommes.* Paris：GF Flammarion.

［67］ Sartre，Jean-Paul. 1938. *La Nausée.* Paris：Gallimard.

［68］ Scheler，Max. 1955. *L'homme et l'Histoire.* Paris：Aubier/Montaigne.

［69］ Scheler，Max. 1970. *Man's place in nature.* NewYork：Noonday Press.

［70］ Schopenhauer，Arthur. 2009a. *Les deux problèmes fondamentaux de l'éthique.* Paris：Gallimard.

［71］ Schopenhauer，Arthur. 2009b. *Le monde comme volonté et représentation*，vol. 1. Paris：Gallimard.

［72］ Shakespeare，William. 1946. *Othello. The Moor of Venise.* New York：Appleton-Century-Crofts Inc.

［73］ Shanmugam，Bala. 2004. Hawala and money laundering：A Malaysian perspective. *Journal of Money Laundering Control* 8 （1）：37－47.

［74］ Shehu，Abdullahi Y. 2003. The Asian alternative remittance systems and money laundering. *Journal of Money Laundering Control* 7 （2）：175－185.

［75］ Stevens，Jacqueline. 2003. On the morals of genealogy. *Political Theory* 31 （4）：558－588.

［76］ Thiele，Leslie Paul. 1991. Reading Nietzsche and Foucault：A hermeneutics of suspicion? *The American Political Science Review* 85 （2）：581－592.

［77］ Trehan，Jyoti. 2002. Underground and parallel banking systems. *Journal of Financial*

Crime 10 （1）： 76 – 84.

［78］ Valadier, Paul. 1975. Nietzsche, *l'athée de rigueur.* Paris： Desclée de Brouwer.

［79］ Van de Bunt, Henk. 2008. A case study on the misuse of hawala banking. *International Journal of Social Economics* 35 （9）： 691 – 702.

［80］ Viles, Thomas. 2008. Hawala, hysteria, and hegemony. *Journal of Money Laundering Control* 11 （1）： 25 – 33.

［81］ Widder, Nathan. 2004. The relevance of Nietzsche to democratic theory： Micropolitics and the affirmation of difference. *Contemporary Political Theory* 3： 188 – 211.

［82］ World Bank. 2006. *Global Economic Perspectives. Economic Implications of Remittances and Migration.* New York： The International Bank for Reconstruction and Development/ The World Bank.

［83］ Wotling, Patrick. 2012. *Nietzsche et le problème de la civilisation.* Paris： PUF.

［84］ Yelle, Robert A. 2000. The rebirth of myth? Nietzsche's eternal recurrence and its romantic antecedents. *Numen* 47 （2）： 175 – 202.

［85］ Zagaris, Bruce. 2007. Problems applying traditional anti-money laundering proceduresto non-financial transactions, parallel banking systems and Islamic financial systems. *Journal of Money Laundering Control* 10 （2）： 157 – 169.

［86］ Ziegler, Jean. 1998. *Les seigneurs du crime. Les nouvelles mafias contre la démocratie.* Paris： Éditions du Seuil.

第三章

克尔凯郭尔与美学/伦理
生活观：洗钱问题

■3.1　前言

　　克尔凯郭尔的哲学关注道德的发展，从而关注道德理性的各个阶段。宗教生活观高于伦理生活观，伦理生活观高于美学生活观。决定性因素是我们看待事物、人物和事件的方式。现象是指事物在人类存在中出现的方式，或者是人存在的方式，甚至是人感知事件的方式。在任何情况下，伦理学家都能够不顾后果地找到出路（克尔凯郭尔，1992：544）。伦理学家关心的是一切所是之物的目的，更确切地说，是任何现存的个体实际拥有的目的（克尔凯郭尔，1974b：278）。克尔凯郭尔（1974b：139）认为，这样的观点意味着"每种效应都是无限的无关紧要"。伦理生活观不是理想的类型。然而，从道德上讲，做一个伦理学家比做一个美学家更好。当我们审视洗钱过程时，我们会注意到美学生活观和伦理生活观之间的象征性斗争。的确，洗钱者运作方式的发展揭示了他们对社会变化的深切关注：从伦理学家的生活观到美学家的生活观。当然，我们也可以从社会学、心理学、法律、经济或政治的角度来看待洗钱。然而，如果我们不提出这个哲学问题，那么我们实际上就失去了对这一现象的一个重要侧面的观察。整个哲学问题是：洗钱者是美学家吗？如果是这样，他们是想把伦理学家变成美学家吗？从事毒品贸易、走私和敲诈勒索的罪犯不得不将大部分收入洗白。洗钱意味着把这些钱投资到合法的企业，比如银行、商店、餐馆、酒店。洗钱的过程并不是那么简单。洗钱者试图避免任何调查。此外，在某一企业（如银行、保险公司）工作的"头面人物"和/或同伙可以帮助他们实现其犯罪计划。消费者永远不会知道，他们购买的商品实际上来自洗钱者直接或间接拥有的企业。只要这些企业能从隐性融资中受益，它们就会与合法企业不公平竞争。但它们可以向消费者提供更低的价格。然而，从长远来看，它们正在破坏整个国民经济，因为它们将使合法的企业破产。

在这一章中，我们将看到克尔凯郭尔的美学生活观和伦理生活观的概念在多大程度上帮助我们在道德上评估洗钱现象。洗钱者是否关注自身利益（参见哲学上的利己主义：斯密、霍布斯、斯宾诺莎），从而关注个人道德（不包括任何公共道德），以便选择一种美学生活方式？洗钱者支持什么样的人生观？我们的人生观和洗钱者的人生观很相似吗？如果是这样，它会对我们的道德判断产生影响吗？我们是否赞成一种伦理生活观，从而把重点放在公共道德（普遍的伦理原则、社会价值观）上？我们可能对洗钱者持有不同的态度（美学与伦理），因为他们将其从毒品交易、走私和勒索中获得的钱投入国家（合法）经济中。

■ 3.2 克尔凯郭尔的美学和伦理生活观

根据克尔凯郭尔（1992：486–487）的观点，我们要么以美学方式生活，要么以伦理方式生活。这不是选择的问题。它只是一种生活方式，或者说是一种生存方式。我们可以选择自己的生存方式。但存在主义的选择属于伦理范畴，而不是美学范畴。这就是为什么克尔凯郭尔说我们可以选择美学的、伦理的或宗教的生活观，但是选择某物（被选之物）的行为不是通过美学的生活观来实现的。伦理生活观浸染着选择的现实（克尔凯郭尔，1992：490）。真知意味着将真实转化为可能（克尔凯郭尔，1974b：20）。选择自己的现实是以这样的伦理知识为前提的。

3.2.1　美学的生活观：即时性的领域

美学的选择是专注于瞬间的即时性。只有瞬间可以保证我们坠入现实。无论过去还是未来，都有现实存在。美学家关注瞬间，因为瞬间被视为整个现实（阿伦特，2005：48）。根据萨特（1938：59－62，84，245）的观点，人类通过不可比较的瞬间屈从于时间的流动；他们忘记了未来即将来临。美学因素意味着个体即刻成为他自身（克尔凯郭尔，1992：492）。个性实质上是在即时性中呈现（克尔凯郭尔，1992：502）。如果个人无法选择一种特定的可能性，那么其美学选择可能会消失在多重选择的陷阱中。他正面临着不可比较的多重选择行为。那些生活得有美感的人不想失去"可供选择的行为的多样性"（克尔凯郭尔，1992：526）。美学家是相对的，而非绝对的（克尔凯郭尔，1992：148）。他选择的只是当下。因此，美学生活观引入了一种相对的精神状态：在类似的情况下，我们可以选择不同的替代行为。重点放在当下（克尔凯郭尔，1992：485）。美学生活观关注个体的存在，因为它与周围环境密切相关。克尔凯郭尔（1992：527）将情绪定义为愉悦的美学表达，因为它与个人的存在有关。情绪是个体基于瞬间的表达方式。与伦理学家不同，美学家认为情绪是他生活中最重要的东西。克尔凯郭尔认为，伦理学家完全选择了自我。这就是为什么他的情绪总是那么低落。与美学家不同，伦理学家对自己的生活有记忆。美学家对他的生活没有任何记忆，因为他只与瞬间有关（克尔凯郭尔，1992：528）。存在的中心是存在自身。美学家则沉浸于情绪中。他就是情绪。美学家天生就有这种情绪。他专注于快乐和喜悦（当下的享受），而不关心自己（克尔凯郭尔，1992：545）。在《存在与时间》一书中，海德格尔（1962：172－179）将情绪定义为"存在－协调"（Being-attuned），从而使用了一个音乐隐喻。情绪可以变坏。我们可以有好心情，也可以有坏心情。但是我们不能没有心情。在海德格尔看来，此在总是有一些情绪的，无论它是好是坏。情绪是一个人的表现。因此，情绪是一个非常重要的存在范畴。此在不能没有情绪，因为情绪使存在成为可能。这就是为什么海德格尔得出结论，情绪是"'此在'的一种原始存在，在此存在中，'此在'先于所有的认知和意志而自我显露"。虽然海德格尔并没有提及克尔凯郭尔的情绪概念，但两位哲学家似乎都认同情绪的本质。克尔凯郭尔强调了美学家和伦理学家是如何与他们的情绪相联系的。伦理学家知道他的情绪，而美学家沉浸在他的情绪中。伦理学家并不声称他的存在是情绪。他知道他的存在比他的情绪复杂得多。然而，美学家是如此集中于即时性（瞬间），以至于情绪决定了他的整个存在。由于海德格尔的话语是在本体论的基础上发展起来的，所以他无法做出如此细微的区分。在界定我们与情绪联系的方式时，克尔凯郭尔的论述基本上是关于本体的。

正如库尔茨（1962：472-473）所说，美学家受制于外部环境。他生命的意义只是快乐。美学家远不如伦理学家自由，因为他除了满足自己的快乐外别无他求。因此，其可能性的范围比伦理生活中所能提供的要有限得多。美学家是由外在因素（环境）和内在因素（快乐至上）决定的。他不可能是自由的。他的自由受到内部因素和外部因素的限制。而不论是出于哪种限制，都会影响到决定的效力。伦理学家不是由环境所决定的。他生活的意义不是满足他的快乐。这就是为什么伦理学家可以是一个自由的人。美学道德推理关注的是自我利益和快乐（雷明顿·艾布拉姆森，2011：205），然后完全沉浸在个人道德中。美学家似乎在哲学上是利己主义或享乐主义的。他生命的意义在于以最好的方式感受快乐，满足自己的兴趣。美学家不关心公共利益。他只是在实现他自己的兴趣，理所当然地认为这些兴趣会给他带来快乐和愉悦，也就是他所期望的快乐和愉悦。美学生活观与公共道德无关。美学家关注的是快乐和漠不关心（克尔凯郭尔，1992：559，560）。美学生活观是享受的毁灭（克尔凯郭尔，1974b：261-263）。美学家失去了自我，因为他的生活排除了一切不符合他兴趣的东西。美学家不关心什么会引起他的焦虑和悲伤。这就是为什么美学家不关心死亡的问题。死亡没有任何意义，不仅因为美学家关注的是即时性（未来没有任何意义），而且因为我们必须死亡，这只能引起焦虑和悲伤。

在美学生活观中，可能性高于现实（克尔凯郭尔，1974b：288）。美学家正在寻找可能性，因为它们在即时性中是可用的。死亡当然不仅仅是一种可能性。这是现实。但美学家并不关心现实本身，而只关心眼前的可能性。正如克列姆克（1960：326）所说，可能性指的是抽象的思想（不存在的东西），而现实指的是实际存在的东西。美学家并不担心自己的存在。他知道他可能会死。但是，"我们必须死"是没有意义的。美学家从快乐和愉悦中得出人生的意义。他的自利只是意味着立即感到快乐和愉悦。

美学生活观意味着道德的冷漠，至少在公共道德问题上是这样（克尔凯郭尔，1992：486）。根据克尔凯郭尔（1992：502）的观点，美学生活观意味着虚无的意识。这种虚无有两种不同的含义：（1）道德意义。虚无指的是没有任何绝对的东西。一切事物都被看作是与特定的制约因素紧密相连的，因此我们无法得出道德行为的一般规律。（2）一种形而上学的或以时间为基础的意义。在即时性的统治中，时间性被简化为瞬间，仿佛在瞬间之外什么也没有。没有人是形而上存在的（克尔凯郭尔，2007：544）。美学生活观预先假定，时间除了瞬间的绝对性外，没有别的意义。美学生活观会产生幻觉（克尔凯郭尔，1992：520；1974a：122b，319）。因为美学家关注的是当下，所以他不会有任何未来（斯图基，1963：134）。美学家生活在自我毁灭的瞬间。每一个瞬间都被另一个瞬间所取代。没有什么是真正重要的，甚至死亡（以及我们必须死亡）也无关紧要。只要美学家着眼于现在，他就根本没有未来。当然，美学家会活下去，因此会有一个客观的未来。然而，从存在的角度来说，未来并不是一个客观的现实，而是存在的工程。我将是那个"我将决定成为"的人。我将成为"我是谁"。这是人类作为一个存在的存在工程。美学家是没有未来的：他拒绝任何他存在的工程。美学家不会成为他想成为的人。他不会成为他决定成为的人。这种存在主义工程是伦理生活观的特征。美学家不关心他的存在。这就是他没有未来的原因。他"是"（而不是"已经"）没有未来。因此，死是无关紧要的。这不是一个基本问题。美学家的担忧不是基于存在的。存在不是一个与之相关的问题。

每一种美学生活观都是绝望的，因为它建立在特定情况下各种不同的行动上（克尔凯郭尔，1992：525，546）。美学家是充满绝望的，因为这是我们在既没有过去也没有未来时的唯一存在方式。即时性定义了它的意义。不幸的是，美学家意识到存在也意味着罪责、疾病和死亡。如果我们想找出存在困境的特定意义，就可以发现他只是简单地无视存在的意义是最重要的。美学家的生活是空虚的，因为他的生命没有意义。由于美学家否认其时间性，因此他的生命无法获得任何意义。当我们专注于即时性时，我们就在否定我们的时间性。如果我们不考虑过去和未来，那么时间性就没有意义。存在意味着我的存在是过去的（曾经的）、现在的（接近的）和未来的（在我面前的）。正如奥古斯丁（1964：269）所说，时间总是试图让自己消失。正在发生的事件有三种"现在"（吕格尔，2000：498）：过去事件的现在（过去仍然影响着我的决定；过去实际上影响着我的记忆），现在的现在（作为直接直觉的即时性），以及未来的现在（作为期望）。美学家注重即时，因而面对绝望，因为他扭曲了他的时间性的意义和程度。美学家就是他的直接身份，因此他生活中的一切都是以相对的方式来看待的（克尔凯郭尔，1992：525）。那些过着唯美生活的人暗地里害怕绝望。个体知道"绝望带来的是一般性的概念，同时他也知道他的生活建立在差异的基础上"（克尔凯郭尔，1992：526）。的确，这种（短暂的）差异是美学家生命意义的基础（克尔凯郭尔，1992：527）。绝望来自于这样一个事实，即美学家意识到：当他专注于即时性时，他的时间性的范围和意义已大大缩减。克尔凯郭尔（1992：582）认为，美学家根本不想给现实赋予任何意义，因为他不能完全把自己交给现实世界。美学生活观意味着个人在必然的范围内进化（克尔凯郭尔，1992：525）。美学家必须选择自己（克尔凯郭尔，1992：528）。职责超出了他的能力范围。他总是急于找出实现他职责的最佳方法（克尔凯郭尔，1992：546）。矛盾的是，美学家试图摆脱存在的焦虑（作为存在的有限性的意识），却不能不为自己的职责感到焦虑。然而，这种悖论并不十分真实。美学家拒绝把他存在的焦虑加在自己身上。可是，当他必须完成他的职责时，他没有参考点。然后，他陷入了道德焦虑。

美学家不知道善与恶的基本区别。这种可能性等方面的知识对美学自我意识而言是不可得的（克尔凯郭尔，1974b：280）。他们的世界历史视角使得他们无法区分善恶，从而感到罪责（克尔凯郭尔，1974b：139）。甚至上帝也没有任何意义。

> 在世界历史的进程中，上帝被形而上地禁锢在一种传统的，半形而上的、半美学戏剧的束缚之中，这就是内在的体系。以那种方式成为上帝的一定是魔鬼（克尔凯郭尔，1974b：140）。

美学家只看到可能性。他最终关心的是存在的可能性（克尔凯郭尔，1974b：262）。美学家选择自己作为一种可能性（克尔凯郭尔，1992：549）。他的未来是由多种可能性构成的（克尔凯郭尔，1992：543）。因此，美学家对他的存在没有规划。这取决于环境，取决于他当前的需要和愿望。他的未来是空虚的。当存在多种可能性时，选择其中任一种作为标准都是无效的。如果我们没有任何实质性的未来，那么我们就不会对我们的现世和我们的必须死亡感到焦虑。如海德格尔（1962：228）所言，焦虑是此在显现的一种独特方式。美学家因此生活在错觉中。美学家缺乏存在的安全感。他期待外界环境的一切。他在这个世界上找不到自己的位置。他不存在于这个世界上。焦虑没有目的。它产生于人的存在。他是由存在困境因素决定的。这就是存在主义焦虑的真正起源。这就是为什么克尔凯郭尔（1969b：46）把焦虑定义为自由的可能性。美学家可以改造世界，但同时又不改变自己。他改变世界的方式从表面上改变了他。他的内心没有改变。因此，美学家并没有受到他试图改造的、他所生活的世界的内在影响（克尔凯郭尔，1974b：387－388）。正如伯蒂耶夫（1936：58－59）所说，克尔凯郭尔关于存在的概念暗示着我们是内在的自我。认知主体是存在的主体。克尔凯郭尔的存在观隐含着两个基本事实：我只是我，不是他者；我是存在而不是非存在（阿伦特，2005：45）。❶ 这种事实（鉴

---

❶　亚里士多德（2004：69）相信非存在意味着未放在一起，即未被结合（Aristotle, *Métaphysique. Tome 2. Livres H-N*, Paris, Librairie Philosophique J. Vrin）。当克尔凯郭尔说我只是我而不是他者时，他说的是我存在的所有组成部分聚集在一起，所以我可以是我，而不是别人。但克尔凯郭尔说的是更重要的东西："我是"，即我不是非存在。断言"我是"意味着非存在没有征服我的存在。我只能是我的存在，而不能是非存在。

于其偶然性）并不能通过康德的纯粹理性来预见。本质并不等同于内在。
现象揭示了一些超越现实的东西。

　　美学家相信他的存在是完美的。然而，事实上，美学家并没有达到尽
善尽美。我们能够接受的一般性概念越少，我们就越不完美（克尔凯郭
尔，1992：586）。因此，美学家发展了一种"他是完美的"幻觉意识。美
学家没有意识到自己存在的有限性，因而无法感受到存在的焦虑。换言
之，由于他无法在焦虑中生活，他几乎察觉不到自己的局限性。于是，美
学家就能相信自己是完美的。他不能承担一般性概念的责任，因而把注意
力放在偶然的事情上，他不能选择通向完美的道路，如美德的道路（亚里
士多德）。相反，他正在远离它。因此，他认为他偶然的（具体的，或基
于历史的）自我是一个无限的或完美的现实（克尔凯郭尔，1992：547）。
美学家有时认为他自身的组成部分（感觉、情绪）是偶然获得的，而在其
他情况下，他认为这些组成部分本质上属于他自己（克尔凯郭尔，1992：
550）。美学家认为他的生活是"完全不必要的"（克尔凯郭尔，1992：
551）。即时的个体（即专注于即时性的美学家）并不以本质的方式存在。
事实上，作为有限或无限（时间或永恒）的综合体，他的存在具有偶然性
（克尔凯郭尔，1974b：406）。美学家认为，存在的事实中并不存在内在矛
盾。相反，任何矛盾都来自外部，因此被认为是不相干的（克尔凯郭尔，
1974b：507）。美学家生活在可能的模式中，因此是相当个人主义的。他
只是在寻找自我成就，并利用他人的意见来达到充分的自我实现的目的。
在这样做的时候，美学家不能承认他存在的有限性。斯图基（1963：132，
176）认为，他塑造了他人对自己的看法，这样的看法有利于他的自我评
估。只有伦理学家和宗教人士才有正确的自我知觉。美学家实际上是为眼
前的快乐而奋斗。他不关心选择他的存在。

　　美学生活观关注的是幸运或不幸、命运和即时的热情（克尔凯郭尔，
2007：505；1974a：97b，388）。一个有美学生活（富有美学意趣）的人
会把痛苦或不幸视为意外。因此，他与存在有一种偶然的关系（克尔凯郭
尔，1974b：398，400）。苦难对人类的存在没有意义（可汗，1975：63）。
这就是美学家不能对罪恶有一个清晰认识的原因：他倾向于将罪恶与不幸

或命运联系起来，从而扭曲了罪恶的真正含义，因此他并不能质疑罪恶的存在意义。美学家可以判定他在特定情况下是无辜的，而他在其他情况下是有罪的。但是，他不能从存在主义的角度来分析罪责（克尔凯郭尔，1974b：478）。每一个植根于历史的现象都是偶然的（克尔凯郭尔，1974b：90）。根据克尔凯郭尔的观点，美学生活观意味着对世界历史的思考的（"偶然"）吸收。人的存在是偶然的。美学家把他的注意力放在偶然性上，而不考虑其他任何事情。他只关心世界历史的结果，因此也只关心影响（克尔凯郭尔，1974b：139）。他排除了本质的东西。克尔凯郭尔（1974b：120 – 121，128）将本质定义为内在精神，即自由。本质属于内在精神的伦理领域。

3.2.2 伦理生活观：中间领域（自由）

伦理生活观是行动的胜利（克尔凯郭尔，1974b：261）。伦理思想的激情（伦理悲怆）是行动本身（克尔凯郭尔，1974b：349）。不同于美学上的悲情，伦理上的悲情基本上是与存在有关的，即"个体的整个存在方式按照其兴趣对象而主动转化"（克尔凯郭尔，1974b：350）。伦理激情正在揭示个人的内在性。知识是一种与道德要求相关的回忆能力（克尔凯郭尔，1974b：449，489）。真理是存在的内在性（克尔凯郭尔，1974b：227，247）。伦理的领域意味着选择的行为，包括在善与恶之间的选择（克尔凯郭尔，1992：485）。在特定的情况下，人类要在善与恶之间做出选择（弗里德曼，1982：161）。与美学家不同，伦理学家主要关注的是现实，而不是多种可能性。正如克尔凯郭尔（1974b：289）所说，现实"是一种对存在无限感兴趣的内在状态"。存在方式的问题是最为重要的，至少对伦理学家来说是这样（克尔凯郭尔，1974b：349 – 350）。有道德生活的人会剥去自己的内在制约因素，并相当公开地表达出来（克尔凯郭尔，1974a：79）。伦理学家实际上感知到了自我肯定的内部矛盾（克尔凯郭尔，1974b：507）。拥有道德洞察力意味着我们正在发现自己内心的邪恶倾向。我们越深刻地意识到自己内心的邪恶倾向，我们就会变得越有道德（克尔凯郭尔，1974b：144）。一方面，伦理选择具有绝对性：有给定的可能性（非此即彼）。与美学家不同，伦理学家的选择是绝对的，也就是说，与当下没有任何联系。伦理学家所能采取的行动必然比美学生活观所能提供的行动要少得多。另一方面，伦理生活观比美学生活观更有意义（克尔凯郭尔，1992：485）。伦理生活观的特征是选择的现实性，因为人格是选择本身（克尔凯郭尔，1992：487）。伦理学家是在选择自己（克尔凯郭尔，1992：491）。伦理学家无限地关心他的存在："对于一个存在的个体来说，唯一存在的现实就是他自己的道德现实。"（克尔凯郭尔，1974b：262，280）伦理学家对多种可能性并不感兴趣，他们无限关注着存在（克尔凯郭尔，1974b：284）。伦理学家意识到，他无限关注的对象不一定与他人共享。然而，伦理学家把重点放在公共道德上（雷明顿·艾布拉姆森，2011：208）。

存在生成激情。激情是主体性的最高表现。它揭示了这样一个事实：一个特定的人是一个存在的个体（克尔凯郭尔，1974b：313，316）。激情使内心矛盾变得紧张（克尔凯郭尔，1974b：345）。激情使所有人的生命统一成为可能（克尔凯郭尔，1974a：77）。伦理生活观意味着自我的沉思，而不是世界历史意义上的沉思（克尔凯郭尔，1974b：284）。伦理学家关心的是特定的人。然后，伦理学家成为他成为的人（克尔凯郭尔，1992：492，525）。因此，成为是一个高度主观的过程（斯塔克，1973：121）。于是，伦理学家超越了瞬间（即时性），即处在自由的领域中（克尔凯郭尔，1992：493）。生活在美学生活观中的人是自由的人，但他们无法充分利用人类自由的潜力。伦理学家自由地选择了自己（克尔凯郭尔，1992：528）。伦理生活观与他人的可能性无关（克尔凯郭尔，1974b：288）。伦理学家是在选择他自己，因此必须界定善与恶的边界。但正如克尔凯郭尔（1974b：294）所说，我们必须能够将"为了存在于其中"想清楚。

在思考中，我使自己处于无限，但并不绝对，因为我会消失在绝对之中。只有当我选择了绝对的自己，我才使自己成为绝对的无限，因为我自己是绝对的，只有我自己才能作出绝对的选择，而这种对自己的绝对选择就是我的自由：只有当我完全选择了我自己时，我才假定了一种绝对的差别，即善与恶之间的差别（克尔凯郭尔，1992：524）。

选择伦理生活观就是选择善。选择者可能采取错误的行动。没有人是完美的。然而，他关注的是好的方面，尽管他可能会做出错误的选择或采取有害的行动（克尔凯郭尔，1992：487）。当我选择善时，我选择了面对对与错、善与恶、真与假、正义与不正义的自由（克尔凯郭尔，1992：520）。选择伦理生活观的人已经排除了美学生活观的可能性。选择伦理生活观就是选择绝对：选择自己是绝对的（克尔凯郭尔，1992：491，515）。克尔凯郭尔并不是说个人就是无限的上帝。相反，他主张伦理生活观意味着选择自我作为我必须实现的绝对现实。

因此，对于克尔凯郭尔来说，选择自己就是：（1）接受自己过去和现在的决定性特征；（2）选择和争取一种理想的未来人格（其本身包括奋斗的性格）；（3）视自己为一个自觉的行动者（必须不断行动，将自己的过去、现在和未来的短暂自我阶段相互联系起来）（沃伦，1982：230）。

绝对是我自己。我是历史不可分割的一部分。我是历史诱导的（萨特，1985a：394；1966：39）。我的自我创造历史，历史创造我的自我（萨特，1985a：131）。每一种人类关系（我与你的关系）都是建立在历史基础上的（萨特，1985b：210）。于是，我的自我成了我的人生观和存在主义关注的焦点。我成了"我要成为的人"❶（克尔凯郭尔，1992：544）。存在是一个不断变化的过程。每一种变化都以某种以前存在的事物为前提，并通过这种变化加以修正。"成为"意味着改变某种真实的东西，也

---

❶ 根据海德格尔（1962：185－186）的观点，"此在"是尚未存在的，因为它是可能的存在。"此在"就是它的形成。

就是说，把一种可能性（现实可能与实际大不相同的可能性）转变成一种新的现实。正如克勒姆克（1960：326）所说，现实高于可能性，至少对伦理学家来说是这样。因此，伦理学家的生活观既关注道德责任，也关注现实。因为伦理学家能够分辨善恶，所以在履行道德责任时，他并不焦虑。无论是事物、人或事件，现象都被解释为既定现实的镜像，而不是思想的对象。美学家强调抽象（多种可能性），伦理学家则深切关注现实的本来面目。"成为"意味着某事的改变是不必要的。必要的东西是不会改变的。它就是如此。我不能对必要的东西施加任何压力（克尔凯郭尔，1972：89）。现实并不比可能更必要。必要的东西与现实和可能的东西是完全不同的。现实不过是在"成为"过程中产生的实质性变化。从可能性到新现实的转变是通过人的自由实现的。"成为"暗含着自由（克尔凯郭尔，1969a：134，138）。没有可能（改变现实的可能性）和需要就不可能有"成为"。我们必须自由地成为我们自己。如果我们缺乏可能性或必要性，我们就会陷入绝望（克尔凯郭尔，1974a：168）。不断"成为"的过程创造了人类或尘世生活的基本不确定性，从而缺乏存在的安全感（克尔凯郭尔，1974b：74-84）。因此，不确定性是不可避免的。它是人类生存不可分割的一部分。人类所能达到的最高真理是对人类生活的一种客观的不确定性，因为它是以一种激情的内在状态被感知的（克尔凯郭尔，1974b：182）。每一个"成为"的过程都包含着偶然性。一切具有历史根源的事物都是偶然的（克尔凯郭尔，1974b：90）。人只是意识到自己存在的存在。人是存在的意识（克尔凯郭尔，1974b：110-111）。作为人，就是要意识到自己存在的困境。根据克尔凯郭尔（1974b：137），道德是一面镜子：我们越看我们的映像，我们越失去我们的不确定性。同时，我们越来越意识到我们存在的孤独（克尔凯郭尔，1974b：287；歌德，1964：154）。

我的自我通过我的选择而产生：选择成为"我想成为的人"。我的自我并非早已存在。当我决定成为这样的自我时，我的自我就变成了存在的现实（选择自我视角）。克尔凯郭尔并不是说人类是上帝，是万物的创造者（创造自我视角）。他的意思是，我的自我只有在我选择自我的时候才存在。克尔凯郭尔的哲学观点是敏锐的：选择自己是一种勇敢的行为。这种选择自己的勇气既可以是成为"我想成为的人"的勇气（考虑到我的自我形象和别人对它的看法），也可以是承担自己的罪责的勇气。选择自己就是选择自己有罪。与美学家不同，伦理学家能够面对自己的罪恶，因为他能够分辨善恶。因此，罪责是一个存在的范畴，它使选择伦理生活观成为可能（克尔凯郭尔，1992：518）。与美学家不同，伦理学家主要关心的是他存在的负罪感（克尔凯郭尔，1974b：139）。伦理学家知道罪责是人类存在不可分割的一部分。我们无法消除罪责。只要我们活着，我们就会面对罪责，它是我们存在有限性的一种表现。罪责意识是通向永恒幸福的先决条件❶（克尔凯郭尔，1974b：471）。罪责不过是我们自我矛盾存在的表现（克尔凯郭尔，2008：145）。伦理学家深刻地意识到人类存在的不完美。

> 作为一个特定的人的存在，与理念的永恒生命相比，无疑是一种缺陷，但与根本不存在相比，却是一种完美（克尔凯郭尔，1974b：292－293）。

失去人类的意志，善恶就不存在。如果每个人都不想在自己的生活中实现善与恶，那么善与恶就根本不存在了。自由使善与恶共存（克尔凯郭尔，1992：524）。但自由意味着伦理上的勇气：寻找一般概念的勇气，拒绝差异的相对主义方法的勇气（克尔凯郭尔，1992：526）。伦理学家的勇气意味着放弃一切，即放弃"与世界历史沉思的虚幻交往"。这种沉思是美学家的特征（克尔凯郭尔，1974b：133）。这是成为一个无关世界历史意义的特定个体的勇气（克尔凯郭尔，1974b：134）。伦理学家并不关心世界历史的考量（克尔凯郭尔，1974b：144）。伦理学家实际上看到的是普遍性。他在普遍中表达他的生命。作为一个伦理学家，我正在努力成为普遍的人：爱揭开了普遍的人的面纱。爱能保持一个人的个性并影响全人

---

❶ 永恒不变的幸福的概念必须与生活中短暂的幸福进行比较。当逆境出现时，短暂的幸福可以轻易、快速地抹去（See：*Agamemnon*，1330－1334）（Eschyles，*Tragédies complètes*. Paris：Gallimard，1999，p. 305）。

类（弗洛姆，1968：38）。根据托马斯·阿奎那的说法，耶稣基督已经引入了无条件的爱的法则，这使得完成每一项社会或宗教责任变得更容易（*Summa theologica*，Ia – IIae，q. 107，a. 4）。爱使我们自由（玛丽坦，1941：120）。爱是对全人类的表达。因此，伦理学家的生活观是典型的（斯图基，1963：143）。伦理是普遍的，因此是抽象的。伦理学家关心的基本上都是抽象的对象。但抽象的对象其实并不存在，因为存在是一种特殊的东西（克尔凯郭尔，1974b：294）。作为普遍的抽象指的是普遍的人。然而，美学家对抽象的看法却截然不同：抽象是他所面临的多种可能性，因为他生活在即时性之中。所以，美学家和伦理学家对抽象有不同的看法。当伦理生活观指的是具体的指示时，它实际上包括了美学生活观（克尔凯郭尔，1992：546 – 547）。只有在我是一般性概念的时候，伦理生活观才能实现（克尔凯郭尔，1992：547）。伦理生活观的建立是以回答"什么是存在的本质属性"为基础的（克尔凯郭尔，1992：525）。

伦理生活观意味着个人在自由的领域内不断进化（克尔凯郭尔，1992：525）。伦理学家认为任务无处不在：这些任务集中在选择自己的需要上（克尔凯郭尔，1992：543）。伦理生活观提供了一种存在的安全感或内心的自信。个体是安全自信的（克尔凯郭尔，1992：543，548）。伦理学家不断地试图为他在这个世界上找到一个位置。伦理学家可以赋予现实一个意义，因为他已经完全放弃了他的自我而进入了他所生活的世界（克尔凯郭尔，1992：582）。伦理学家具有高度的勇气，因为他从不忽视自我控制和自我决定（克尔凯郭尔，1992：543）。如斯文森（1939：304）所说，善与恶是自我决定的方向。相信伦理是一种勇敢的行为（克尔凯郭尔，1992：548）。没有勇气，我们就看不到美（克尔凯郭尔，1992：562）。

因此，"为了生存而工作是每个人的责任"的伦理观点相对于美学观点有两个优点。首先，它符合现实，解释了普遍的东西，而美学提出了偶然的东西，什么也解释不了。其次，它以人的完美来诠释人，以人的真实美来看待人（克尔凯郭尔，1992：565）。

伦理学家简单地说："为了生存而工作是每个人的职责。"他不能再多说了，因为伦理本身总是抽象的，对于所有的人来说，不存在一种抽象的职业；相反，他认为每个人都有一种特殊的职业……美学家的人生观总是建立在差异的基础上：有些人有才华，有些人没有，然而区别他们的是或多或少的定量规范。从某种意义上说，在美学家看来，在任何一个特定的点上停下来都是武断的，然而，正是在这种武断中，人们发现了这种人生观的"从不"。因此，一方面，它以一种美学家无法解决的方式，将存在与自身分割开来，作为回报，他们不负责任地、麻木不仁地武装自己来对抗它。另一方面，伦理学家使人与生活和解，因为他说："每个人都有自己的使命。"他没有消除差异，而是说，在所有差异的背后，仍然存在着普遍性，这是一种天命（克尔凯郭尔，1992：566）。

伦理学家知道每个人都有自己的使命。人们可以在这世上寻得一隅来表现人类的普遍性（克尔凯郭尔，1992：567）。与天赋美学理论（每个人都有特定的天赋）相比，职业伦理观有两个优势：（1）伦理观意味着被公开化的是普遍的（而不是偶然的）；（2）伦理观点实际上揭示了普遍的真正的美（克尔凯郭尔，1992：567）。伦理生活观"使我可以在差异中理解普遍，也可以在普遍中理解差异"（克尔凯郭尔，1992：573）。善与美属于人类的存在。伦理生活观关注的是将它们统一于存在的最佳方式，即存在于一个个体中（克尔凯郭尔，1974b：311）。

根据克尔凯郭尔的观点，当我在道德上选择我自己的时候，当我通过存在主义的选择来控制我自己的时候，我能做的，只是根据我的自由来选择我自己。存在主义选择就是选择我自己。它暗示着我对自己的责任意识。我对"我将成为谁"（who-I-am-becoming）完全负责（斯文森，1939：302）。如果我要对"我将成为谁"完全负责，那么我也要对我的错误和错误的行为负责。罪责是人类存在不可分割的一部分，因为人类要对"他是谁"以及"他将成为谁"负责。罪责不是外部强加的。相反，我选择了自我，这一事实让我无法逃避罪责。我只有通过忏悔才能在道德上选择自己。通过忏悔自己，我成了一个具体的个体，从而成为一个自由的人（克尔凯郭尔，1992：540－542）。具体化意味着与我的现实相联系，也就是说，与我在世界中的自我相联系。具体地选择自己就是选择成为一个特定的个体，拥有特定的激情，即作为主观的最高表达（克尔凯郭尔，1974b：178），以及爱好和习惯。选择自我就是选择一个受外部条件影响的人（克尔凯郭尔，1992：542，552）。后悔实际上是对成为自己的选择的制裁（克尔凯郭尔，1992：542）。伦理学家是在忏悔中做出选择的（斯文森，1939：305）。如果我不知道什么是忏悔，我就不能成为现在的我。忏悔是对罪恶意识的回答。只要我对"我将成为谁"负完全责任，我就必须自己承担罪责。作为一个容易犯错的存在，我还不是"我是谁"。我必须成为"我是谁"。这是我存在的基本计划。现在的"我是谁"和将来的"我是谁"之间有一段距离。在《哈姆雷特》（第四幕，第五场）中，莎士比亚（1983：821）说，我们知道我们是什么，但不知道我们可能是什么。我参与的任何罪恶的根源都是这样一个事实：如果我不承担我的错误，我就不能成为现在的我（吕格尔，1960：162）。正如雅斯贝尔斯（1970：211）所说，责任指的是我们"通过观察来承担自己的罪责"。忏悔是承担罪责的方式。没有忏悔，我们就不能生活在罪责中。我的存在情境就是我的自我根植于给定世界的方式。成为"我要成为的人"的唯一方法是通过忏悔来承担我存在的罪恶感。美学家不考虑罪责感，因为他不知道如何辨善恶。他活着，就好像罪责不是人类存在不可分割的一部分。相反，伦理学家意识到罪责是一个存在的范畴，因此他能够承担起它（通过忏悔）。

　　伦理（成为"我要成为的人"）改变了美学（想把自己变成另一个人）（克尔凯郭尔，1992：544）。伦理学家知道他将成为什么样的人。伦理学家将自我视为任务，即项目，或通过存在选择建立的东西（克尔凯郭尔，1992：545，547）。伦理学家既强调偶然（他的特定的自我），也强调普遍（他正在成为的人：普遍的人）（克尔凯郭尔，1992：547；1974b：309）。人既是个性化的，又是普遍的人（克尔凯郭尔，1969b：32，33）。伦理学家必须通过普遍揭示自己（克尔凯郭尔，1974a：91）。伦理学家将自己视为一项任务，即他所负责的事情（克尔凯郭尔，1992：549，551）。伦理学家的存在是一种计划，即成为何种人的计划。斯图基（1963：177）说，伦理学家是参与的存在。伦理学家是他活动的目的（克尔凯郭尔，1992：553）。他试图把自己转变成普遍的人（克尔凯郭尔，1992：551，552）。

> 尽管他自己就是他的目标，但这个目标同时又是其他东西，就自我而言，这是一个目标，一个并不是在任何地方都适用的抽象的自我的目标。这是一个具体的自我，它与这些特定的环境、生活条件、秩序相互作用。目标的自我并非仅是个人的自我，也是一个社会、一个公民的自我。因此，他将自己当作一项活动的任务，作为这个决定性的个人存在，他介入了生活的事务（克尔凯郭尔，1992：553）。

克尔凯郭尔认为，只有当我们合乎道德地生活，我们的生活才会充满美、真理、意义和存在的安全感。只有伦理学家才能摆脱存在主义的怀疑（克尔凯郭尔，1992：559）。生命的伦理意义在于履行我们的职责，即全人类的自我揭示（克尔凯郭尔，1992：545，582）。美、真理、意义和安全只是存在的范畴。它们不是抽象的概念，而是以存在为基础的范畴。作为人类，我们的存在离不开对美、真理、意义和安全的追求。这四个范畴只不过是由存在引申出的概念。它们是存在意义的组成部分。伦理学家乐于承担他的职责，因为他知道如何定义善与恶。雷明顿·艾布拉姆森（2011：203）认为康德与克尔凯郭尔对道德推理的看法不同。根据康德的观点，道德推理的最高表达是绝对命令（行动的普遍原则）。从康德的观点来看，我们必须首先剖析特定现象（事件、行为）的结构成分。然后，将现象的内部结构作为提供现象的基本前提。最后，我们将看到一个理性的人会在多大程度上接受这种普遍的前提。康德并不关心文化、社会、经济、政治或宗教/精神环境。康德认为，最基本的标准是理性，也就是说，一个公正的旁观者在对情况进行合理化分析。康德从来不关心条件因素，不管它们是内在的还是外在的诱导性因素。理性必须是道德推理的最终依据。克尔凯郭尔认为，道德推理的最高表达是对上帝的信仰。雷明顿·艾布拉姆森（2011）正确地定义了康德和克尔凯郭尔定义道德推理的最高表达方式。与康德不同，克尔凯郭尔强调了意识在道德义务和道德倾向发展中的作用。克尔凯郭尔的道德推理阶段构成了康德伦理学与克尔凯郭尔道德观的基本区别（施拉德，1968：694）。伦理生活观必须与人的存在密切相关（克尔凯郭尔，1992：545）。伦理学家在他的存在里有责任（克尔凯郭尔，1992：546）。与美学家不同，伦理学家持有的对象和目标是短暂的，因此是虚幻的（库尔茨，1962：473）。伦理学家关注自我发展，在道德美德中寻找幸福。所以，伦理学家似乎更接近亚里士多德的美德理论，而不是康德的道德观。的确，克尔凯郭尔同意亚里士多德（《尼各马可伦理学》）的观点，即所有人都在寻找幸福，而美德有助于走向幸福。克尔凯郭尔同意康德的观点，认为义务在人类的生存和道德中起着重要的作用。与康德不同的是，克尔凯郭尔认为：我们看待义务的方式，基本上就是区分道德发展的不同步骤。所以，克尔凯郭尔既不是亚里士多德学派的，也不是康德学派的。伦理传播就是传播伦理力量，即内在的责任（克尔凯郭尔，2004：74－75）。伦理学家并不担心他是否履行了他的职责。既然责任在他的存在之内，他在他自己之内就是"无限安全的"。他有无限的存在安全感（克尔凯郭尔，1992：546）。责任是普遍的。责任是针对普遍（抽象）的。然而，我所能做的（作为具体的个体）是特殊的，因为我只是一个普遍的人。当伦理学家完成他的职责时，普遍的人类就成为现实。在这里，我们可以清楚地看到康德对克尔凯郭尔的哲学的影响。康德发现了一个行为的普遍前提的可能性和行为的道德或不道德特征之间的基本联系。因此，康德将理性作为基本的参照模式。康德采用了普遍或理性人类的观点。克尔凯郭尔在描述伦理生活观时也采用了类似的观点。如弗里德曼（1982：161）所说，伦理生命观认为，人的存在是普遍与特殊的统一。我还不是如此普遍（克尔凯郭尔，1992：553－554）。我必须成为普遍的人。我将这样做，以完成我的职责。正如伯蒂耶夫（1950：17－18）所说，我们只能知道具体的个体（"我是谁"）和具体的普遍（我如何成为普遍的人）。具体的普遍只能在个体存在的整体中存在。伦理学家关注的不是职责的多重性，而是它的强度（克尔凯郭尔，1992：556）。与美学家不同，伦理学家不关心多种可能性（因此也不关心多种职责）。只要伦理学家能够分辨善恶，他就不会面临多重责任。美学家面临着多重责任，即不合逻辑的和冲突的可能性。他不能分辨善恶，因此他无法找出必须完成哪些职责。伦理学家相当清楚自己的职责，因为他能够分辨善恶，因为他知道自己是自由的。每一种道德义务都包含着自由，并且不可能被简化为理性的过程（正如康德所相信的那样）。道德责任中包含着社会要求，即保障社会生活的条件。

伦理学家了解自己（克尔凯郭尔，1992：549）。对伦理学家来说，了解自己意味着什么呢？自知意味着对自己的反省。存在的伦理构成了"唯一可靠的知识"（克尔凯郭尔，1974b：136）。成为一个伦理学家需要有自知之明。伦理生活观意味着深化自我认识。正如斯塔克（1973：108）所言，克尔凯郭尔正是遵循了苏格拉底的哲学方法。克尔凯郭尔（1974b：281）认为苏格拉底是最伟大的伦理学家，因为他强调伦理知识。然而，克尔凯郭尔并不认为自我认识就足够了。要合乎道德地生活，我们必须选择自己（克尔凯郭尔，1992：549）。克尔凯郭尔的观点是敏锐的，因为它意味着对现实自我和理想自我的认识。自知意味着了解两个自我。理想的自我被定义为我们所创造的外部形象，而现实的自我是我们可以在我们的存在中找到的自我。理想的自我也存在于我们的存在之中（克尔凯郭尔，1992：549 – 550）。这就是为什么克尔凯郭尔说，"个体在他自己之外，在他自己里面有他自己"（克尔凯郭尔，1992：550）。自我实现包含两个基本要素：自我认识（认识现实的自我和理想的自我）和选择自我的行为。为了能够实现自我，我必须知道我必须实现什么。我们必须意识到，理想的自我存在于我们自身之中。否则，理想的自我就会摆脱现实的自我，使思想和愿望变得非常抽象。个体将失去他的具体化（克尔凯郭尔，1992：550）。伦理是无限抽象的（因为它的目标是普遍的）和无限具体的（因为它涉及一个特定的人）（克尔凯郭尔，1974b：138）。

3.2.3　宗教生活观：美学与伦理的综合

根据克尔凯郭尔（1992：145）的观点，宗教包括伦理，但"以一种

缓和的形式呈现"。一个真正的人类（一个真正的存在）只不过是存在于
有限与无限之间的综合体（克尔凯郭尔，1974b：268，350，375），即在
美学关注存在的可能性（镜像存在界限）与无限的伦理开放性（因为个人
最终关心的是他的存在）之间的综合体。与美学和伦理生活观不同，宗教
生活观与绝望和焦虑无关，因为它充满了终极意义（库尔茨，1962：
473）。知识不是回忆，而是一份神圣的礼物（斯文森，1939：308）。正如
萨特（1966：41）所言，克尔凯郭尔的基本悖论之一是，我们只能在相对
中找到绝对。美学与伦理的结合（如主体思考者所意识到的那样）包含三
个基本要素：（1）赋予一个人生活的美学内容（世界历史意义上的思考）；
（2）合乎道德地规范自己的生活（按照既定的善恶定义，完成自己的职
责）；（3）辩证地用思想渗透生活。这种态度使我们有可能理解我们的存
在（克尔凯郭尔，1974b：314）。在美学生活和伦理生活中都无法实现对
"我们是谁"以及存在意义的充分认识。只有宗教生活观，才能使信仰者
充分认识自己，认识自己的存在。这不是一件容易的事，因为我们必须处
理内部矛盾。有时，我们用一种特定的方式来解释某事。最终，在另一个
语境中，我们会对同一事物、同一个人或同一事件有不同的信念或解释
（克尔凯郭尔，1974b：316）。相信上帝意味着我们正在超越我们所知道
的。我们正在走向未知（利勒加德，2002：265）。美学家和伦理学家并不
真正关心未知的事物。伦理学家可能关心的是未知的东西，但不是最终
的。宗教生活观的特征是信徒对未知的无限关注。宗教生活观是我们所能
拥有的最完整的生活观，因为存在只不过是有限与无限的综合体（克尔凯
郭尔，1974b：350－351）。罪恶是新的存在介质（克尔凯郭尔，1968：
516－517）。人生而有罪。罪恶意识被定义为一种内在的决裂。正如汉密
尔顿（1964：293）所言，基督教不能叠加在一个内在的宗教上，至少在
克尔凯郭尔看来是这样。这就是为什么克尔凯郭尔提出了关于罪的存在主
义概念。

　　宗教生活观也重新诠释了忏悔的概念。神秘主义者从形而上学的角度
忏悔。他正在后悔（克尔凯郭尔，1992：541）。宗教生活观关注存在的痛
苦（克尔凯郭尔，1974b：261，398－400）。苦难与人类存在的意义息息

相关。如可汗（1975：64）所言，在宗教阶段，苦难表明了自己与永恒的密切关系，因此与永恒的幸福有关。伦理学家并不关心永恒的幸福。他试图完成他的职责。在对永恒（和永恒的幸福）的概念界定上，宗教生活观有质的飞跃。这是一个重要的范式转变。因此，善恶现在直接与永恒的幸福联系在一起。当伦理学家专注于完成他的职责（尽其所能）时，宗教人士则在实现他的职责，因为他们遵循了对善恶的神学理解。宗教生活观隐含着两种不同的可感知矛盾。（1）宗教性 A（内在宗教）：这一矛盾是通过存在苦难的棱镜来感知的，即自我毁灭（疾病和死亡）的可能性。如斯文森（1939：306）所说，内在的宗教可以通过自省（如苏格拉底的哲学方法）来达到。这样，我们就深刻地意识到一种超然的善。（2）似是而非的宗教性（宗教性 B，或超验宗教）：存在的事实是绝对矛盾的（克尔凯郭尔，1974b：507）；宽恕实际上只在宗教矛盾阶段才会出现（洛特，1983：10）。宽恕在内在宗教中毫无意义。为了使宽恕成为可能，我们需要超然的善。在内在的和超验的宗教中，对罪恶的解释是完全不同的。在内在宗教中，罪责与我们改善内在趋向的方式从而成为更有道德的人密切相关。在超验宗教中，罪与宽恕有关，因为永恒的上帝可以帮助信徒将他们存在性的、基于道德的罪归到自己身上。在精神领域，一切皆有可能，而对于美学家和伦理学家，有些事情显然是不可能的（克尔凯郭尔，1974a：54）。超验宗教基本上是指基督教，以及通过信仰可以把握的神圣启示（斯文森，1939：306）。克尔凯郭尔将神性化身视为"时刻"，即在历史的永恒中出现的"瞬间"（凯罗斯）（斯图基，1963：47，121；埃米特，1941：269）。因此，基督的存在是人与神关系的先决条件。

宗教是存在的真正意义（克尔凯郭尔，2007：272）。宗教生活观暗示了一种深刻的存在意识，它"存在于变化的过程中，同时又与永恒的幸福保持着联系"（克尔凯郭尔，1974b：406）。宗教信仰只与永恒相关（克尔凯郭尔，1974b：409）。在宗教生活观中，我们在上帝面前是完全孤立的（洛特，1983：10）。不同于美学家和伦理学家，宗教人士深刻地意识到有限与无限之间不可逾越的距离。宗教生活观意味着要认识存在（时间性、有限性）与神圣（永恒、无限）之间的差距。永恒的存在是信仰的对象

（克尔凯郭尔，1974a：62）。信念被视为最高的激情（克尔凯郭尔，1974a：130－131）。它与理性没有直接联系（弗里德曼，1982：162）。克尔凯郭尔清楚地描述了信仰的悖论。

> 信仰恰恰是这样一种矛盾。一方面，个体作为特别的存在高于普遍的存在，个体不从属于普遍，个体优越于普遍。另一方面，个体作为特别的存在又从属于普遍的存在，特别的个体通过普遍成为高于普遍的存在。因为，个体作为特别的存在，与绝对之间存在绝对的关系。这一立场是不能被调和的，所有的调和都是通过普遍的力量而产生的；这是一个永远无法理解的悖论（克尔凯郭尔，1974a：66）。

我们与普遍的关系（如伦理生活观）由我们与绝对的关系决定（斯蒂尔特纳，1993：224；斐瑞，1956：19）。然而，伦理学家和宗教人士并不共享绝对的概念。伦理学家关注的是普遍的人类，从而关注这种普遍存在中产生的责任。宗教强调的是，合乎道德的生活方式可以使人与上帝有更紧密的关系。只有信教的人才能体验到对上帝的绝对信仰。只有在宗教生活观中，我们才能发现道德责任与精神或宗教事务之间的内在联系。信仰先于人类的意志。因此，伦理生活观最终是建立在宗教生活观基础上的。为了真正合乎道德地生活，我们应该采取宗教生活观。我们可以用我们的力量和才能成为悲剧英雄。但是对于"信仰的骑士"而言，情况就不一样了，因为信仰仍然是一个奇迹（克尔凯郭尔，1974a：77）。不同于歌德（1964：56），克尔凯郭尔没有把奇迹作为信仰的副产品，而是把信仰作为奇迹。信仰是一种无法与普遍调和的矛盾（克尔凯郭尔，1974a：81）。甚至在信仰的矛盾上也有一种矛盾的关系。宗教本质上是矛盾的：无限或永恒变成了有限或短暂（神性化身的神秘）。基督教是一个基于历史的宗教，尽管它提倡一个绝对或永恒的真理（斯图基，1963：107）。尽管有许多好的动机来评价信仰，选择相信上帝仍意味着自由的选择行为。我们是罪人：我们需要宽恕，因此需要救赎。我们作为罪人的存在困境使得信仰最终变得重要（斯图基，1963：110）。伦理学家缺乏这种人类存在的精神或宗教维度。伦理学家不需要宽恕和救赎。他的罪行仍然没有得到解决。这就是为什么克尔凯郭尔认为宗教生活观是完美的路径。上帝的宽恕是对存在性罪恶的直接回应，是我们保持平和心态所需要的答案。然而，作为罪人，我们仍然可以完全自由地相信神。因此，我们面临着双重悖论（弗里德曼，1982：162）。双重悖论永远无法解决，因为第二个悖论使第一个悖论无法解决。这可能就是神秘的终极含义。神秘是我们无法阐明的，因为我们面临着矛盾和悖论。歌德（1964：67）曾说过，一个神秘的事物通常会被那些不能忍受不可能理解其含义的人所否定。

哈里森（1997：469）认为，克尔凯郭尔将信仰定义为"拥有上帝观念的条件"。信仰是人类意志的起源，因为没有上帝的观点，人类的意志就不会产生。雷明顿·艾布拉姆森（2011：210）正确地定义了"信仰骑士"这个词（如亚伯拉罕）：

> 信仰骑士代表了道德推理的自由主体，因为他不受寻求奖励、避免惩罚、为达成协议或避免被他人拒绝而妥协等复杂动机的影响。他崇尚爱、欢乐、和平、耐心、友好、善良、忠诚、温柔和自制的价值观，避免争吵、好争吵、嫉妒、暴怒、自私、纷争、阴谋、妒忌和诸如此类的个人后果。

根据雅各比（2002：30，37）的观点，克尔凯郭尔将真理定义为"一种包含上帝关系的存在模式"。真理是主观的。正如伯蒂耶夫（1936：48-49）所说，我们的客观知识使我们不可能揭示真理的标准或来源。只有通过主观性才能把握真理和现实。真理的标准不过是道德意识和理智意识的副产品。真理是存在的主体本身。克尔凯郭尔（1974a：66）认为，个体（主观）思考者高于任何（普遍）人类观。根据阿伦特（2005：45-46）的观点，克尔凯郭尔的主观性观点意味着我们人类的存在任务是成为一个主观的思考者，即一个充分意识到自我生存于世的矛盾面的存在主体。只有悖论才能使我们理解普遍的人类。我们正在认识到人类生活中最普遍的要素。我们成为主观思考者的热情来自我们对死亡的焦虑（阿伦特，2005：47）。

信仰是主观性的最高表现。正如汉密尔顿（1998：63）所言，作为主观性的真理既是伦理生活观，又是存在的伦理宗教模式。克尔凯郭尔反对任何关于上帝存在的形而上学主张。真理作为主观性蕴含着一种以存在为基础的真理概念。

> 对于另一种主观反思，其任务是要把探究者的主观性与思想相互渗透，使由此发展起来的内在性可以成为真理，一个与现存人类特别相关的真理。在这里，个体越来越失去客观性，直到只剩下主观性（斯文森，1939：319）。

霍尔默（1953：165）给出了一些我们可能会考虑真实与否的命题的例子："快乐是善"（边沁，密尔：功利主义），"唯一的善是善的意愿"（康德）。这些命题的真实性是无法确定的。这些命题只有对那些相信它们的人来说才具有认知意义，即"只对那些将它们理解为他们共有内在精神的智力表达的人，才具有认知意义"（霍尔默，1953：165-166）。客观地说，这些命题是不确定的。但是，主观的思考者可确定他们的真实性。正如伯蒂耶夫（1936：49，59）所说，真理可以在存在的主观思考者身上找到。作为现存的主体，我们知道现实。主观思维正在揭示它的存在性。真理是主观的。宗教生活观在处理对上帝的信仰时，暗示着接受这样的原则。

■ 3.3　道德推理与洗钱现象

根据维哈格和庞萨尔斯（2009：403）的观点，洗钱隐含着两个基本的欲望：（1）对权力和影响力的非理性欲望，即对社会、国民经济甚至政治家施加影响的欲望；（2）对安全感和舒适感的渴望（保障非法企业和洗钱者的未来）。洗钱者一直在寻找一切方法来扩大他们的社会、经济和政治权力。作为有创造力的人（或"艺术家"：技巧也是一种艺术），他们使用欺骗、谎言和操纵的方式。洗钱者采取一种美学生活观，因为他们只关注眼前的快乐，而不考虑他所做决定的道德方面。我们如何应对日益严重的洗钱现象？在对洗钱现象进行道德判断时，我们是采用美学生活观还是伦理生活观？

3.3.1 洗钱是欺骗之术

根据库珀和德奥（2006：36）的观点，洗钱是欺骗之术。有时，期望值（由国家宣布的值）和现有值（在日常生活中实现的值）之间可能存在巨大的不协调（博贾斯基，2007：375）。正如奥斯皮纳 - 韦拉斯科（2002：154）所说，走私扭曲了社会价值的尺度，正在摧毁公共道德。人们无法界定善恶的界限。洗钱正在把伦理学家转变成美学家。无论善恶有多么明显的区别，洗钱者都试图从根本上改变人们对道德问题的理解方式。如果善恶之间没有明确的界限，那么每个人（包括洗钱者）都可以自由地从事洗钱活动。从长远来看，洗钱者试图传播一种道德冷漠的心态，即美学生活观。

根据利维（2002：182）的观点，洗钱者必须找到方法将巨额资金转化为"可利用的金融资源，这些资源似乎有合法的来源"。通常，资金会转移到海外，更准确地说，是转移到那些喜欢保密和容忍腐败的司法管辖区（尤其是在避税港）。一些国家促进离岸金融中心发展的做法实质上促进甚至鼓励了洗钱活动（汉普顿，利维，1999：649）。洗钱过程的成本并不重要，至少对洗钱者来说是如此（赖德，2002：26）。重要的是最终结果。每年的毒品贸易额约为9000亿美元，这一巨额资金的一大部分必须被洗白。我们不知道洗钱的确切比例。我们知道，毒枭会把一部分钱花在奢侈品上。正如施耐德和温迪施鲍尔（2008：391）所说，不同的研究得出了对全球（每年）洗钱数量的不同估计（在4000亿到2.85万亿美元，即占全球国内生产总值的2%～5%）。基本问题是洗钱不能被直接观察到（阿尔真泰罗等人，2008：343）。洗钱和腐败都是在幕后进行的。洗钱过程可能需要很长时间才能达到最终结果。因此，对洗钱数量的评估可能失真：同样数量的钱可能会被重复计算。也许将每年（全球）毒品交易的数量作为洗钱的最重要来源之一是一种比较稳妥的估算方式。但即便如此，我们仍无法得到有关全球洗钱实际金额的更精确数字。

根据莫里斯-科特利尔（1999：213）的观点，一般人们倾向于通过以下方式定义自由：只有在不影响他人的情况下，并且无论何时何地都不阻止别人做他们想做的事的情况下，做自己想做的事的自由才是道德上可以接受的。对他人的影响是决定某一行为是否道德的决定性因素。它不考虑对自己、对整个社会，甚至对自然的任何影响。正如边沁（1834：60）所言，自由不是做法律不禁止的一切事情的权利。如果法律强化了歧视（比如南非的种族隔离制度），那它们还有什么用呢？❶ 无论是对他人的影响，还是法律，都不是自由的可靠标准。普通人对自由的定义是错误的。然而，互联网构成了无限自由的无政府状态和不真实的领域（每天使用假身份）。如海德格尔（1962：57）所言，错误意味着聚合，即"把某物放在某物前面（用这种方式让它被看见），从而把它当作不是它的某物来冒充"。莫里斯-科特利尔（1999：219）甚至断言，互联网并没有为洗钱创造任何新的机会。如果这是真的，我们如何解释电子赌场（网络赌博）的使用？这无疑是一个新的机遇，除非我们认为电子赌场与传统赌场没有太大的不同。当然，虚拟赌场确实与传统赌场存在不同之处，至少在位置和雇员人数方面（史密斯，2004a，2004b）。但是，由于高科技的通信和信息系统，互联网对洗钱者非常有用。互联网对犯罪目的的实现非常有用。同时，它也为洗钱提供了新的机会。

阿尔巴（2002，138）分析了39个洗钱计划的有效性。最有效的洗钱方案包括：直接将现金存入金融机构，向外国提供汇款服务（哈瓦拉系统），银行支票、旅行支票和汇票等货币工具。下列洗钱计划则效果不佳：

---

❶ 卢梭（1978）认为，自由是压迫的根源，而法律则把被压迫的人从非人的状态中解放出来。实际上，卢梭有一个有关法律的理想化观点：法律不可能是不公正的（Jean-Jacques Rousseau, *Du contrat social*. Paris：GarnierFlammarion，1978，p. 75）。根据尼采（1968b：512）的观点，公正和不公正的概念只存在于法律制度之后。没有任何事物本质上是公正的或不公正的，因为不存在自在之物。

建筑或建筑公司、体育或音乐组织、电子和计算机用品、旅游投资、基金会和其他非营利组织。洗钱活动甚至可能发生在艺术市场（马西，2008）。他们也可以通过过高和过低的进出口价格来实施洗钱（德博伊里等人，2004）。阿尔巴的清单很好地说明了洗钱过程是如何被精心设计并传播到世界各地的。许多职业都可能涉及（律师、会计师）。洗钱也可以通过其他职业任务，如银行、汽车交易和房地产建设来操作（阿加瓦尔，2004：768）。

3.3.2　整理好我们的房子

金融帝国主义意味着拥有有关税收和金融隐私政策的既定规范（拉恩，2002：344）。然而，贩毒基本上与洗钱有关。有时，洗钱的基本动机之一是逃税（塔恩，2002：278）。在其他情况下，贩毒和洗钱是为了资助恐怖主义活动（阿加瓦尔，2004：768；朱里斯，2003：158）。洗钱总是涉及巨大的公共成本：减少社会服务（由于税收收入的损失）和遭受恐怖袭击。当然，洗钱者并不总是参与恐怖活动。他们并不定期资助恐怖组织。但我们需时刻警惕这一可能性。如果我是一位伦理学家，我持续保持着开放的道德意识，我就能够理性和道德地分析任何人类行为。❶ 然而，如果我是一位美学家，我没有任何明确的善恶之分，我就很难做出类似的判断。美学家关注世界历史（克尔凯郭尔，1974b：140）。他没有兴趣成为他想成为的人，他从不选择自己。相反，他关注的是他的快乐和愉悦。伦理学家可以选择将自己作为项目：成为"我是谁"，或者成为"我想成为谁"。这种存在主义项目意味着"我是谁"等同于"我想成为谁"。我选择我自己作为项目（克尔凯郭尔，1992：517－518）。

库利亚尔（2003：311）认为，反洗钱包括三个基本组成部分：（1）检

---

❶ 根据卡西尔的观点，卢梭的《爱弥儿》主张在每一个人类行为中都可以观察到自然或原始的社会倾向：人性的这一基本方面是每一种责任和道德意识的基础（Ernst Cassirer, *Le problème Jean - Jacques Rousseau*, Paris, Fayard/Pluriel, 2010, p. 119）。

察官指控所依据的刑事责任法规；（2）由监管机构实施的规则；（3）由调查人员运行的检测系统。这是规则或处罚洗钱的方法。它实际上排除了任何预防策略。甚至银行家和执法机构之间的合作交流（法瓦雷尔－加里格斯等人，2008）也属于基于监管或处罚的洗钱方式。洗钱者是"犯罪文化"的重要组成部分，并且明显地具有监管对抗性（阿加瓦尔，2004：768）。监管方法不必是最有效的方法。只要民众不真正关心他们的行为和习俗，洗钱者就会抵制社会中的任何心理变化。这就是反洗钱预防策略在长期内会更成功的原因。法律法规可以由法官和律师进行说明。一些反洗钱规定的意义并不总是不言而喻的。然而，任何社会变化都不能完全由罪犯控制。洗钱者无法抵消这种社会变革的根本影响。作为公民，我们必须抵制任何使我们的思想充满美学生活观的企图。否则，我们将失去部分自由，成为快乐、愉悦和即时性的受害者，我们将对洗钱者更加宽容。若如此，洗钱者的不道德和非法行为将从我们的意识中消失，至少从我们了解自己、他人甚至整个社会的方式中消失。

美学家不关心他与自己之间的亲密关系（克尔凯郭尔，2007：535）。正如布劳迪（1941：296－297）所说，美学家避免自我承诺，从而避免永久和忠诚（如在友谊和婚姻中）。美学传播意味着美学力量的传播，即我们排除一切与世界历史无关的事物的方式（克尔凯郭尔，2004：74－75；格罗丁，1993：144）。美学家关注的是世界历史，即环境和形势。他没有灵性。这就是为什么他容易感到绝望（克尔凯郭尔，1968：33）。洗钱是世界历史上备受关注的问题。他们试图改变社会文化，使美学家成为新的公民模式。的确，有道德生活的公民正受到洗钱行为在社会生活中引入的新精神的影响。有道德生活的人会消除偶然和本质的区别。他是什么样的人对于他自己是至关重要的（克尔凯郭尔，1974b：318）。对于伦理学家而言，并不存在什么偶然的情况。伦理学家是在选择他的自我，因此他的自我的每一个组成部分本质上都来自他将成为什么样的人（克尔凯郭尔，1992：551）。伦理学家的情绪就好像是他的财产。情绪是内化于心的。他的生活处于情绪之中，而这种情绪是他已经获得的（克尔凯郭尔，1992：528）。在宗教领域，我们把忧郁视为罪恶（克尔凯郭尔，2007：492）。宗教人士在寻求救赎和宽恕，以此来承担他存在的罪孽。他注重诚实、责任和缺点（克尔凯郭尔，2007：495）。苦难是有深远意义的（可汗，1975：63）。然而，伦理学家并没有对他是谁承担全部责任（施拉德，1968：698）。完全责任是宗教生活观的特征。因此，洗钱者采取了美学生活观。但是，一部分公民也可能成为美学家。在这种情况下，他们不会为洗钱而烦恼，尽管他们知道这种现象可能对集体福利和共同利益产生非常负面的影响。如果他们能满足自身利益，那么他们就不会真正地关心洗钱（以及腐败或税务欺诈）带来的负面影响。其他公民可能采用伦理生活观。在这种情况下，他们能够分辨善恶。他们会认为洗钱是罪恶的，因为它会对整个社会产生长期的影响。他们将尽最大努力不鼓励洗钱者参与他们的活动和运作。最后，可能会有信教公民，无论他们赞同内在宗教的观点，还是超验宗教的观点，作为信仰者的公民将按照他们的宗教或精神原则和价值，并按照上帝的意志（超验宗教）来完成他们的道德义务。与伦理学家试图避免与洗钱者建立任何关系的方式相比，宗教意志打击洗钱的方式可能更有勇气和毅力。但也有可能相反。这取决于道德信念的强度。

伦理生活观和宗教生活观都蕴含着选择自己作为客体的勇气（克尔凯郭尔，1992：518）。选择自己作为客体是一个冒险的项目，因为我将会面临障碍，并且会受到别人的道德评判。其他人都能对我想成为的人做出道德评价，尽管这样的项目对他们的幸福没有任何负面影响。我会受到各种各样的诱惑。如果贪婪深深植根于我的个人特质，那么我就可以设计并参与各种犯罪计划。我也可以理解其他人通过合法或非法手段快速致富的企图。如果我是美学家，我就不会为别人的犯罪意图而烦恼。我只关注我个人的快乐和欢愉。但如果我是伦理学家，我必然会去批评任何我意识到的犯罪活动。所以，选择自己作为客体的勇气意味着要关注任何不道德的行为。伦理学家试图完成自己的道德义务。只有拒绝参与任何犯罪计划，他才可能成为他想成为的人。然而，伦理学家并没有准备好接受他对世界正在发生的事情所应承担的罪责。宗教生活观允许人们把集体的罪责加在自己身上。当我选择自己有罪时，我是在绝对地选择自己（克尔凯郭尔，1992：518）。只有宗教人士才会承认人类正在变成的样子是有罪的。他的行为被解释为对人类的未来做出了贡献。人类正在变成个人想要成为的样子。当伦理学家和宗教人士选择自己作为客体时，他们其实是在含蓄地选择他们想要生活的世界。他们含蓄地赞成人类既定的行为方式。洗钱活动占全球国内生产总值（GDP）5%左右的世界是所有个人都决定生活的世界。我们不能排除我们对洗钱过程增长的集体罪责。宗教人士将承担这种罪责，并将积极参与任何反洗钱的预防策略。伦理学家将关注日益增长的洗钱现象，并选择不参与洗钱活动。他会避免从他认为是洗黑钱（来自毒品交易、走私、勒索）的商店和公司购买产品。但是，伦理学家不会积极参与反洗钱的预防策略。伦理学家会承担自己的道德义务，但他不会试图改变世界。宗教人士会为世界上洗钱活动不断增加而感到罪责。这就是他会努力减少洗钱者的普遍影响的原因。

■3.4 总结

洗钱正在逐步改变我们看待道德和社会问题的方式。只要大多数公民都是伦理学家，洗钱者就不会生活在理想的社会文化中，因为他们的行为可能会受到大部分人的批评。然而，如果洗钱者能够将伦理学家转变成美学家，那么他们所行之事将畅通无阻。他们的犯罪活动会因为公民的道德冷漠而被放任。这是洗钱者梦寐以求的最具吸引力的社会或政治方案。如果每个人都是美学家，那么他关注的是当下，不关心自己的未来，甚至不关心伦理问题。公民道德冷漠无疑是自由洗黑钱的最佳条件之一。如果每个人都把注意力集中在即时性上，从而集中在快乐和愉悦上，那么对于洗钱者的活动和操作就不会有任何不情愿。如果我们想要实质性地改变世界，我们需要成为伦理学家，然后成为宗教主义者。伦理学家将承担他的道德职责，并将抵制任何来自"快速致富综合征"的诱惑。他将避免参与任何犯罪计划。然而，他还没有准备好承担自己的罪责。只有信教的人才有这种能力把集体的罪责加在他的肩上。只有宗教人士才能深刻地改变世界，减少洗钱者的普遍影响。正如克尔凯郭尔（1974b：406）所说，宗教个体是"内在的反映，是在生成过程中形成的存在意识，同时又保持着与永恒幸福的关系"。在讨论如何减少洗钱者的影响时，我们必须仔细了解宗教人士的这些特征。宗教个体是内在的。虽然伦理学家试图承担他的道德义务，但他无法达到内在的深度，因为他与永恒没有联系。内在性将允许分析现象，并看到它们在多大程度上有助于集体幸福。此外，宗教个体充分意识到存在处于生成的过程中。伦理学家也选择自己作为客体。然而，他并没有看到选择自己的整体后果。宗教人士深信，如果不选择他想要生活的世界，他就无法选择自己。这就是他如此积极地参与预防金融犯罪战略的原因。最后，信教的人实际上与永恒的幸福保持着一种关系。我们与永恒的关系从根本上改变了我们的世界观。对时间和永恒之间相互联系的认知正在深刻地改变我们的世界观。宗教人士相信每一个暂时的行为都对永恒的生命有影响。这就是为什么他如此深入地参与任何使世界人性化的项目，从而摆脱非人性化现象（如洗钱）。

我们去神圣化的（西方）社会并不倾向于将宗教生活观制度化。然而，这并不意味着宗教生活观不能引起我们的注意。人们可以容忍洗钱者，对犯罪活动和操作不进行道德判断。这种所谓的宽容（实际上是一种道德上的冷漠）意味着，我们正在强化这样一个世界：在这个世界里，洗钱者正在扭曲社会价值观（善恶之间的区别逐渐消失），以及国家经济和金融体系的完整性。更危险的是，我们已经认同这个世界并认可这样的人类概念。洗钱可以使善恶之间的区别消失。然后它可以引入一种人类学突变。我们能容忍人类将道德冷漠制度化吗？如果存在这样的过程，我们是否可以理性地宣称洗钱是决定性的制约因素？从伦理生活观到美学生活观的转变可能是许多西方社会正在经历去神圣化过程的原因。克尔凯郭尔的生命观有助于我们理解这一问题的哲学层面，有助于我们理解它是如何阐明"什么是存在"和"我们想要生活的世界"。

∨ 问题

1. 你是否相信洗钱者拥有美学生活观，因为他们关注的是即时的直接性（而不是共同的利益）？他们是否更关注长期，尽管他们的基本关切是此时此地获利？

2. 你同意洗钱者生活在道德冷漠的状态吗？

3. 如果洗钱者认同美学生活观，这是否意味着他们认为自己是完美的（无限的）？

4. 宗教生活观是会改变人们成为洗钱者的方式，还是会支持洗钱活动？

| 参考文献 |

［1］Agarwal, J. D., and Aman Agarwal. 2004. International money laundering in the banking sector. *Finance India* 18（2）：767 – 778.

［2］Alba, Ricardo M. 2002. Evolution of methods of money laundering in Latin America. *Journal of Financial Crime* 10（2）：137 – 140.

［3］Arendt, Hannah. 2005. *Qu'est-ce que la philosophie de l'existence, suivi de L'existentialisme francais.* Paris：Éditions Payot et Rivage.

［4］Argentiero, Amedeo, Michele Bagelia, and Francesco Busato. 2008. Money laundering in a two-sector model：Using theory for measurement. *European Journal of Law and Economics* 26：341 – 359.

［5］Aristotle. 2004. *Métaphysique. Tome 2. Livres H-N.* Paris：Librairie Philosophique J. Vrin.

［6］Augustine. 1964. *Confessions.* Paris：Garnier-Flammarion.

［7］Bentham, Jeremy. 1834. *Deontology, or the science of morality*, vol. II. London：Longman, Rees, Orrme, Browne, Green and Longman.

［8］Berdiaeff, Nicolas. 1936. *Cinq méditations sur l'existence.* Paris：Aubier/Montaigne.

［9］Berdiaeff, Nicolas. 1950. *Esprit et réalité.* Paris：Aubier/Montaigne.

［10］Bojarski, Janusz. 2007. Problems of black labour, illegal immigration and money laundering in Poland. *Journal of Money Laundering Control* 10（3）：367 – 378.

［11］Broudy, Harry S. 1941. Kierkegaard's levels of existence. *Philosophy and Phenomenological Research* 1（3）：294 –312.

［12］Cassirer, Ernst. 2010. *Le problème Jean-Jacques Rousseau.* Paris：Fayard/Pluriel.

［13］ Cooper, Kathie, and Hemant Deo. 2006. The web of deception, money laundering and transnational crime: A double edge sword of power and illusion. *Journal of the American Academy of Business* 8 (2): 35 – 43.

［14］ Cuéllar, Mariano-Florentino. 2003. The tenuous relationship between the fight money laundering and the disruption of criminal finance. *Journal of Criminal Law & Criminology* 93 (2 – 3): 311 – 400.

［15］ De Boyrie, Maria E., Simon J. Pak, and John S. Zdanowicz. 2004. Money laundering and income tax evasion: The determination of optimal audits and inspections to detect abnormal prices in international trade. *Journal of Financial Crime* 12 (2): 123 – 130.

［16］ Emmet, Dorothy M. 1941. Kierkegaard and the existential philosophy. *Philosophy* 16 (63): 257 – 271.

［17］ Eschyles. 1999. *Tragédies complètes*. Paris: Gallimard.

［18］ Favarel-Garrigues, Gilles, Thierry Godefroy, and Pierre Lascoumes. 2008. Sentinels in the banking industry. Private actors and the fight money laundering in France. *British Journal of Criminology* 48: 1 – 19.

［19］ Friedman, R. Z. 1982. Kierkegaard: First existentialist or last Kantian? *Religious Studies* 18 (2): 159 – 170.

［20］ Fromm, Erich. 1968. *L'art d'aimer*. Paris: Éditions de l'Épi.

［21］ Goethe, Johann-Wolfgang. 1964. *Faust*. Paris: Garnier-Flammarion.

［22］ Grondin, Jean. 1993. *L'universalité de l'herméneutique*. Paris: Presses universitaires de France.

［23］ Hamilton, Kenneth. 1964. Kierkegaard on Sin. *Scottish Journal of Theology* 17 (3): 289 – 302.

［24］ Hamilton, Christopher. 1998. Kierkegaard on truth as subjectivity: Christianity, ethics and asceticism. *Religious Studies* 34 (1): 61 – 79.

［25］ Hampton, Mark P., and Michael Levi. 1999. Fast spinning into oblivion? Recent developments in money-laundering policies and offshore finance centers. *Third World Quarterly* 20 (3): 645 – 656.

［26］ Harrison, Victoria S. 1997. Kierkegaard's philosophical fragments: A clarification. *Religious Studies* 33 (4): 455 – 472.

［27］ Heidegger, Martin. 1962. *Being and time*. New York: Harper and Row.

［28］ Holmer, Paul L. 1953. Kierkegaard and ethical theory. *Ethics* 63 （3）: 157 - 170.

［29］ Jacoby, Matthew Gerhard. 2002. Kierkeggard on truth. *Religious Studies* 38 （1）: 27 - 44.

［30］ Jaspers, Karl. 1970. *Essais philosophiques*. Paris: Petite bibliothèque Payot.

［31］ Jurith, E. 2003. Acts of terror, illicit drugs and money laundering. *Journal of Financial Crime* 11 （2）: 158 - 162.

［32］ Khan, Abrahim H. 1975. Kierkegaard's conception of evil. *Journal of Religion and Health* 14 （1）: 63 - 66.

［33］ Kierkegaard, Soeren. 1968. *Dans la lutte des souffrances. Discours chrétiens. Tome II.* Paris: Delachaux & Niestlé.

［34］ Kierkegaard, Soeren. 1969a. *Riens philosophiques*. Paris: Gallimard.

［35］ Kierkegaard, Soeren. 1969b. *Le concept de l'angoisse*. Paris: Gallimard.

［36］ Kierkegaard, Soeren. 1972. *Plus grand que notre cœur. Discours chrétiens. Tome IV.* Paris: Delachaux & Niestlé.

［37］ Kierkegaard, Soeren. 1974a. *Fear and trembling, and The sickness unto death*. Princeton: Princeton University Press.

［38］ Kierkegaard, Soeren. 1974b. *Concluding unscientific postscript*. Princeton: Princeton University Press.

［39］ Kierkegaard, Soeren. 1992. *Either/or. A fragment of life-view*. London: Penguin Books.

［40］ Kierkegaard, Soeren. 2004. *La Dialectique de la communication*. Paris: Payot/Rivages.

［41］ Kierkegaard, Soeren. 2007. *Étapes sur le chemin de la vie*. Paris: Gallimard.

［42］ Kierkegaard, Soeren. 2008. *La Reprise*. Paris: GF-Flammarion.

［43］ Klemke, E. D. 1960. Some insights for ethical theory from Kierkegaard. *The Philosophical Quarterly* 10 （41）: 322 - 330.

［44］ Kurtz, Paul W. 1962. Kierkegaard, existentialism, and the contemporary scene. *The Antioch Review* 21 （4）: 471 - 487.

［45］ Levi, Michael. 2002. Money laundering and its regulation. *Annals of the American Academy of Political and Social Science* 582: 181 - 194.

［46］ Lhote, Aude-Marie. 1983. *La notion de pardon chez Kierkegaard, ou Kierkegaard lecteur de l'Épître aux Romains*. Paris: Librairie Philosophique J. Vrin.

［47］ Lillegard, Norman. 2002. Passion and reason: Aristotelian strategies in Kierkegaard's ethics. *Journal of Religious Ethics* 30 （2）：251 – 273.

［48］ Maritain, Jacques. 1941. *La pensée de Saint Paul*. New York：Éditions de la Maison Française.

［49］ Massy, Laurence. 2008. The antiquity art market：Between legality and illegality. *International Journal of Social Economics* 35 （10）：729 – 738.

［50］ Morris-Cotterill, Nigel. 1999. Use and abuse of the internet in fraud and money laundering. *International Review of Law Computers & Technology* 13 （2）：211 – 228.

［51］ Nietzsche, Friedrich. 1968. On the genealogy of morals. In *Basic writings of Nietzsche*, 449 – 599. New York：The Modern Library.

［52］ Ospina-Velasco, Jaime. 2002. Combating money laundering and smuggling in Colombia. *Journal of Financial Crime* 10 （2）：153 – 156.

［53］ Perry, Edmund. 1956. Was Kierkegaard a "biblical" existentialist? *The Journal of Religion* 36 （1）：17 – 23.

［54］ Rahn, Richard W. 2002. Taxation, money laundering and liberty. *Journal of Financial Crime* 9 （4）：341 – 346.

［55］ Remington Abramson, Neil. 2011. Kierkegaardian confessions：The relationship between moral reasoning and failure to be promoted. *Journal of Business Ethics* 98：199 – 216.

［56］ Ricoeur, Paul. 1960. *Philosophie de la volonté. Finitude et culpabilité. Tome 1. L'Homme faillible*. Paris：Aubier/Montaigne.

［57］ Ricoeur, Paul. 2000. *La mémoire, l'histoire, l'oubli*. Paris：Seuil.

［58］ Rider, Barry A. K. 2002. The weapons of war：The use of anti-money laundering laws against terrorist and criminal enterprises-Part 1. *Journal of International Banking Regulation* 4 （1）：13 – 31.

［59］ Rousseau, Jacques. 1978. *Du contrat social*. Paris：Garnier-Flammarion.

［60］ Sartre, Jean-Paul. 1938. *La Nausée*. Paris：Gallimard.

［61］ Sartre, Jean-Paul. 1966. L'Universel singulier. In *Kierkegaard vivant*, 20 – 63. Paris：Gallimard.

［62］ Sartre, Jean-Paul. 1985a. *Critique de la raison dialectique. Tome 2. L'intelligibilité de l'Histoire*. Paris：Gallimard.

［63］ Sartre, Jean-Paul. 1985b. *Critique de la raison dialectique, précédé de Questions de méthode. Tome 1. Théorie des ensembles pratiques*. Paris：Gallimard.

[64] Schneider, Friedrich, and Ursula Windischbauer. 2008. Money laundering: Some facts. *European Journal of Law and Economics* 26: 387 – 404.

[65] Schrader, George. 1968. Kant and Kierkegaard on duty and inclination. *The Journal of Philosophy* 65 (21): 688 – 701.

[66] Shakespeare, William. 1983. *The illustrated Stratford Shakespeare*. London: Chancellor Press.

[67] Smith, Alan D. 2004a. Controversial and emerging issues associated with cybergambling (e-casinos). *Online Information Review* 28 (6): 435 – 443.

[68] Smith, Alan D. 2004b. Cybercriminal impacts on online business and consumer confidence. *Online Information Review* 28 (3): 224 – 234.

[69] Stack, George J. 1973. Kierkegaard: The self and ethical existence. *Ethics* 83 (2): 108 – 125.

[70] Stiltner, Brian. 1993. Who can understand Abraham? The relation of god and morality in Kierkegaard and Aquinas. *The Journal of Religious Ethics* 21 (2): 221 – 245.

[71] Stucki, Pierre-André. 1963. *Le Christianisme et l'Histoire d'après Kierkegaard*. Basel: Verlag für Recht und Gesellschaft.

[72] Swenson, David F. 1939. The existential dialectics of Soeren Kierkegaard. *Ethics* 49 (3): 309 – 328.

[73] Tan, Harry S. K. 2002. E-fraud: Current trends and international developments. *Journal of Financial Crime* 9 (4): 347 – 354.

[74] Verhage, Antoinette, and Paul Ponsaers. 2009. Power-seeking crime? The professional thief versus the professional launderer. *Crime, Law and Social Change* 51: 399 – 412.

[75] Warren, Virginia L. 1982. A kierkegaardian approach to moral philosophy: The process of moral decision-making. *The Journal of Religious Ethics* 10 (2): 221 – 237.

第四章

雅斯贝尔斯和布伯的沟通观：贿赂问题

■ 4.1　前言

　　贿赂常常被视为一种具有社会、历史和文化根源的现象。当然，作为一种现象，我们可以从社会、历史或文化的角度来分析贿赂（比尔斯塔克，2009）。如果我们采用这种文化限制的观点，那么我们会得出结论：腐败"破坏了它置身其中的文化系统，且呈现出形态各异的腐败状态"（胡克，2009）。在某些国家被视为腐败的行为，在其他国家可能并不被视为腐败行为。即使两个国家都禁止贿赂，他们也可能有不同的动机来对这种禁令进行解释。腐败的社会、历史和文化根源也可能因国而异。这就是为什么我们至少在解释模式上应该采用供给视角（行贿者）和需求视角（受贿者）（桑亚尔，古文利，2009；巴亚尔，2005）。贿赂意味着腐败双方之间的合作（卡里尔等，2010）。实际上，供应方面（行贿者）往往被忽视。根据吴（2009：86）的研究，高增长的公司比增长缓慢的公司支付的贿赂比例更低。此外，在公司层面上，遵守国际会计准则并不一定有助于减少贿赂。但需再次强调的是，贿赂的供求分析方法只有助于阐述解释模式。正如谢胡（2004：70，77）所说，腐败是每个社会都存在的一种社会结构。然而，即便一些腐败行为未被禁止，这也并不意味着贿赂在道德上是正当的。关于道德，在文化上从来没有定论。社会道德并不能保证我们的行为具有伦理基础。社会道德是在一个国家的集体历史中建立起来的。它是法律约束和习俗、禁令和禁忌的混合体。社会道德有其灰色地带，并非所有的社会道德都是合理的。

腐败是在社会和文化上建立起来的这一事实并没有揭示腐败行为的道德性。至少从道德角度来看，对于贿赂和腐败，并不存在一个"放之四海而皆准"的原则。当我们在道德上评估腐败现象时，文化、历史或者社会学的制约因素是无用的。这些制约因素仅仅解释了这一现象。但是，一个历史的、社会的、政治的、经济的、文化的或宗教的解释从来不是一个道德上的理由。我们将看到索取/提供/接受贿赂在多大程度上可能是一种不人道的现象。事实上，雅斯贝尔斯的真理与沟通观，以及布伯的对话（"我与你"关系）观，都能有效地解释贿赂对人类建立一个真实社区的能力的存在主义影响。

■ 4.2　雅斯贝尔斯的真理与沟通观

根据雅斯贝尔斯（1969：54－58）的观点，"我"有三种含义：（1）当我想到我自己时，我就把自己变成了我的对象。我把我自己看作经验主义的存在。如果不承认现象的客观性，那就根本没有存在（雅斯贝尔斯，1970a：108）。（2）作为一个存在的主体，我与其他存在的主体基本相同。"我"就是普遍意识。世界上的事物以存在的方式展现，但仅是普遍存在于我的意识中。（3）作为现有的主体，我不知道"我是谁"。当我表达出求知和行动的意愿时，我就会发现"我是谁"。人是一种意识到自己存在的存在。当他发现他所参与的世界时，他就会意识到自己。人是自由决定自己是谁的存在（雅斯贝尔斯，1966c：11－12）。关于自己，人总是比他实际知道（或能够知道）的更多（雅斯贝尔斯，1963：38；1966a，1966b：66；1966c，171；1970b：13）。人类的存在是一种无限的可能性，因为它是自由的（雅斯贝尔斯，1966c：171）。人不能被简化为他的存在，但他知道他是存在的。当他探索他的世界时，他意识到他自己。人是自由决定自己是谁的存在（雅斯贝尔斯，1966c：11－12）。当我们能够分辨正确和错误的行为时，我们就成为自己（雅斯贝尔斯，1966b：62）。但每一种知识都是解释。每一个存在都是被解释的。所有的物体都是现象。当存在被认识时，它既不是自在的存在，也不是全体的存在（雅斯贝尔斯，1966b：73，81，83）。

根据雅斯贝尔斯（1962：66）的观点，"人们所用的伪知识会使其陷入被蒙蔽的危险中"。我们不是我们所知道的自己。我们并不真正知道"我们是谁"。正因为如此，我们不能成为直接意志的对象（雅斯贝尔斯，1962：63；1966：234）。因此，我们不能完全了解自己的存在（雅斯贝尔斯，1966c：189）。我们意识到自己的存在，却不能深刻地理解存在的意义。人类的存在是一种无限的可能性，这就是自由。这种无限的可能性可以决定在任何情况下它将是什么（雅斯贝尔斯，1966c：171）。因此，我们无法获得有关"存在意味着什么"的最终答案，我们能得到的唯一答案是植根于存在主义的。这个问题没有抽象的答案。人类只能从他们的生活经历中得到具体的答案。实现我们的自由使我们有可能得到一些初步的答案，以回答"存在意味着什么"。实际上，这个问题并没有最终的答案。自由使我们能够在生活经历中找到各种各样的答案。人是自由的（雅斯贝尔斯，1970b：13）。但这种自由是有限的：我的意志是由我的自由决定，以实现其自身最大可能性（海德格尔，1962：360）。然而，我并不能指望自由（雅斯贝尔斯，1953：48）。我的自由有其存在主义基础。我的自由是我存在的一部分。没有自由，我就无法生存。虽然非存在的结构可能限制我的自由（就像极权主义的情况一样），但我的存在始终是一个自由的存在。如果别人不能成为他们自己，我就不能成为我自己。如果一些人没有自由，自由就不可能存在（雅斯贝尔斯，1963：194；1970b：20）。人类是这样一种存在，他必须征服自己，即让自己成为他应有的模样（雅斯贝尔斯，1962：73）。这正是人类自由的意义所在。每个人本身都是目的，因此人的尊严是一项不可剥夺的权利（雅斯贝尔斯，1966a：50；反例：叔本华，2009：273）。根据亚里士多德（2000：9）的观点，"自由"意味着我是自己的目的，而不是别人追求的目的。如吕格尔（1990：262）所说，人的理性本性是任何道德的基础。政治自由使人有可能成为自己：（1）从社会的观点来看，我因此参与了公共事务（作为公民）；（2）从存在主义的角度来看，我在外部世界肯定了我的自我（作为一个"我"）。这就是为什么雅斯贝尔斯（1966a：66）将政治自由定义为人类完整性的基本制约因素。

没有内心的平静，世间的平静是不可能存在的。没有自由，就没有内心的平静。只有在真理中，我们才能找到自由。我们只有通过自由才能获得真理。因此，没有真理就没有内心的平静。自由和真理是内在或外在平静的条件（雅斯贝尔斯，1966a：144；1970b：45 – 50，60）。没有人拥有真理本身（雅斯贝尔斯，1966a：144）。我们都在寻找真理。我们永远不知道我们的真理是否基于现实。真理与内容无关，而与内容的定义和讨论方式有关。真理就是沟通的问题。重要的不是我们发现的内容，而是过程本身。我们寻找真理的方式比我们所发现的更重要、更有意义。真理是一个推理的问题，也就是说，是一种用来定义真理并与他人讨论真理本身的方法。但这样的推理不能从我们的交流存在中孤立出来。当我们理性地定义给定的事实时，我们不可避免地要进行交流。我们自己的存在意味着与他人交流。我们的推理过程离不开我们的沟通能力。它们之间有着内在的联系。在这里，雅斯贝尔斯是尼采的继承人（2000：179）。真理基本上与沟通联系在一起。因此，我们不应该声称我们拥有真理本身。真理不能被拥有，因为根本就没有什么可以被拥有。真理不过是发现存在主义真理所需要的交流过程。真理本身并不存在。但雅斯贝尔斯相信，存在主义真理是可以找到的。我们怎样才能认识到这些真理呢？按照雅斯贝尔斯的观点，交流过程是我们寻找存在主义真理的绝对中心。公开讨论真理是必要的。我们对真理的探索与我们与他人沟通的能力有着内在的联系（雅斯贝尔斯，1970b：49）。只有在"我们不断努力，设身处地为他人着想"的情况下，我们才能到达真理（雅斯贝尔斯，1962：172）。正如阿伦特（2005：67）所说，存在意味着自由，同时也意味着与其他自由的存在进行交流。

没有不断探索真理，就没有自由。根据雅斯贝尔斯的观点，人类的自由定义了人类（雅斯贝尔斯，1970b：13）。如果自由不为真理服务，它就毫无意义。真理是指理性发展和构建的方式（雅斯贝尔斯，1970b：48 –

49）。哲学的本质是对真理的追求。哲学上的质疑比答案更重要（雅斯贝尔斯，1966b：1011）。没有他人，我无法生存（雅斯贝尔斯，1966b：24）。只有当他人是自由的存在时，我们才能成为自由的存在（雅斯贝尔斯，1963：194）。作为自由的存在，我们需要与其他自由的存在沟通（雅斯贝尔斯，1966b：123）。我们必须在无条件的交流中寻找真理和人类的意义（雅斯贝尔斯，1966b：126）。交流使个人建立真正的社区成为可能（雅斯贝尔斯，1963：161）。但是，没有对他人的存在和人性的相互承认，交流是不可能的。只有当我像"你"一样对他人开放时，他人才为我而存在。在下列情形下，我无法对"你"敞开：（1）如果我把他人视为我能操纵的对象；（2）如果我专注于他人的理念。当他人在我面前成了一个低感知的客体，不再是与我有明确界分的其他人，那么他人就成了我自己的一个产物，我和"你"之间便没有了根本的区别（马塞尔，1935：155）。如果"我与你"关系的意义不加深，交流的组织系统就不能达到它们的目标。

活在真理中（living-in truth）意味着：（1）自由选择我们的行动原则；（2）了解过去的事件；（3）对我们行动的后果负责（雅斯贝尔斯，1970b：53）。真理是我们向自由敞开心扉的条件（雅斯贝尔斯，1970b：59）。我的真理只关乎在我的自由中"我是谁"，而与他人的存在主义真理相区别。历史上，至少在政治制度的历史上，真理比谎言更可行（雅斯贝尔斯，1966a，1966b：97）。雅斯贝尔斯知道，有时候谎言看起来像是真理，尤其是在政治问题上。政治事务的真诚使公民获得自由成为可能（雅斯贝尔斯，1966a：103）。雅斯贝尔斯意识到，谎言正在摧毁真实的社区。这就是为什么他提倡真理是一种交流。雅斯贝尔斯并没有采用康德的知识与对象一致的真理观（康德，1965：97）。此外，他不是一个功利主义哲学家。他深信，如果不与他人对话，即不寻求一种归属感，我们就不可能寻求真理。如果我用自己的自由歪曲事实，或把事实强加于人，那我的自由就毫无意义。当我在寻找真理时，我必须意识到我的自由需要与他人沟通。只有当我意识到我不可剥夺的自由时，我才能做我自己（雅斯贝尔斯，1966a：112）。只有与他人分享我的发现，我才能找到存在的真理（以及我对真理的看法)。没有任何对话的存在主义真理将是毫无意义的，因为它们不能帮助建立一个真正社区。雅斯贝尔斯所思考的是建立一个真正社区的最好方法。按照雅斯贝尔斯的观点，如果对真理的追求并不意味着公民之间的对话，一个关于我们存在主义真理和真理的个人参数的对话，那么就不可能建立一个真正的社区。沟通只不过是在与他人相处时做自己。孤独和交流是相互依存的。没有感受到存在的孤独，就不会有交流；没有与他人交流的能力，就没有存在的孤独（雅斯贝尔斯，1970a：71－73）。根据雅斯贝尔斯（1970a：179）的观点，我只能在存在的孤独中战胜自我。

为了达到真正的真实，一切真实的"所是之物"都必须具有交流的潜力（雅斯贝尔斯，2003：205）。如果我的真理不能传达给别人，那么它们就不是存在主义真理，而是抽象的真理，是真理本身的副产品。但是，真理本身并不存在。因此，只有存在主义真理才能有助于建立一个真正的社区。根据雅斯贝尔斯（1962：27；2003：209，212）的观点，真理不能从交流中孤立出来。因此，雅斯贝尔斯发展了一种实用主义的真理概念：真理不能在一切已知的事物中找到，甚至不能在无条件的现实中找到。真理只能在正在发生的事物中达到。真理只能是相对的（1953：47）。没有绝对的真理。与绝对真理不同，存在主义真理使对话成为可能。真理基本上与沟通联系在一起（雅斯贝尔斯，1953：40）。没有人拥有真理自身。人类是一个时间的或历史的存在。那么，真理永远不可能完全实现。存在主义真理是无限的可能性。它们不应该等同于真理本身，因为真理本身并不存在。如果交流是无限的（考虑到人类的多样性），那么对基于存在的真理的探索就永远不会停止（雅斯贝尔斯，1953：41）。交流可以帮助我们更接近真理。交流使我们有可能确认存在主义真理的合理性。虽然真理总是相对的，但这并不意味着所有存在主义真理都有同等的价值。雅斯贝尔斯不是相对论哲学家。存在主义真理必须被传达。交流将有助于确定某些存在主义真理在何种程度上是可信的，在何种程度上是合理的。交流并不能最终证明某些存在主义真理的合理性。但我们不能把交流排除在寻求真理之外。存在主义真理必须与他人分享。这样的分享并不能绝对保证我们的存在主义真理是可信的，是合理的。但它可能会深刻影响我的决定，即把存在主义真理当作我的真理来排斥或接受。

真实的存在意味着可传播的存在。雅斯贝尔斯（2000：404）承认尼采的深刻影响，因为尼采相信没有人能声称拥有真理本身。当至少两个人在讨论他们对真理的看法时，通向真理之旅就开始了（尼采，1982：217）。真理不是教条的，而是交流的（雅斯贝尔斯，2003：232）。作为交流，真理意味着交流信息的创造者和接受者的转换。没有交流，真理永远不可能是真实的（雅斯贝尔斯，2003：234，277）。如果我没有参与到交流过程中，我就不能声称自己有任何基于存在的真理。我们之所以是我们，只是因为我们参与了一个社区。这样的社区是由相互或有意识的理解创建的。传播是历史性的普遍条件（雅斯贝尔斯，2003：205－20）。

根据雅斯贝尔斯的观点，"做自己"和"保持真实"意味着我们无条件地积极参与交流实践。如果没有从存在中提取出其实质的理由，交流实践是不可能的。人作为理性的存在，是在交往中的存在（雅斯贝尔斯，2003：227－230）。在雅斯贝尔斯看来，真诚交流的意愿是哲学的最终源泉。沟通是哲学的目的（雅斯贝尔斯，1962：26－27）。沟通的根本意志植根于理性和存在。真理从来不是绝对的，它总是向各种可能性敞开大门。按照雅斯贝尔斯的观点，交流的意愿是开放的：（1）了解未知事物的可能性；（2）我可以从每一个存在的实体中获得传播信息，我甚至可以感觉到与他人的团结一致，因为他们也在努力成为他们自己，在寻找真理。在形而上的罪恶中，我们要对任何不公正和邪恶负责，因为我们已经失去了这种与他人团结一致的感觉（雅斯贝尔斯，2007：47，80）。

人类的未来取决于每一个人（雅斯贝尔斯，2007：103－104）。与他人团结一致意味着所有人都是同一条船上的乘客，我们面对同样的生存困境（及其不可避免的影响：焦虑和恐惧、疾病和注定死亡、罪责）。如果我们不深刻意识到我们大家都面临着同样的生存困境，就无法具体地感受到团结。人类的未来取决于这种存在的同舟共济感将在多大程度上得到共享。根据海德格尔的观点，其他人只不过是那些与我们共享存在困境的人（海德格尔，1962：153，155）。分享同样的生存困境应该有助于我们表达相互信任和理解。不幸的是，文化、社会、政治、经济，甚至宗教的差异使我们很难关注我们共同的存在。如果我们深刻地接受挑战并且接受共同存在的概念，那么许多行为（如金融犯罪）在道德上就会变得不可接受，因为这样的行为会被视为对世界的伤害。我们与他人保持和改善对话的方式将发生根本变化。

根据雅斯贝尔斯的观点，意识既不是绝对的真理，也不是全部。交流的意愿意味着对话的可能性，即我愿意被他人话语所改变（雅斯贝尔斯，2007：29）。通过交流过程，我们正在分享各种存在主义真理。我必须接受他人对我的存在主义真理的批判。这种批判可以帮助我论证我的存在主义真理的可信性，或者或多或少地证明我的存在主义真理在理性上是合理的。如弗拉克内（2002：6）所说，雅斯贝尔斯的交往理性概念是针对真理的，因为它可以"通过对话过程本身来获得"。然而，雅斯贝尔斯揭示了一个基本的悖论：如果我们不相信我们的真理揭示了绝对真理，我们就不可能无条件地参与其中（雅斯贝尔斯，1970b；78－79；2003：237－240）。我的真理是基于历史的，没有它，我就不能成为历史上的我（雅斯贝尔斯，1970b：132）。如果不确信我的真理等同于绝对真理，那么就没有存在主义的交流。但是，如果不承认真理永远不可能是绝对的，就不会有对话。雅斯贝尔斯的悖论很容易解释。如果我们不能确定存在主义真理是可信的和合理的，我们就不可能拥有它们。但是，我们必须意识到没有绝对的真理。这是一种先验的哲学，它将深刻地影响我们寻找植根于存在主义的真理的方式。我们没有权力把自己的信念（对真理的感知）强加给他人（雅斯贝尔斯，1966a：73）。没有人真正拥有真理本身（雅斯贝尔斯，1966a：71），因为真理只不过是推理的过程。真理没有具体的内容可以与人分享。哲学或神学真理对其他真理概念缺乏开放性。但是，如果没有对其他真理观念的开放，对话是不可能的。哲学真理应该只产生多元真理（雅斯贝尔斯，2003：297）。它必须为所有人之间的交流开辟道路（雅斯贝尔斯，1963：156）。我们的首要道德责任是使与他人进行真实的对话成为可能（雅斯贝尔斯，1970b：19）。真正的政治需要建立一种对话，在这种对话中，每个人都可以自由地与他人交换自己的观点（雅斯贝尔斯，

1963：123）。根据沃尔特斯（1988：231）的观点，雅斯贝尔斯（2007：30）认为政治和法律秩序取决于个人道德。如果我们不能相互信任，就不可能进行对话。真理必须是可以通过语言公开分享和讨论的东西（雅斯贝尔斯，2000：27）。对真理的普遍探索（产生一种归属感）排除了任何可能性、任何想法或争论（雅斯贝尔斯，2007：30）。根据格伦伯格（2007）的观点，雅斯贝尔斯正在寻找沟通关系。随后，雅斯贝尔斯将沟通定义为"清晰"（格伦伯格，2007：1015）。人际关系中最危险的陷阱是对沟通的否定，即我们忘记或忽视他人观点的事实（雅斯贝尔斯，1970b：86）。沟通的缺失打开了暴力和战争的大门（雅斯贝尔斯，1970b：133）。只有交流才能使人们比没有交流时更亲密。社区的产生源于对真理的各种看法的讨论，而不是源于唯一真理的首要地位（雅斯贝尔斯，1963：161）。伯蒂耶夫（1979：211）正确地理解了人类自由的自相矛盾：我们想要自由，然而，我们的思想被我们成为自由存在的要求所占据，基于此，暴力被视为可接受的手段。我们因此忘记了我们的理想，那就是我们希望使每个人都成为一个自由的存在。

■ 4.3 布伯的对话观

当我们说"你"时，这儿并没有什么东西。我们什么都不拥有。根据布伯（1968：8-13）的说法，我们只是卷入一种关系。根据经验，我只能知道对象。我永远无法拥有对"你"的经验知识。经验知识与"我与你"关系无关。经验知识不可能使我参与这个世界。只有"我与你"关系才能使这种参与成为可能。根据布伯的观点，当关系的世界被连接到"我与你"的连接之上时，作为经验的世界随后被连接到"我与它"。这些关系的客体是与"你"联系的（布伯，1968：49）。关系的世界建立于三个领域中：与自然的生活，与他人的生活，与精神本质的生活。对于布伯来说，每一种关系都是（或应该是）相互联系："你"在我中活动，我也在

"你"中活动（布伯，1968：11，16，76，97－98）。如阿夫农（1993：56）所说，布伯的关系概念指的是四个基本组成部分：（1）关系是存在的范畴；（2）关系在存在面前是完美的存在；（3）关系本是空虚的，当一个人出现在它面前时，它才被填满了；（4）关系是"内在的你"与自身的联系，"内在的你"是"与存在相关的不变自我"。经验的世界使离开"你"成为可能。通过关系的世界，我和"你"是相互联系的。这就是为什么布伯称它为"我与你"。每个人都可以被看作"它"而不是"你"。要避免这种"你"向"它"的转变是不可能的。人际关系的停滞导致了这种转变的发生。我们对他的了解与他的真实身份相比是微不足道的。经验知识使我们无法加深对"你"的认识（布伯，1968：17，74）。如果"我"与"你"的关系中有"你"，那么"你"就会成为"它"（多对象中的一个对象），并再次重生为"你"（布伯，1968：29）。我们的生活不能没有"它"，因此也不能没有过去。"它"与过去紧密相连，因为"它"暗示着与"你"的关系已经停止。当"你"被转化为一个"它"时，对方（我）只能通过记忆来看待"它"，因为与"你"没有关系。"你"意味着关注关系，因此关注现在，而"它"指的是经验知识（因此关注过去的关系）。

　　人类基本上生活在人际关系的世界里。如果没有生活在"我与你"中，人就不能成为他自己（布伯，1975：205）。为了了解"你"的奥秘，我们必须能够说"我"（布伯，1975：175）。当我们只生活在"我与它"连接中时，我们已经失去了人性（布伯，1968：29）。它的世界（对象的世界，经验知识的世界）意味着经验，而你的世界基本上与关系相连（布伯，1968：31，35）。当我们关注经验和有用性时（经验知识，机构，既往关注的方向），我们就不在关系的世界里，也就是说，我们在情感的领域里（布伯，1968：35）。感觉（以及人际关系的世界）更强调现在，强调当下（布伯，1968：36）。一个真正的社区是可以实现的，如果：（1）个体与一个生活中心有相互关系（暗示情感）；（2）个体通过一个现有的相互关系互相联系（布伯，1968：37）。"它"的世界会逐渐使"我"失去"它"的现实性。"我"是真实的，因为"它"参与了现实。任何对现实的参与都取决于"我与你"关系（布伯，1968：50，75）。正如布伯

（1975：164）所说，真正的人，因为与他的存在紧密相连，所以"只能通过与他所处存在的本性相联系来理解"。根据布伯（1968：51，54）的观点，"我"是人类归属的标志（*shibboleth*）。在"我与你"中，自我意识是主观性，而在"我与它"中，自我意识是一个独立的存在，即经验知识和经验的主体（布伯，1968：49）。这就是为什么布伯在讨论"它"的必要性时非常谨慎（布伯，1968：38）。甚至文明也可以成为一个"它"的世界，因为它们与关系的世界是分离的（布伯，1968：43）。物体的经验知识是我们可以学习的。另外，我们不会说"我"或"你"，因为学习是经验世界不可分割的一部分（布伯，1968：226）。学习与人际关系无关。我们绝不能把"我与它"的关系与康德尊重人是主体（而不是客体）的原则相混淆。布伯认为"我与你"的关系是人类存在中无法避免的。无论如何，"我"的含义远超于"它"，"我"是基本的"你"。我是我自己的"我"，你是别人的"你"。如果我成为"它"，那一定是出于特定的道德目的（例如，我的朋友正在谈论我）。生活在经验中比生活在人际关系中更危险。如果我在和别人讨论时只谈论我的朋友，但我 30 年来从未见过他（或与他交谈），我们有可能彼此取得联系——那么我会将我的生活专注于经验主义的经验，而不是人际关系。因此，布伯重新解释了一个人成为他人客体的方式，尽管这并不一定是将他视为纯粹客体的方式。布伯的哲学可以帮助我们理解我们的生活是如何集中于经验主义经验或关系。布伯并没有否定康德的人的主观性，他正在扩大"它"在日常生活中的应用范围。

人类只有在实现"我与你"关系时才能是自由的（布伯，1968：47）。自我成就与"我与你"关系直接相关（布伯，1968：13－14）。当我说"你"时，我将成为"我"，也就是说，当我与一个"你"相联系时，我将成为"我"（布伯，1968：25，52）。当我说"你"时，我就是把我自己交给别人（布伯，1968：28）。这就是为什么布伯（1968：21）断言"我与你"关系先于"我"，而"我与它"联系是其次的。"一开始是关系"❶，即"内在的你"（布伯，1968：25）。真正的生活是与他人相遇。

---

❶ 在《浮士德》（1964：67）中，歌德说"开始是行动"。

没有"你"就没有现在。我们的时间性本质上是由"我与你"关系决定的。经验主义的经验世界浸透着过去，而关系的世界则专注于现在。人际关系是通过他人的存在建立起来的（在我面前）。在"我与它"连接中，强调的是"我"："我"是观察对象（布伯，1968：21）。因此，"我"可以被另一个"我"观察（作为一个对象）（布伯，1968：203）。这就是"我"转化为"它"的方法。

"我与你"关系植根于对话（1968：71，77）。根据布伯（1968：109）的观点，交流可以真正转化为恳谈。真正的社区是多变的、不安的和不确定的（布伯，1968：112）。正如布伯（1975：133）所说，人类是"知道自己在宇宙中的位置的存在，只要他还有感觉，他就能够继续他的知识"。对话意味着内在行为的相互作用（1968：113）。布伯提出了三种类型的对话：（1）真正的对话，在这种对话中，每个伙伴都考虑到对方（生活互惠的意图）；（2）为实际目的所需的技术对话；（3）被伪装成对话的独白（布伯，1968：125）。以对话的方式生活意味着感觉别人需要我们的回答（不是作为一种必要，而是作为一种要求）。在"我与你"对话中，每个人都成为"回应参与对话要求的我"（布伯，1968：231）。一个真实的对话意味着一个真实的"我与你"关系，意味着一个真实的"我"和一个真实的"你"（布伯，1968：134，142）。没有真正的"我与你"对话，就不会有真正的社区出现（布伯，1968：139）。

根据布伯（1975：175）的说法，"我们"是"一个由几个独立的人组成的团体，这些人达到了一种自我和自我责任，这个团体建立在这种自我和自我责任的基础上，并由他们使之成为可能"。只有（对别人）说"你"的人才能真正说"我们"（与其他人一起）。一些团体和机构非常接近"我们"的本质（布伯，1975：176）。但是，所有的团体和机构都不能认识到"我们"的本质。根据布伯（1958：376）的观点，真正的"我们"有一个客观的存在：当我们发展"我与你"关系时，即通过"我与你"对话，我们可以达到"我们"。如果我不能与"你"有关系，我将永远不会知道"我们"。正如阿米泰·埃齐奥尼所说，真正的我（真正的人）来自"我与你"关系。关系是相互作用的。真正的社区是指那些"有效地平衡了'它'和'你'元素"的社区，也就是说，在这些社区中，纯粹的"我与你"关系都是近似的（埃齐奥尼，1999：153，162）。埃齐奥尼（1999：166）认为，布伯的"我与你"在道德上并不优于"我与它"的关系，因为我们基本上需要"它"。

　　对于布伯来说，"我与你"的关系是独特的、不可预测的、直接的，并且包含了与他人相互作用的整个自我。"我与它"关系与普遍相联系，是可预测的，以过去的经验为中介，并且只涉及一部分自我，这一部分自我与客体保持着一定的距离。"我与它"关系是第三人称关系，因此人们也可以用"他"或"她"来代替"他们"。"它"是我谈论的某物或某人；"你"是某物或某人，我与之交谈，因为"你"在对我说话。随着时间的推移建立起来的"我与它"关系构成了日常个人和公共生活的稳固世界（伍德，1999：84）。

海西格（2000：187）认为意识在布伯的"我与你"哲学中有一种特殊的地位，因为它在表达"我影响你"和"你影响我"（构成原始经验的两个极性）方面具有巨大的潜力。当最初的经验被意识所中介化时，它就变成了次要的经验。海西格（2000）的结论是，"我"的存在揭示了比任何其他关系都要高的成就水平。"我与它"连接是"我"与对象的基本连接，因此反映了经验世界。"我与你"关系意味着两个主体之间的相互关系，目的在于他性的内在化。我们在"我与你"之间遇见对方（拉姆斯登，2000：228）。人与人之间的关系是所有人际关系的真正基础（布伯，1962：113）。"我与你"对话的基础是两个主体之间的关系（阿夫农，1993）。为了发展一种"我与你"的对话，我们必须关注"我"和"你"之间的关系，也就是说，关注"我"和"你"之间发生了什么（弗里德曼，2001）。"我与你"和"我与它"是构成一种存在模式的基本词汇（阿夫农，1993）。正如弗里德曼（2001：25）所说，"我与你"关系是直接的、相互的、在场的、开放的，而"我与它"关系是间接的、非相互的。

■ 4.4 贿赂是一种扭曲的沟通

雅斯贝尔斯（1970b：46－48）认为，没有自由就没有内在（以及外在）的和平。如果我们想与我们的朋友、亲戚和社区的所有成员和平相处，那么承认他人的自由是必要的。拒绝承认他人的自由将导致相互冲突的关系，因为人除了自由什么都不是。人是试图通过既定的决定和行动来实现其自由的人。否定他人的自由就是否定他们对人类的归属感。没有相互承认的自由，人类是不可能存在的。如果民主是寻求这种相互理解和尊重的最佳（和最有效的）尝试，那么不相互承认存在自由，就没有普遍的和平。如果不同时承认彼此是自由的存在，就不可能建立一个和平的社区。自由的人不可能没有实现自由的潜力。然而，我们的自由是有限的，因为我们是有限的存在。艾彼科蒂塔斯（1991：13）认为，我们只能避免那些依赖于我们自由选择的东西。自由取决于我们的个人选择，没有任何外在的决定论（阿里恩，2000：162）。自由状态是人的本质。只要我们在建设一个和平的社区，我们就需要尊重彼此是"自由的"，也就是说，是"必须成为自由的人"。此外，没有真理就没有自由（雅斯贝尔斯，1970b：48－60）。没有自由，人类就不能达到真理。然而，自由状态并不能绝对确定什么是真实的。人类总是在寻找真理的意义，因为他总是试图成为一个自由的人。每个人都在寻找真理，却不知道他对真理的定义是否正确，或者在哲学上、道德上，甚至形而上学上是否正确。这就是为什么我们都在寻找真理，却从不知道我们对真理的理解是否正确。因此，雅斯贝尔斯（1970b）建议开展关于真理的对话。交流的基本目的是分享不同的真理观念。避免交流的真理不能称为真理。真理与沟通有着内在的联系。如果我们真的想获得真理，我们必须将自己对真理的理解与他人对真实的事实、现象或事件的解释进行比较。如果我们试图避免对我们认为正确的事情进行交流，那么我们的态度就会暴露出一种恐惧，即看到自己的确定性被他人的信念所困扰。雅斯贝尔斯（1953：40－41）认为，如果排除了交流的可能性，真理就不可能是真理。根据雅斯贝尔斯（1970b：50）的观点，自由和真理是实现普遍和平的条件。然而，我们必须认识到，人类应该是自由的存在，但同时却又是永远无法确定真理的存在。至少对人类来说，这两个部分都定义了它意味着什么。自由和真理都包含两种过程：（1）我变得自由；（2）我在与他人讨论时，加强或批判自己的真理。自由和真理是不能完全把握的存在。

在一些国家，索贿/行贿/收受贿赂受到社会或文化的鼓励。但这并不能作为贿赂的道德正当性解释。鲍恩等（2010：28）恰当地指出，文化并不能为我们预测所有国家跨国贿赂的方式提供独特的差异性视角。的确，贿赂存在于"干净的"国家，即那些在国际透明指数上排名很好的国家（腐败感知指数；行贿指数）。在发展中国家，我们可以发现两种基本的腐败模式，无论是小的/官僚的，还是大的/政治的/系统的腐败（阿卜杜拉伊，2009；基穆尤，2007）：（1）国内腐败，索贿/行贿/收受贿赂的是国民（通常，索贿的金额相当小）；（2）国际腐败，行贿的是外国人（索贿的是国民）。这些外国人通常来自发达国家（而且贿赂的价值远远高于一国之内的腐败）。贿赂是在"幕后"进行的，因此通常很难证明它们的存在。腐败不是纯粹的主观现象（反例：Ng，2006）。他们被秘密索贿/行贿的事实并不意味着索贿、行贿和受贿的现象是纯粹基于主观的选择。为了确定一个现象是客观的还是主观的，我们必须知道这个现象的内部结构是依赖于个人或文化变量（主观），还是可以普遍化（客观）。行为结构（索贿或行贿）包括两个客观特征：滥用权力、反垄断或不诚实行为和意图。这些特征可以普遍化，因为它们定义了现象本身的内容。人们可以用不同的方式定义它们。但这些特征并不依赖于个人或文化感知。它们本质上与任何索贿或行贿的企图有关。贿赂是一种现象，它意味着人类交流和对话的扭曲。它正在使世界和人际关系失去人性。索贿或行贿行为的两个基本组成部分揭示了这种不人道的影响：滥用权力、反垄断或不诚实的行为和意图。由于这种现象本身的性质，贿赂是建立在相互信任和理解的基础上的，它正在降低人类的对话能力。

4.4.1　贿赂是滥用职权

贿赂是为了个人利益而滥用权力（Ngo，2008）。就文化动因而言，它缺乏道德上的正当性。否则，我们将在道德上接受任何为了个人利益的滥用权力。我们梦想的是哪种人性？当我们在道德上为贿赂辩护时（道德或文化相对主义；功利主义），或禁止它（康德主义），我们选择的是我们想要建立的人性和我们想要生活的社会。我们甚至在选择让一个真正的社区出现或消失。如果我们不能有一个真正的“我与你”对话，那么经验的世界（作为“它”的他者）就占主导地位。逐渐地，文明将自己转化为经验的世界，使得任何真实的关系都消失。在处理跨国贿赂时，这是必须解决的大问题之一（萨尔布，2001）。因此，我们同意瓦尔德曼对腐败的定义：

> 公职人员滥用职权、地位或权力，结果违反了他所在国家的一些现有的法律规范。这种腐败行为通常是秘密进行的，是为了个人的财富或地位，或为了家庭、朋友、种族或宗教团体的晋升。在串通式的腐败中，有外部方参与其中（如外国商人）（瓦尔德曼，1974：12）。

为什么要考虑法律规范？虽然大多数司法管辖区都禁止贿赂，但它们并不拥有相同的打击贪污的策略。它们的法律和规定也不一定相同。此外，什么是外部当事人？存在非串通形式的腐败吗？这取决于我们如何定义串通。尽管瓦尔德曼的定义存在一些缺陷，但它仍然是从需求方（给予方）角度对腐败下的最完整的定义。

任何滥用权力的行为都是减少他人自主权的一种方式。有权一方不会彻底剥夺其他人的自由。但是，其他人的选择会减少。他们的自由（以及他们的自主权）将受到不道德要求的限制。人们将成为滥用权力的受害者。他们作为自由人的自主权将不受尊重。根据戈皮纳思（2008）的研究，贿赂是对公认价值观的违背，是为了个人利益而滥用职权。实际上，贿赂不应被视为违反公认的价值观，因为贿赂的这种定义是受文化限制的。否则，某些社会文化会将不禁止贿赂视为具有道德上的合理性。如果贿赂不过是为了个人利益而滥用权力，那又如何拥有道德上的合理性呢？既定的社会文化又是如何能合理地为滥用权力谋取私利辩护呢？如果我们看看布伯关于"我与你"关系和对话的定义，索贿或行贿似乎是一个去人性化的过程。索贿或行贿是一个去人性化的过程，是因为它涉及滥用权力。任何滥用权力的行为都是利用他人作为手段（从而拒绝他人的主观性）的一种方式，也是使人的生活成为一种对周围事物纯粹体验的方式。索贿或行贿只不过是一种存在于人与人之间的隔阂模式：由于并不能形成一种稳定的社会关系，实际上，权力一方和行贿者都会失去部分主观性。交换贿赂和特权并不能真正建立起关系。双方之间可能存在表面上的友谊，但是，不可能在暗示滥用权力的行动方面达成任何共识。他者的"它性"使人们无法用其为自己牟取利益，如同他者永远都不可能是"你"（因此，他者也不会是为他的"我"）。索贿或行贿将"我与你"关系转化为"我与它"体验，不仅因为有受害者，还因为双方（专制的一方和受害者）都将自己的生活还原为经验主义经验。因此，归属感（和真正的社区）正在逐渐消失。只有当交流的伙伴相互理解和尊重时，才有可能进行真正的对话（布伯，1959：125）。但当"我"向"你"索贿或行贿时，"你"变成了"它"。然后，我专注于经验的世界，而忽略了关系的世界。这样，那些索贿或行贿的人就不可能建立一个真正的社区。虽然供给侧和需求侧可能有良好的关系，但权力滥用正在将这种关系转化为一种经验主义经验，至少对接受者来说是这样。一个人滥用他的权威、地位或权力的事实，实际上揭示了去人性化的过程。滥用权力导致经验世界（作为"它"的对方）凌驾于关系世界（"我与你"对话）之上。

　　布伯的对话观对理解贿赂的去人性化后果是很有帮助的。滥用权力的贿赂正在破坏建立真正社区的能力。索贿或行贿是一种扭曲"自由状态"的方式，从而使当事人（专制的一方和受害者）处于一种疏远的状态。布伯的哲学强调为他人服务。然而，对于萨特、列维纳斯或海德格尔来说，为他人而存在的意义不尽相同。在布伯的哲学中，"为他性"（for-otherness）使人类能够专注于人际关系的世界。"为他性"并不排除一种"我与它"的联系。

它反而解释了为什么人类总是在寻找关系。它性只是在自己和他人之间建立内在联系的一种行为准则。真正的社区有可能摒除"为他性"。通过将经验世界具体化，索贿或行贿是使人际关系失去人性的方式之一。

4.4.2　贿赂是反垄断或不诚信的行为和意图

特罗（1985：249）如此定义"贿赂"："贿赂是指在没有法律授权的情况下，将财产或个人利益提供给公职人员，目的是让公职人员在任何时候或以任何方式能够'友好'地履行公职人员的职责。"奥科格布莱（2006：94）采用了类似的方式来定义腐败："（腐败是指）一种手段或策略，通常用于使人们偏离正确的行动路线、职责或行为，无论是在执行公务时，还是在与经济或政治事务有关的活动中。"贿赂可以在没有反垄断行为的情况下观察到。这种情况意味着一种不否定或限制自由竞争的优惠待遇。在这些情况下，由于公职人员的职责，优待是一种通常不被期望的行为。然而，奥科格布莱（2006）并没有解释我们如何定义正确的行动路线。正确的行动路线是否与法律法规（法律遵从性），或特定的文化实践（文化相对主义），甚至与基本人权（道德普遍主义）等普遍原则相关？如果我们不能定义什么是正确的行动路线，那么奥格布尔对腐败的定义将仍然是无用的。

根据斯泰德迈尔（1999：127 – 128）的观点，贿赂的本质是利益冲突：索贿或行贿的人（自利）与其公开接受的受托责任之间的冲突。斯泰德迈尔相信一个好的意图（当行贿或索贿时）可以使一个部分是好的行为成为可能。双效原则指的是为了获得项目的良好结果而行贿或索贿。如此好的结果激励了那些行贿受贿的人。根据戈登和三宅（2001：162）的观点，对可接受或不可接受的做法的评估可能受到环境（当地环境）的影响。然而，他们认为"文化的多样性和不同的地方条件也可以作为不适当商业行为的借口"。他们的文化相对主义观点是非常明确的。但我们能否将伦理文化相对主义应用到贿赂问题上呢？当然，在特定的文化、社会、经济、政治甚至宗教背景下，我们对贿赂可能会有非常不同的看法。但这是否意味着我们的道德判断基本上是由文化、社会、经济、政治或宗教制约因素决定的呢？贿赂可能成为一种地方性的事实不应该影响我们在道德上评估贿赂的方式。

正如萨尔布（1997：251）所说，财务报表中遗漏贿赂有三个基本的影响：（1）它实际上歪曲了账本底线，甚至错误地反映短期的盈利能力；（2）它剥夺了政府的税收收入（阿西莫格鲁，维迪尔，2000），由于缺少税收收入可能会影响政府对卫生和社会服务的预算，因此不披露贿赂可能会产生深远的社会影响。这只是腐败带来的各种社会成本之一（古尔哈，2000），它还侵蚀了公众对商业领袖的信心。腐败甚至可能影响公众对民主的支持（贝利，帕拉斯，2006；布朗，克洛克，2006；帕西尼等，2002a，2002b），特别是当政府官员和议会成员涉及腐败行为时。没有行贿数据的财务报表掩盖了商业合同中的失真。当政府合同（其总额包括已经或将要支付的贿赂金额）导致国家出现赤字支出时，这一点尤为重要。贿赂实际上抬高了项目成本，因此政府的预算灵活性会降低（Pacini 等，2002a）。最后的结果可能是减少卫生和社会服务，或任何其他政府服务（各部门和政府机构）。

当我们认为索贿或行贿意味着不诚实的意图时（催生了反垄断或不诚实的行为），我们揭示了贿赂的内在结构是将真理转化为谎言，即使谎言披上真理的外衣（荷马，2009：412）。按照雅斯贝尔斯的观点，如果没有对真理的共同探索，我们就无法建立一个真正的社区（尽管真理本身是无法定义的）。当我们忽略诚信时，就有可能交换优惠待遇和金钱（或任何其他优势或特权）。诚信意味着什么？诚信指的是诚实（作为法律合规）、真诚（在采取特定行动时表达我们的真实意图）和真实（言行一致原则）。索贿或行贿意味着摆脱诚信这一核心价值观：缺乏诚实、真诚和真实。如果忽视了诚实、真诚和真实，我们就不能真正地寻求真理。试图将这些价值观落实到我们自己的生活中是探索真理存在性的先决条件。因此，索贿或行贿往往会破坏任何建立真实社区的努力。这样做时，贿赂就是一种不人道的现象。它否定了人与他人一起寻求真理的意愿。如果我不与他人讨论真理的问题，我与他人的交往就无法实现。如果我拒绝建立一个真正的社区，我就不能完全做我自己。这正是索贿或行贿的含义。

雅斯贝尔斯将真理定义为交流，指的是存在主义对真理的追求，以及对定义真理本身的不可能性的追求。传播者交换他们对真理的看法，并学习不同的观点。我从他人那里学到的东西必须植根于关系中，即在我和他人（布伯的"你"概念）之间的相互联系中。与布伯不同的是，雅斯贝尔斯并没有把重点放在关系世界与经验主义经验世界的比较上。然而，他将真理作为传播过程的观点是很有启发性的。雅斯贝尔斯深化和扩大了尼采的虚无（无自在）的范围。真理本身并不存在。我们只能观察那些寻求真理的人。雅斯贝尔斯强调关于真理的对话。存在的唯一真理是与他人交换我们的真理观念的过程。唯一有价值的真理是，对话中的每一方在与另一方讨论时都能加深这种真理。作为一种滥用权力和不诚实的行为和意图，索贿或行贿并不能促进关于真理的对话。事实上，贿赂行为否定了人类的本质，即通过与他人的对话来实现对真理的持续探索。从哲学的角度来看，索贿或行贿都不可能讨论贿赂本身。这是把我们的观点强加于他人的一种方式。这是一种统治模式，是一种存在的隔阂。支配他人会使我们失去一部分人性；被支配意味着我们失去了一部分主观性，从而失去了我们的人性。索贿或行贿不包括任何有关贿赂真实性的讨论。它没有考虑到人类对真理的追求，也没有考虑到我们个人对贿赂的理解（要么是文化诱导的，要么是不合理性的）。索贿或行贿是在交换有关贿赂的文化、伦理甚至哲学方面的观点时，排除了建立真理的可能性。由于人类是交流的主体，他们需要与他人交换意见。剥夺一个人这样的交换就是剥夺他人性的一部分。这正是索贿或行贿所要实现的。

■ 4.5　总结

根据布朗和克洛克（2006：288）的观点，占主导地位的新自由主义对腐败的解释可能忽视了这样一个事实，即发达国家正在鼓励腐败，并将其作为增加经济成就的手段。因此，腐败被推到了"他人"一边，即主要生活在发展中国家的人。发达国家和发展中国家都在助长贿赂的蔓延。因此，我们不应认为在国际商业交易中，文化因素可以在道德上证明索贿或行贿是正当的。合法性不是区分贿赂和礼物交换的决定性标准（反例：韦纳，2000）。从现象学上看，索贿与行贿行为由滥用权力、反垄断或不诚实行为和意图这两个非道德中立的因素构成。与常等人（2001）观点不同，我们认为礼物与贿赂之间没有灰色地带。与贿赂不同，送礼是为了维持友好关系，与优惠待遇无关。送礼行为既不表示滥用权力，也不表示反垄断或不诚实的行为和意图。如果一些礼物是在这样的心态下（这些条件完全满足）赠送的，那么它们确实是贿赂。

滥用职权、反垄断或不诚实的行为和意图构成了行贿和索贿的风气。它们与赠送礼物的风气无关，也就是说，与维持友好关系的目标无关。这就是为什么送礼和行贿者之间的界限从未模糊（反例：塔恩，2008）。泽科斯（2004：640）说，腐败在经济和社会生活中引入了新的道德规范。与其说它是一种道德规范，不如说它是一种社会风气。腐败在经济和社会生活中引入了新的道德考量。贿赂通过扭曲"我与你"关系（因为它变成了"我与它"连接：经验主义经验世界的首位），正在使世界失去人性。贿赂使得建立一个真实的社会成为不可能，有两个基本的原因：（1）索贿或行贿的前提是我们不遵守诚信的价值，从而不遵守它的附属价值，如诚实、真诚和真实；（2）索贿或行贿意味着忽视与他人一起寻求真理的任何尝试，即引入关于存在真理的真实对话。因此，贿赂扭曲了人际关系，使相互信任和理解消失。

从哲学的角度看待贿赂，意味着我们要对自己提出深刻的挑战。索贿或行贿是一种滥用权力的行为，表达了不诚实的行为和意图。布伯的哲学有助于我们把握问题的对话性方面。索贿或行贿只不过是创造这样一个世界的一种方式，在这个世界里，经验支配着人际关系。"我与它"的连接取代了"我与你"的关系。我们准备好生活在一个经验优先于人际关系的世界了吗？如果他人的利益受到威胁，我们愿意为他人成为"它"吗？如果我只是一个表象，一个他人经验的呈现，那么存在到底意味着什么呢？

雅斯贝尔斯的哲学使我们更加意识到真理是交流（因此没有真理本身）。虽然商业伙伴可以讨论贿赂，但没有最终的真相。真理意味着对他人观点的相互开放。布伯和雅斯贝尔斯在用哲学揭示贿赂方面成果丰富。这两种哲学揭示了不同的哲学影响：要么失去与经验主义经验的利益关系（布伯），要么失去作为交流的真理（雅斯贝尔斯）。这两种损失都深刻地影响着我们定义自己的方式，我们理解"未来意味着什么"的方式，以及我们界定理想世界的意义的方式。

⌄ 问题

1. 当我们试图强化我们的生活意义，从而强化我们的个人价值观和信仰时，我们如何主张真理是交流（雅斯贝尔斯）呢？

2. 如何在日常生活中实现作为"我"（布伯）的相互认知？

3. 你是否相信"你"（布伯）的神秘意味着我们对人的认识和爱是无法用理性来解释的？

4. 你是否同意贿赂不能促进世俗的和平，因为贿赂的受害者被视为客体？

| 参考文献 |

［1］ Abdulai, Abdul-Gafaru. 2009. Political will in combating corruption in developing and transition economies. A comparative study of Singapore, Hong Kong and Ghana. *Journal of Financial Crime* 16 (4)：387 – 417.

［2］ Acemoglu, Daron, and Thierry Verdier. 2000. The choice between market failures and corruption. *The American Economic Review* 90 (1)：194 – 211.

［3］ Arendt, Hannah. 2005. *Qu'est-ce que la philosophie de l'existence, suivi de L'existentialisme français*. Paris：Éditions Payot et Rivage.

［4］ Arrien. 2000. *Manuel d'Épictète*. Paris：Le livre de poche.

［5］ Avnon, Dan. 1993. The living center of Martin Buber's political theory. *Political Theory* 21 (1)：55 – 77.

［6］ Bailey, John, and Pablo Paras. 2006. Perceptions and attitudes about corruption and de-mocracy in Mexico. *Mexican Studies* 22 （1）: 57 – 81.

［7］ Baughn, Christopher, Mancy L. Bodie, Mark A. Buchanan, and Michael B. Bixby. 2009. Bribery in international business transactions. *Journal of Business Ethics* 92: 15 – 32.

［8］ Bayar, Güzin. 2005. The role of intermediaries in corruption. *Public Choice* 122: 277 – 298.

［9］ Berdiaeff, Nicolas. 1979. *De la destination de l'Homme. Essai d'éthique paradoxale.* Lau-sanne: L'Â ge d'Homme.

［10］ Bierstaker, James Lloyd. 2009. Differences in attitudes about fraud and corruption across cultures. Theory, examples, and recommendations. *Cross Cultural Management* 16 （3）: 241 – 250.

［11］ Brown, Ed., and Jonathan Cloke. 2006. The critical business of corruption. *Critical Perspectives on International Business* 2 （4）: 275 – 298.

［12］ Buber, Martin. 1958. What is common to all. *The Review of Metaphysics* 11 （3）: 359 – 379.

［13］ Buber, Martin. 1962. *Le problème de l'Homme.* Paris: Aubier/Montaigne.

［14］ Buber, Martin. 1968. *La vie en dialogue.* Paris: Éditions Montaigne.

［15］ Buber, Martin. 1975. *Between man and man.* New York: Macmillan Publishing Co.

［16］ Chang, Chan Sup, Nahn Joo Chang, and Barbara T. Freese. 2001. Offering gifts or of-fering bribes? Codes of ethics in South Korea. *Journal of Third World Studies* 18 （1）: 125 – 139.

［17］ Epictetus. 1991. *De la liberté.* Paris: Gallimard.

［18］ Etzioni, Amitai. 1999. Communitarian elements in select works of Martin Buber. *Journal of Value Inquiry* 33 （2）: 151 – 169.

［19］ Flakne, April N. 2002. Beyond banality and fatality: Arendt, Heidegger and Jaspers on political speech. *New German Critique* 86: 3 – 18.

［20］ Friedman, Maurice. 2001. Martin Buber and Mikhail Bakhtin: The dialogue of voices and the world that is spoken. *Religion and Literature* 33 （3）: 25 – 36.

［21］ Goethe, Johann-Wolfgang. 1964. *Faust.* Paris: Garnier-Flammarion.

［22］ Goorha, Prateek. 2000. Corruption: Theory and evidence through economies in transi-tion. *International Journal of Social Economics* 27 （12）: 1180 – 1204.

［23］ Gopinath, C. 2008. Recognizing and justifying private corruption. *Journal of Business Ethics* 82: 747 –754.

［24］ Gordon, Kathryn, and Maiko Miyake. 2001. Business approaches to combating bribery: A study of codes of conduct. *Journal of Business Ethics* 34（3 –4）: 161 –173.

［25］ Grunenberg, Antonia. 2007. Arendt, Heidegger, Jaspers: Thinking through the breach in tradition. *Social Research* 74（4）: 1003 –1028.

［26］ Heidegger, Martin. 1962. *Being and time.* New York: Harper & Row.

［27］ Heisig, James W. 2000. Non-I and Thou: Nishida, Buber, and the moral consequences of selfactualization. *Philosophy East and West* 50（2）: 179 –207.

［28］ Homer. 2009. *Odyssée.* Paris: Le livre de poche.

［29］ Hooker, John. 2009. Corruption from a cross-cultural perspective. *Cross Cultural Management* 16（3）: 251 –267.

［30］ Jaspers, Karl. 1953. *Raison et déraison de notre temps.* Paris: Desclée de Brouwer.

［31］ Jaspers, Karl. 1962. *Way to wisdom. An introduction to philosophy.* New Haven/London: Yale University Press.

［32］ Jaspers, Karl. 1963. *Autobiographie philosophique.* Aubier: Éditions Montaigne.

［33］ Jaspers, Karl. 1966a. *Introduction à la philosophie*, 10 –18. Paris: Le monde en.

［34］ Jaspers, Karl. 1966b. *Initiation à la méthode philosophique.* Paris: Petite bibliothèque Payot.

［35］ Jaspers, Karl. 1966c. *La situation spirituelle de notre époque.* Paris/Louvain: Desclée de Brouwer/E. Nauwelaerts.

［36］ Jaspers, Karl. 1969. *Philosophy*, vol. I. Chicago/London: The University of Chicago Press.

［37］ Jaspers, Karl. 1970a. *Philosophy*, vol. II. Chicago/London: The University of Chicago Press.

［38］ Jaspers, Karl. 1970b. *Essais philosophiques.* Paris: Petite bibliothèque Payot.

［39］ Jaspers, Karl. 2000. *Nietzsche. Introduction à sa philosophie.* Paris: Gallimard.

［40］ Jaspers, Karl. 2003. *Nietzsche et le christianisme, suivi de Raison et existence.* Paris: Bayard.

［41］ Jaspers, Karl. 2007. *La culpabilité allemande.* Paris: Éditions de Minuit.

［42］ Kant, Immanuel. 1965. *Critique of pure reason.* New York: St. Martin's Press.

［43］ Khalil, Fahad, Jacques Lawarrée, and Sungho Yun. 2010. Bribery versus extortion: Allowing the lesser of two evils. *RAND Journal of Economics* 41 (1): 179 – 198.

［44］ Kimuyu, Peter. 2007. Corruption, firm growth and export propensity in Kenya. *International Journal of Social Economics* 34 (3): 197 – 217.

［45］ Lumsden, Simon. 2000. Absolute difference and social ontology: Levinas face to face with Buber and Fichte. *Human Studies* 23 (3): 227 – 241.

［46］ Marcel, Gabriel. 1935. *Être et avoir*. Paris: Aubier/Montaigne.

［47］ Ng, David. 2006. The impact of corruption on financial markets. *Managerial Finance* 32 (10): 822 – 836.

［48］ Ngo, Tak-Wing. 2008. Rent-seeking and economic governance in the structural nexus of corruption in China. *Crime, Law and Social Change* 49: 27 – 44.

［49］ Nietzsche, Friedrich. 1982. *Le gai savoir*. Paris: Gallimard.

［50］ Nietzsche, Friedrich. 2000. *Première considération intempestive*. Paris: Éditions Mille et une nuits.

［51］ Okogbule, Nlerum S. 2006. An appraisal of the legal and institutional framework for combating corruption in Nigeria. *Journal of Financial Crime* 13 (1): 92 – 106.

［52］ Pacini, Carl, Judyth Swingen, and Hudson Rogers. 2002a. The OECD convention and bribery in international business transactions: Implications for auditors. *Managerial Auditing Journal* 17 (4): 205 – 215.

［53］ Pacini, Carl, Judyth A. Swingen, and Hudson Rogers. 2002b. The role of the OECD and EU Conventions in combating bribery of foreign public officials. *Journal of Business Ethics* 37 (4): 385 – 405.

［54］ Ricoeur, Paul. 1990. *Soi-même comme un autre*. Paris: Seuil.

［55］ Salbu, Steven R. 1997. Bribery in the global market: A critical analysis of the foreign corrupt practices act. *Washington and Lee Law Review* 54 (1): 229 – 287.

［56］ Salbu, Steven R. 2001. Transnational bribery: The big questions. *Northwestern Journal of International Law & Business* 21 (2): 435 – 470.

［57］ Sanyal, Rajib, and Turgut Guvenli. 2009. The propensity to bribe in international business: The relevance of cultural variables. *Cross Cultural Management* 16 (3): 287 – 300.

［58］ Schopenhauer, Arthur. 2009. *Le monde comme volonté et représentation*, vol. 1. Paris: Gallimard.

［59］ Shehu，Abdullahi Y. 2004. Combating corruption in Nigeria-Bliss or bluster? *Journal of Financial Crime* 12 （1）： 69 – 87.

［60］ Steidlmeier，P. 1999. Gift giving，bribery and corruption： Ethical management of business relationships in China. *Journal of Business Ethics* 20 （2）： 121 – 132.

［61］ Tian，Qing. 2008. Perception of business bribery in China： The impact of moral philosophy. *Journal of Business Ethics* 80： 437 – 445.

［62］ Turow，Scott. 1985. What's wrong with bribery. *Journal of Business Ethics* 4： 249 – 251.

［63］ Waldman，Joseph. 1974. Overseas corruption of business – A philosophical perspective. *Business and Society* 15 （1）： 12 – 17.

［64］ Walters，Gregory J. 1988. Karl Jaspers on the role of conversion in the nuclear age. *Journal of the American Academy of Religion* 56 （2）： 229 – 256.

［65］ Werner，Cynthia. 2000. Gifts，bribes， and development in Post-Soviet Kazakhstan. *Human Organization* 59 （1）： 11 – 22.

［66］ Wood，Robert E. 1999. The dialogical principle and the mystery of being： The enduring relevance of Martin Buber and Gabriel Marcel. *International Journal for Philosophy of Religion* 45 （2）： 83 – 97.

［67］ Wu，Xun. 2009. Determinants of bribery in Asian firms： Evidence from the World Business Environment Survey. *Journal of Business Ethics* 87： 75 – 88.

［68］ Zekos，Georgios I. 2004. Ethics versus corruption in globalization. *Journal of Management Development* 23 （7）： 631 – 647.

第五章

海德格尔和马塞尔的技术观：
网络犯罪的哲学挑战

■5.1　前言

在 20 世纪中期，有两位哲学家深刻地影响了我们理解技术的方式：马丁·海德格尔和加布里埃尔·马塞尔。海德格尔关注存在范畴，而马塞尔则强调技术对人类（存在）的深刻影响。海德格尔定义的是一种"本质哲学"，而马塞尔则在发展一种"哲学人类学"，从而发展出一种"存在哲学"。

海德格尔建议用"是与否"的态度来评判技术：一方面，我们应该使用技术而不依附于技术（即技术应被视为纯粹的手段）；另一方面，我们绝不能让技术主宰我们，或将其视为绝对的真理（一种保护我们的存在）（海德格尔，2008a：145）。我们必须明晰我们需在多大程度上符合技术的本质。我们必须审视这种一致性，以判断其在多大程度上意味着人类更自由的存在（海德格尔，2008b：75）。技术正在逐步地把人看作主体，把世界看作客体（海德格尔，2009：349）。

根据马塞尔（1951：18－19，33，59）的研究，人类正在死亡。人类现在极有可能毁灭人类自身，如核弹以及一些愚智的技术（在极权国家中使用）。马塞尔说，目前西方社会的危机❶是非常形而上学的。人类现在有集体自我毁灭的力量（人类物种的自杀）。核弹只不过是人类自我毁灭潜力的象征（马塞尔，1951：171）。然而，正如克鲁克斯（1987：230－234）所

---

❶　根据哈贝马斯（2012）的观点，当我们把一个既定的过程（无论是社会、政治、经济、文化还是宗教）视为一场危机时，我们就给了危机本身一个规范性的意义：解决危机被视为释放受害者的基本手段（Jürgen Habermas，*Raison et légitimit. Problèmes de légitimation dans le capitalisme avancé*，Paris，Petite bibliothèque Payot，2012，p. 12）。

说，根据马塞尔的说法，哲学家的基本任务是"永远不要进入政治的世界"。马塞尔认为哲学思考的领域是精神领域（神秘的领域：自我存在的现实），而不是技术领域（待解决问题的领域：我们眼前的问题）。技术可能会给人类带来非常糟糕的影响（如战争）。但社会弊病的真正根源是对神秘（即精神领域）的抛弃。根据马塞尔的观点，我们当前的（集体的）危机之所以是形而上的，是因为形而上正在解蔽不安。而不安意味着我们不确定自我的中心在哪里。接着，我们寻找内部平衡，而这种平衡意味着将自我的一部分从自我的整体中分离出来，从而使我们自我瓦解（马塞尔，1961：30 - 31）。根据马塞尔（1955：84）的观点，不安是每一个进步的基本条件，甚至是真实的创造的基本条件，因为真实是人类生存且有限的条件。不安是人类的基本趋势，只要它允许自己是一个存在的旅行者。如果没有不安，人类将沉浸在技术官僚的理想中，并将逐渐死亡（马塞尔，1955：187）。

当我们试图把握网络犯罪的各个维度和影响时，我们将看到海德格尔和马塞尔关于技术的观点在多大程度上是有帮助的。若不解蔽出人类与他的技术工具越来越紧密地联系在一起的方式，我们就不可能从哲学的角度来理解网络犯罪现象。在海德格尔看来，我们对技术手段的使用使我们否定了存在的有限性。根据马塞尔的说法，我们正在成为技术工具的奴隶（但我们并不如此定义我们自己）。

5.2 海德格尔的技术本质观

在《关于技术的问题》一书中，海德格尔（1977：3 - 6）指出质疑建立了一种思维方式，"质疑是思想的虔诚❶"（海德格尔，1977：35），这

---

❶ 在《宗教生活的现象学》（2012：373）一书中，海德格尔似乎很清楚施莱尔马赫对虔诚的概念：虔诚是"所有教会宗教聚会的基础，应被视为纯粹的本身，既不是先知，也不是一个行为，而是一个对宗教情怀或即时自我意识的修正"（Friedrich Schleiermacher, *The Christian Faith*, Edinburgh：T & T Clark, 1986, p. 5）。

是一种把握和塑造现实的方式。"此在"是一种实体，它将询问（质疑）作为存在的可能性之一（海德格尔，1962：27）。质疑技术为发现技术的本质开辟了道路。它使我们能够在使用技术时保持自由。技术的本质不是技术性❶（海德格尔，2008a：320；2010：93）。它并不能完全涵盖我们制造和使用器物、工具和机器的方式。我们可以从工具的角度（作为达到目的的手段）和人类学的角度（人类通过使用技术作为手段来定义自己）来定义技术。根据海德格尔的观点，技术的工具定义（以及它反映特定人类的方式，即它的人类学效应）实际上隐藏了技术的本质。虽然海德格尔在他的《存在与时间》一书中采用了这样的人类中心主义原则——"自然是一个在现实世界中遇到的实体"（海德格尔，1962：92）——但我们绝不能得出海德格尔的观点是纯粹以人类为中心的结论。继尼采之后（尽管是以不那么令人信服的方式），海德格尔采用了一种非人类中心的方法来表述非人类生物以及自然（齐默尔曼，1983）。海德格尔关注人类与一切"所是之物"和谐相处的需要，以及从人类必须死亡的否定中解脱出来的需要（海德格尔，1971：100 - 102；1973：190）。自然不应再被认为是可供人类使用的自然资源的储藏库（海德格尔，1962：100；1966：50）。继尼采之后（特别是在《查拉图斯特拉如是说》中），海德格尔强调了让生物圈成为"它是什么"的必要性。海德格尔批评技术使自然服从于它自己的目的。自然总是作为技术的客体出现（海德格尔，1977：100）。这显然是一种非人类中心的自然观（海德格尔，1971：182）。

根据海德格尔（1977：12 - 19）的观点，技术并不等同于技术工具。技术的本质是解蔽现实。因此，它与真理本身紧密相连。此在（现世存在）在真理中（海德格尔，1962：263）。真理是存在的，因为它是存在于世界的构成（海德格尔，1962：343）。根据海德格尔的观点，存在只能在一个世界维度内是它自己（海德格尔，1967：72）。我们不能接近真实的

---

❶ 在《同一与差异》（1957）中，海德格尔说，我们应该倾听存在的诉求，它涉及技术的本质（*Questions I et II*，268，275）。海德格尔甚至主张，我们既不能把技术世界解释为魔鬼的工作，也不能摧毁这样的世界，除非技术世界被自身毁灭。这是对人类未来和保护地球需求的一个非常强烈的警告。

自己（海德格尔，1967：79）。海德格尔从本体论的角度解读了奥古斯丁的自我观（海德格尔，1962：69）。正如奥古斯丁（1964：219）所说，非我之物离我很远。我应该非常接近我自己。然而，对我自己来说，我正在变成一个充满麻烦和无尽汗水的地方。存在之于世界等同于存在之于自我，即"此在"中的"谁"（海德格尔，1962：169）。海德格尔是在修正奥古斯丁的存在主义观点。坎贝尔（2007：142）准确地指出，海德格尔在通过这种方式解蔽出人类理解自身与世界之间关系的重要性。正如伯蒂耶夫（1936：56-57）所说，海德格尔式的"在世存有"意味着存在于困境，即被置于现实之中。人的本质是人自身的存在。海德格尔所关注的环境显然是离我们最近的环境。其他的都可以被理解为一个现成的环境：器物都是现实存在的，也就是说，可便于操作和使用（海德格尔，1962：135）。器物基本上是一些技术载体，即都是"为了某种目的而制造"。任何器物的存在，如果不考虑其所属器物的总体，就无法解蔽其本质。器物总是属于器物的整体。（例如，一个房间不过是其使用或观察到的客体的集合。）正如布朗和莱特福特（1998：298）所说，尽管事物可以被视为现成的（如把大自然视为现成的），但我们遇到更多的是既有的事物（如我们使用的东西）。器物在我们的存在和我们理解现实的方式中起着重要的作用。但这并不意味着技术应该决定"我们是谁"。

与康德（1965：97）不同，海德格尔（1962：258）并不把真理理解为"知识与目标的一致"。海德格尔认为这种真理的概念太过笼统和空洞。每一种"一致"（关于知识的对象）都是一种关系。然而，每一种关系并不一定是关于知识对象的一致。在这一方面，海德格尔（1962：108）赞同胡塞尔（2001：38-59）的意见，认为关系是"一种形式的东西，它可以通过形式化的方式直接从任何一种环境中读出，无论它的主题是什么或它的存在方式是什么"。采取胡塞尔式的研究进路，海德格尔（2012：100）相信每一个陈述都在评述事物的同时也在解蔽着它的对象。真理使假定成为可能。我们必须假定真理，因为"此在"必须存在。前提是将某物理解为给定实体存在的基础。假定真理就是将真理理解为"为了'此在'而存在的东西"。此在具有可展开（disclosedness）属性（海德格尔，

1962：270 – 271）。"此在"就是它自身的解蔽者（海德格尔，1962：171）。根据海德格尔（1962：186 – 187）的观点，透明性意味着我们拥有自我的知识，即我们"抓住了'在世存有'的所有构成要素中对它至关重要的全部解蔽方法，并带着理解这样做"。技术是一种解蔽方式。至于现代技术，解蔽意味着挑战，即面对技术必须统治所有的自然生物和生态系统这一不合理❶的期许。就本质而言，现代技术需要解蔽（或建构）的是人类对自然资源的不合理要求。对现代技术本质的解蔽实际上有着许多相互关联的途径。万物皆是路（海德格尔，1994：183）。必须对某些事物进行严格监管，以确保一切安全。这种具有挑战性的解蔽具有调节和保护的特点。一切都水到渠成。一切事物都有其自身的存在方式，海德格尔称之为"储备"❷（standing – reserve）。储备并非一种与人对抗的实物。我们所称的现实正显示出其自身的保守性。那么，我们应该如何看待机器呢？

　　　　一种技术化的态度……表现出一种无限的欲望去把握和控制。我们
　　应该放弃这种无限的妄想，服从于这个世界的本来面目，而不是简单地
　　将它们作为我们的项目和知识系统的潜在储备（怀特，1990：85 –86）。

　　根据海德格尔的观点，如果我们从储备角度来思考机器，那么它们并不是真正的自治。他们把"我决定"变为了"我接受"。❸ 人是不能在储

---

　　❶　自从"上帝之死"（尼采）以来，原子时代已经改变了我们看待现实的方式（海德格尔，2008b：221、254 – 260）。一切事物都是经过计算的，因此与理性原则紧密相连。现代科技正朝着最大的完美迈进，似乎它真的可以达到完美。这种完美在于将所有对象作为现实的组成部分进行计算的可能性。我们可以计算每一个对象的前提解蔽了一个先验的信念：理性的原则被认为是普遍有效的。海德格尔说，理性原则的支配实际上是技术（原子）时代的特征。海德格尔提出了以下问题：一个以原子能及其释放为特征的历史时代意味着什么？在海德格尔看来，原子时代是受强大的充分理性原则支配的。人类总是在寻找安全。海德格尔说，这正是原子时代人类理性的含义。

　　❷　马和布雷克尔（2006：523）将储备定义为"随时准备应对技术需求的可计算资源"。温伯格（1992：113）称其为"被操纵的东西"，而弗尔兹（1984：329）则称其为"有待进一步处理的库存资源"。这些定义实际上共同解蔽了海德格尔的"储备"的概念。

　　❸　在《世界图像时代》一文中，海德格尔对机器技术的定义如下："机器技术本身是实践的一种自发的转变，这种转变首先要求应用数学物理科学。机器技术至今仍是现代技术本质的最明显的产物，它与现代形而上学的本质是一致的。"（Martin Heidegger 1977. *The Question Concerning Technology and Other Essays*. New York：Harper and Row，p. 116）

备中重塑的。与其他自然生物不同的是，人类在指示他物体完成需求的过程中受到挑战。人类正在推动技术进步。他通过这种方式定义真实（一种解蔽现实的方式）。现代技术的本质并没有在人类的实际行为中得以映射。这一挑战意味着，考虑到实体展现自身的方式，要将现实作为储备来定义。正如弗尔兹（1984：327）所说，技术需要对真理有一个特定的理解，从而决定真理在我们这个时代的意义，因为技术"定义了实体可以被揭露或被解蔽的卓越方式，如实体的存在可以被遇见的方式"。科因（1994：67）甚至断言，对于海德格尔来说，技术正在定义"我们是谁"，以及我们与自己的关系（海德格尔，1969：34–35）。

根据海德格尔（1977：20–28）的观点，"架构"是现代科技的本质。它意味着集所有的假定方式于一体，即所有的限定表达（解蔽人类）。架构是给所有生命一个架构（科拉布－卡尔波维奇，2007：309）。布朗和莱特福特（1998：300）将架构定义为"一种解蔽的方式，它将所解蔽的信息聚集在一起，并将其排序到预先安排好的计算空间中"。因此，人类生存的根本挑战在于解蔽真实，并将其作为一种储备力量。这种设定使人类处于一种通过对现实进行排序的过程来解蔽真实存在的位置。人是站在架构内的。人类活动总是受到来自架构的挑战。架构意味着对现代技术的本质的表达，而与技术领域（仪器、工具和器物）无关。工具性的技术定义和人类学的技术定义都没有反映技术的本质。有关技术的定义无须考虑架构的挑战。架构是现实（自然❶）显示其自身作为一种"储备"的方式。在海德格尔看来，架构❷化是对现实秩序的挑战。架构是解蔽的预设。解蔽规定了预设。人类的自由也是预设的领域，意味着一种解蔽。我们不能

---

❶ 在《尼采的话》一文中，海德格尔说意识的本质是自我意识。事物或者是主体（人类）的客体（生态系统），或者是主体（人类）的主体（某些非人类）。自然作为技术的对象无处不在（Martin Heidegger. 1977. *The Question Concerning Technology and Other Essays*. New York：Harper and Row，p. 100）。

❷ 德语原文为"Gestell"，海德格尔在此做了一个词语游戏，意在显示德语前缀"ge"具有"聚集"之义："山脉"（Gebirg）是"群山"（Berge）的聚集；"性情"（Gemüt）是"情绪"（zumute）的聚集；"集－置"（Ge－stell）是形形色色的"摆置"（Stellen）活动的聚集。"集－置"（Ge－stell）一词是海德格尔对德语中"Gestell"（框架、底座、骨架）一词的特定用法，是他对技术之本质的规定。英译者将其译为 Enframing. ——译者注。

把人的自由排除在"此在"之外。自由总是解蔽出人类存在的一些关键问题。解蔽的预设总是危险的。当人类成为"储备"的定义者时，他就可以认为自己是"储备"（布朗，莱特福特，1998：300）。然而，当一个人成为储备的时候，他就把自己看成"大地之主"（或"众生之主"）。"大地之主"的比喻是指人类认为其在现实中遇到的一切事物，如果不是他自己的造物或构念，就不可能存在。海德格尔随即批判任何以人类为中心的自然观。在海德格尔看来，具有挑战性的架构是一种通过人类存在来解蔽现实的潜在方式。正如坎贝尔（2003：48）所言，海德格尔认为，人类应该少些控制，"通过使用苏格拉底之前的哲学家和诗人，如'荷尔德林'❶，来阐明世界，使'存在'的意义得到解决"。海德格尔（1967：46－47）解释了梵高的《一双鞋》（1887）如何反映存在。当海德格尔（1994：19－37）审视特拉克的诗歌（如《冬夜》）时，他和柏拉图（2011a：577）一样认为诗人不过是被遗忘的神的阐释者（海德格尔，1994：115）。海德格尔（1994：48）认为，注视某物只不过是进入了无声的领域（布里托，1999：105－113，204－210）。这正是但丁（2010：454－462）看待圣诗的两种基本方式：（1）天堂是神圣的诗歌，在尘世的经验和神圣的科

---

❶ 根据海德格尔（2006b：35）的观点，只有人类是存在的。岩石、树木、天使和上帝都是"在"，但并不存在，因为它们既不受制于存在的有限性，也没有意识到存在的有限性。根据海德格尔（2001：45）的观点，人类是一切"所是之物"的见证：人类正在解蔽和谴责一切"所是之物"。诗歌使语言成为可能，是最危险的（颠覆性的）作品（Martin Heidegger, *Approches de Hölderlin*, Paris: Gallimard, 2001, p. 45－55）。人类知道他的家（地球）。但是，荷尔德林说："上帝的儿子们（那些模仿上帝美德的人）不知道他们要去哪里。"他们已经失去了他们命运的意义。根据荷尔德林的观点，人是生而自由的，因此整个人类的存在都是自由的。人类是自由的存在（Johan Christian Friedrich Hölderlin, *Odes*, *Élégies*, *Hymnes*, Paris, Gallimard, 2008, p. 130－137）。从最初的哲学家（尤其是希腊哲学家）开始，存在的意义就一直存在于每一个哲学思考之中。自19世纪以来，"存在"浸渍在每个人类活动和艺术创作中，包括文学（如陀思妥耶夫斯基的《卡拉马佐夫兄弟》）、诗歌（如波德莱尔的《恶之花》）和建筑（如罗斯金的《威尼斯之石》，1853）。海德格尔（1967：46－47）解释了梵高的《一双鞋》（1887）是如何反映存在性的。海德格尔（1994：19－37）研究了特拉克的诗歌（如《冬夜》），他和柏拉图一样，揭示了诗人只不过是被遗忘的神的阐释者（海德格尔，1994：115）。根据海德格尔（1994：48）的观点，观察事物只不过是进入了不言而喻或未说的领域（布里托，1999：105－113，204－210）。这正是但丁（2010：454，462）看待神圣诗歌的两种基本方式：（1）天堂是神圣的诗歌，在尘世的经验和神圣的科学之间有一个基本的联系（但丁，2010：454，462）；（2）他作为作家的自我认知反映了他的信念，即他所写的是神圣的事情（但丁，2010：388）。

学之间有一个基本的联系（但丁，2010：454，462）；（2）他作为作家的自我认知反映了他的信念，即他写的是神圣的事情（但丁，2010：388）。人类总是在一切"所是之物"中遭遇自己。通过现代技术，人类不再遇见自我：他不再将架构解释为权利要求；他并没有以一种解蔽他本质的方式正视现实或倾听其他实体。而倾听是"此在"与他人同在的基本方式（海德格尔，1962：206）。

在"此在"中，本质与存在是同一的（阿伦特，2005：57）。架构危及人类与其自身以及"在世存有"（现实）的关系。架构的调节和保护功能（涉及"储备"的世间万物）是无效的。架构隐藏于解蔽之后，而解蔽使一切"所是之物"均浮出水面。具有挑战性的架构隐藏了解蔽，从而阻碍真相被解蔽。危险的是，人们常将技术的本质视为解蔽的目的，如此一来，架构的意义可能被扭曲。当架构（作为技术的本质）起主导作用时，人类可能会受到这种扭曲的威胁。根据海德格尔（1977：29-33）的观点，架构是一种解蔽现实的方式。这是一种特定的天命：它是对人类的挑战。作为解蔽的天命，架构即技术的本质。一切实现本质的东西都是持久的。架构是永恒的。身处科技时代意味着要意识到人类并不是万物的创造者。如果不遵从各种决定论，我就不能成为"我是谁"。作为天命的安排，架构是终极的危险：它危及人类存在的方式，以及解蔽的每一种模式。这样的天命被认为是一种恩赐：它具有拯救的力量。而架构的终极危险即在于使人远离秩序，使人有可能放弃自由。换言之，架构的终极危险在于将天命作为一种拯救的力量。最后，架构所危害的是我们与真理本质的关系。自由源于真理的原始本质（海德格尔，2006b：188-189）。真理本质上属于"此在"的构成（海德格尔，1962：269）。呈现在科技面前可能会威胁到解蔽，因为各种各样的解蔽可能会陷入对现实进行排序的过程中。然后，所有的一切都将以储备的形式出现。架构的出现是终极的危险（海德格尔，1977：41-42）。

如果不讨论时间性问题，我们就无法处理架构问题。架构意味着存在即在场（presence）。正如康德（1965：209）所言，时间是不能被感知的：一般而言，"在时间中"存在的对象只能通过它们与时间的关系存在。存在的对象只有通过"先验"概念才能"及时"存在。海德格尔（1962：

485）同意时间不能被我们自己掌握。他相信灵魂会及时出现。海德格尔明确承认黑格尔的历史哲学影响了他对时间哲学化的方式（黑格尔，1965：70）。任何本体论❶的核心问题都是以时间为基础的（海德格尔，1962：40）。在海德格尔看来，存在是在场的派生（格罗丁，2011：27）。存在即在场，如"有"（"having"）（海德格尔，1979：296）。实体被理解为存在（海德格尔，1962：47）。存在先于任何（现状）实体❷（海德格尔，1979：296；1973：52）。存在只能通过时间来理解。存在的在场反映的是在场的静止状态。因此，时间性基本上是静止的（1962：380）。正如格罗丁（2011：46）所说，瞬间就是当下。当下正在解蔽存在。柏拉图（2011b：1128）认为，诸如"它是"或"它成为"这样的断言，实际上意味着它参与了当下（巴门尼德斯，141e）。海德格尔遵循希腊本体论❸

---

❶ 根据海德格尔（1962：61–62）的观点，现象学是实体存在的科学，但前提是我们要考虑它的主题。现象实际上构成了实体的存在。本体论和现象学并不是两个截然不同的哲学领域。相反，海德格尔将哲学定义为"普遍现象学的本体论"。现象学展示的是一个实体，"当它在自身中显现时"（海德格尔，1962：59）。根据海德格尔（1962：60）的观点，唯现象学是本体论的可能。每一种哲学的出发点都是解释"此在"。因此，海德格尔（1962：31）在实证科学的本体论研究之外，还讨论了本体论。本体"如果在对实体的存在研究中不讨论存在的一般意义，那么探究就仍然是幼稚和不透明的"。在任何解蔽存在的尝试中，对实体的分析都只不过是第一步（海德格尔，1962：95）。实体自始至终就是被使用或生产的东西。从现象学的观点来看，我们的理解必须关注存在而非实体。

❷ "此在"在本体上是不同的（海德格尔，1962：32）。"此在"的存在本体论属前本体论范畴；它的意思是"以这样一种方式，一个人对存在有了理解"（海德格尔，1962：35）。海德格尔注重对存在前本体论的理解。因此，他给出了理解他的存在论的方法："当一种存在论提出实体的'存在'本质不同于'此在'的本质时，它是有其自身基础与动机的，这种基础与动机存在于此在自有的'实际存在'的结构中。在这个结构中，对'存在'的前本体论的理解是由一个明确的特征组成的。"（海德格尔，1962：33）根据海德格尔（1962：195）的观点，理解是"此在"存在的潜力。正如格罗丁（2006：40）所说，解释的循环意味着任何解释都是基于先前的解释。解释的循环是存在的一个组成部分。它属于意义结构（海德格尔，1962：195）。

❸ 海德格尔知道希腊本体论是如何被扭曲的，以至于存在的意义被忽视或遗忘："希腊本体论及其历史证明了，即便经历了无数次的阻挠和歪曲，'此在'还是在理解其自身或其普遍性时确定了其哲学的概念特征，在世界意义上，它这样做的后果便是由此产生的本体论已经退化为一种传统，在这种传统中，它被简化为一些显而易见的东西，如黑格尔所言，仅仅是一些需要重新加工的材料。……如果存在的问题是明晰其历史，那么这种根深蒂固的传统就必须放开，它所造成的隐晦就必须消除。我们把这个任务理解为通过以存在的问题为线索，摧毁古代本体论的传统内容，直到我们到达那些原始的经验，在那里我们获得了决定存在本质的第一种方法。"（海德格尔，1962：43–44）。达斯图尔（1990：37）认为存在的问题必须明确地重申（正如在《存在与时间》的第一节中所说），即以更激进的方式提出同样的问题。

（柏拉图），解蔽了存在即在场。"存在"本身并不会危及"存在的真理"，而这种误解才是最危险的一面（海德格尔，1977：36－49）。存在本身是终极的危险：它是"所有存在的无场所的居所"（海德格尔，1977：43）。通过这样的在场，存在本身被解蔽（海德格尔，1971：151）。架构是存在本身在场的命运。架构是存在本身在场的方式之一。这种命运正在改变。命运即存在本身的命运。存在成为在场是宿命使然。因此，它的命运模式正在改变。适应周围的条件因素意味着各种变化模式。存在本身可以有不同的方式来形成架构。如果技术的本质（其将自身视为危险）就是存在本身，那么技术永远不会完全由人类控制（科拉布－卡尔波维奇，2007：309）。技术的本质就是存在本身。因此，技术将永远不允许被人类所掌握。否则，人类将成为存在的主人。相反，海德格尔（1964：77，109）将人定义为"存在的牧者"（而不是实体的主人）。如蒂勒（1994：285）所说，人类不是自然（非人类）生物和生态系统的守护者（反例：齐默尔曼，1994：112）。相反，"存在的牧者"是存在的守护者。它并不关心究竟是何种存在。"存在的牧者"并不具有一种本体意义（实体），而是从一种本体论意义上而言的（海德格尔，1971：184）。架构掩饰了我们在事物中发现的"世界的接近性"。对现实（储备）进行排序的过程属于架构，但它显示的东西似乎是不真实的。于是，存在的真相就会被否定。作为技术的本质，存在本身已经适应了作为技术出现的架构。技术永远不会被人类所征服。技术的出现将把它还原为隐藏的真相。这种对存在命运本身的还原超越，与技术的本质有着密切的联系。人类应该对技术的本质保持开放的态度。审视技术的本质使得世界的在场成为可能，也使得世界的存在成为可能。正如舍勒（1970：37）所说，人类应该对世界开放，从而摆脱环境的束缚。因此，技术的本质应该使我们真正对世界开放，这样我们就永远不会成为技术工具或环境的奴隶。我们正在成为技术工具的奴隶，这使得我们很难发现"我们是谁"。正如舍勒（1970）和海德格尔（1979：266）所言，我们的时代特征是我们不知道"我们是谁"。

　　如蒂勒（1997：503－504）所言，海德格尔并不把技术看作机器和工具的发展，而是"在有效利用的命令下所构建的世界架构"。海德格尔并没有从一个本体视角（机器和工具）来看待技术，而是从一个本体论的角度（将世界架构视为无物）来看待技术。正如蒂勒（1997：505）所言，海德格尔遇到的问题是，人类正在把自己变成技术力量和过程的简单延伸。根据海德格尔的观点，技术已经变得如此普遍，以至于没有一种生命形式不受其支配（科拉布－卡尔波维奇，2007：304）。我们必须克服人类中心主义的自然观（将万物视为满足人类的需求和欲望的存在）以及非人类观（它们的价值是通过人类的参数来衡量的：参见普罗塔哥拉❶）。尼采谴责人类中心主义的人类观（作为"有价值的动物"）（尼采，1968：506）。

正如齐默尔曼（1983：102）所言，海德格尔描述的是一种非人类中心主义的人类与自然观：

> 海德格尔认为，当前对存在的技术解蔽尤其具有限制性，因为它使存在只表现为供人类使用的对象。虽然人类对存在的体验不可能超出语言的语境和局限，但语言并不能将存在添加到存在之中，相反，语言和传统为存在提供了表现自我的空间，尽管有时是以受限的方式。这就是今天的情况，人类把自己提升到世界统治者的地位，并使用语言作为工具来开发一切。让存在表现出他们本来的面目是我们的义务，若我们忽视这一义务，我们就超越了我们自己适当的界限，尝试了不可能的事情：对自然的技术统治。在海德格尔看来，只有人类才是傲慢的（齐默尔曼，1983：103－104）。

齐默尔曼（1983）认为海德格尔的道德观隐含着一种精神（ethos），即对一切存在的深刻理解和尊重。精神是指体验存在的真实方式。真正的精神研究是在本体论而不是伦理学中实现的。因此，真正的技术是指一种理解和解蔽存在的真实方式（齐默尔曼，1983：107－109）。根据克鲁（2009：24）的观点，海德格尔关于真实的概念解蔽了"此在"尊严的来源：当我们远离自我欺骗时，我们是真实的。没有人类的语言和存在，就不可能解蔽存在。只有人类才真正了解事物的本质。因此，如果他们的经

---

❶ 在《提阿特图斯》中，柏拉图揭示了普罗塔哥拉的人类中心主义原则：Plato. 1987. *The-aetetus Sophist*. Cambridge/London：Harvard University Press/William Heinemann Ltd，p. 41（152a）.

验不是通过人类的语言和存在来调节的，那么非人类就不能产生存在的解蔽。人类能够看到他们的存在（布利茨，2000：170；海德格尔，1973：41）。语言是"此在"的基本组成（海德格尔，1973：51）。它解蔽了实体（海德格尔，1973：46－47）。人类是语言中的存在（海德格尔，1962：208）。根据扎科特（1990）的观点，海德格尔将语言理解为感知世界的基本条件。没有语言，人类就无法对事物或现象及其相互联系有任何精确的认识。说话也是一种存在，是人类存在的组成部分（海德格尔，2013：33）。海德格尔的人类存在观（根植于语言）接近于亚里士多德关于人类语言的观点（扎科特，1990：59－60；亚里士多德，1980）。非人类在整个人类存在过程中都在解蔽自己。海德格尔似乎采取了一种非人类中心主义的自然观，因为他谴责了"自然之主"的人类中心主义态度。然而，他看待非人类的方式仍然是矛盾的。与尼采不同，海德格尔相信只有人类才能感知现实。与尼采不同的是，海德格尔没有接受批判各种以人类为中心的认识论信仰的深刻挑战。尼采的非人类中心主义比海德格尔对非人类的哲学态度要激进得多。但是，海德格尔仍然相信我们必须尊重他们，因为他们就是"他们是谁"（齐默尔曼，1983：122）。弗朗西斯和希尔德加德对非人类也有类似的态度，尽管他们对生物的非人类中心观有着很深的神学基础（上帝创造了所有的生物，并令其成为兄弟）。

只有人类才有自由，因为只有人类才有语言（沙洛，1998：152）。语言是存在的真理之屋（海德格尔，1964：43）。海德格尔的语言观暗示了语言的本质是解蔽世界（怀特，1990：94）。它是一种定义人类存在性的能力。作为解蔽世界的工具，语言意味着自由。

> 海德格尔以最清晰的方式，解读了人类的自由，无论它多么难以把握。……真正的自由是我们把存在从隐藏中带出来的自由（是我们走向存在的自由），是维护存在并保证其实现的自由（布利茨，2000：183）。

因此，自由为人类提供了超越非人类的本体论优先权（蒂勒，1994，286）。根据达尔迈尔（1984：220）的观点，人类是一种自由的可能性。

自由不是人类的财产。人类是自由的。正如沙洛（1998：148）所说，人类可以是自由的保护者，也可以是自由的施主。然而，自然并不是满足人类需求和欲望的手段。海德格尔的悖论视角是不言而喻的。海德格尔强调真正的技术，因此强调与自然的非人类中心的关系。但与此同时，人在自然的顶端。根据塞勒姆－怀斯曼（2003：537－538）的观点，"此在"存在的方式以理解"它意味着什么"为特征。"此在"实际上解释了它所生活的世界。"此在"是一种自我解释的存在。这正是海德格尔（1962：67）关于"此在"的观点："'此在'的本质在于其存在。"

　　海德格尔清楚地看到笛卡尔无法分析"内在"（inhood）（"在"是什么意思？）。笛卡尔关注的是实体。在他的《第六沉思》中，笛卡尔（1979）明确表示他在讨论人作为实体的本质（海德格尔，1962：131）。根据海德格尔的观点，笛卡尔因此无法发展出任何"'此在'的原始本体论的问题"。于是，世界的现象和内在的意义变得难以理解。这就是为什么蒂利希（1952：131）断言笛卡尔有反存在主义的偏见。如海德格尔（1962：778－79）所言，"在世存有"包含三种结构：（1）在世界中——我们需要深化世界的本体论结构，从而了解世界究竟意味着什么。世界是"此在"的一种特征，因此是一种存在（海德格尔，1962：92）。（2）实体——以实体的存在方式存在于世界的实体。（3）存在——与尼采不同，海德格尔关注的是"内在"的构成方式。现存的是一个实体。实体生活在一个给定的世界中。实体和世界必须被定义。然而，"在世存有"最重要的方面是"内在"的意义。什么才是存在于内（Being－in）的含义？海德格尔（1962：80）认为德语"innan"一词包含两个元素："in"（住所）和"an"（我熟悉的东西）。所以，"在世存有"并不是指一个特定的位置（轨迹）。这里所说的世界是我们可以生活的地方（海德格尔，2012：21）。存在就是栖居（海德格尔，1980a：173，192）。"此在"栖居在一个它所熟悉的世界里。根据海德格尔（1962：246）的观点，现实只能被在世界内的实体所获得，即"此在"是"在世存有"（因此，海德格尔排除了动物可以有语言，可以参与世界）。哪里有语言，哪里就有世界（海德格尔，1973：48）。然而，"此在"作为"在世存有"可以被世界吸收（与世界一起）。我们并不总是沉浸在自己的世界里。有时，我们与其他实体的关系使得我们不可能与其他实体在一起。

> 一个现世在手（present-at-hand）的实体能被另一个实体所解释的前提是后者以其自身的本性存在——即伴随着现世在手的实体的存在（此在），有另一个来自类似世界的实体存在，通过感知这个类似世界的实体，我们可以感知现世在手的实体。若两个实体都是现世在手的实体且不分立于两个世界，那么他们是无法相互解释的，也无法相互依存（海德格尔，1962：81-82）。

海德格尔（1962：247）不同意康德对于我的存在的"自我意识"原则。

> 通过内在经验，我意识到我在时间里的存在（因此也意识到它在时间里的确定性），而这不仅仅是意识到我的表象。它与我的存在的经验意识是相同的，我的存在只能通过与我的存在相联系的、在我之外的某物的关系来确定。我在时间中存在的这种意识，与除我之外的某种事物的关系的意识是一致的，因此，将这种外在的事物与我的内在感觉不可分割地联系在一起的，是经验而不是发明，是感觉而不是想象（康德，1965：34-35）。

康德的"我的存在意识"是"现世在手"的，正如笛卡尔（海德格尔，1962：366）所描述的那样。根据海德格尔（1962：248）的观点，康德证明了变化的实体和永久的实体是同时"现世在手"的。然而，主体和客体实际上并不一起"现世在手"。"物质的和精神的'现世在手'与'在世存有'的现象在本体和本体论上是完全不同的。"（海德格尔，1962：248）从本体论上定义"我"为主体意味着我们把"我"看作"现世在手"的存在（海德格尔，1962：367）。根据海德格尔（1962：84-85）的观点，存在并非一种"此在"可以拥有或失去的财产。没有"此在"作为"在世存有"，我们就不能与世界有任何关系。但是，我们可能对我们的世界有一种真实的或不真实的关系（海德格尔，1962：186）。不真实到底是什么意思？我们的理解可能是真实的，也可能是不真实的。在这两种情况下，它都源于我们的自我存在。不真实的生命并不意味着"此在"切断了自身与自身的联系，从而只理解世界。在这种情况下，世界上将不再有任何"在世存有"，因为自我将与它所属的世界隔绝。世界仍然属于"在世存有"，不管对自我或世界的理解是真实的（接受自己存在的有限性），还是不真实的（拒绝一个人存在的有限性）。沉浸在这个世界中意味着我们正在孤立这个世界和自我。关注自我使世界与作为自我的我们分离。不真实的理解使一种或另一种专注的方式成为可能，从而使本体的扭曲成为可能。在这两种情况下，我们的"在世存有"并没有消失。然而，"存在"已经变得不真实了，因为"存在"并没有被正确地理解。我们对技术工具的使用解蔽了一种非真实的关系，这种关系要么与我们的自我存在有关，要么与我们生活的世界有关。我们要么专注于我们自己，要么专注于我们的世界。这不是对"存在"的真正理解。存在总是与他人同在，因为我们与他人共享自我与世界之间相同的互联性（海德格尔，1962：155；柯布，格里芬，1976：82）。非真实关系的产生方式并不能阻碍我们与他人相联系。人类的本质就是归属感（吕格尔，1997：73）。海德格尔（1962：220－229，233）将不真实性定义为一种"在世存有"，"这种存在完全被世界所吸引，完全被与其他人在他们之中的存在所吸引"。因此，不真实性意味着两个基本的组成部分：（1）对世界着迷（一心一意），人类通过使用或创造技术工具来定义自己。不真实的理解使我们相信我们拥有一切，或者"一切都在我们的掌握之中"（对世界的专注）。（2）他人被认为是"他们"（非个人的领域，"他们的自我"：自我专注"他们"）。不真实性有两个基本的参照点：一个关注世界，另一个关注他人的自我遭遇。他们的自我是日常"此在"的自我，也就是说，专注于日常的自我（海德格尔，1962：167）。它意味着专注于离我们最近的世界。日常的"此在"会影响我们对世界的理解，也会影响我们对"在世存有"的理解。这就是为什么海德格尔（1962：168，312）将"真我"定义为"他们的存在性修正"。"此在"仍然"在世存有"（因此也存在于他人中）。"此在"作为其存在的可能性具有真实性和不真实性（海德格尔，1962：235）。然而，它可能对作为自我的存在，或者对它所属的世界有一种不真实的理解。"此在"作为"在世存有"，既可以专注于世界，也可以专注于自身。

海德格尔认为，"此在"的本质在于存在。"实存"优先于本质，这一观点受到克尔凯郭尔学说的影响（波伊克特，1984：255），是"此在"的基本特征之一。但"实存"并不等于"存在"："实存"基本上是与"现存"（Being-present-at-hand）联系在一起的，而"存在"则是对"此在"存在的一种指称。此外，"此在"是它自己的可能性：它可以选择自己，也可以失去自己（海德格尔，1962：67-68）。"此在"始终是"我"的（海德格尔，1962：235）。通过"我"的存在，"我"属于存在。"此在"的"属我性"（mineness）即被分析的实体的存在总是属于"我的"（海德格尔，1962：67），使得真实和不真实成为可能（海德格尔，1962：78）。如达尔迈尔（1984：213）所言，真正的"此在"与人的自由是一致的，即是存在自由的方式。自由不是自然的真理，而是教条（海德格尔，2013：171）。对真实性的转向意味着"此在"向其内在本质的转移。真实与不真实是"此在"的可能性（海德格尔，1962：235）。至于它自己的存在，"此在"或真或假地向它自己显现。不真实以真实的可能性为基础（海德格尔，1962：303，372）。非真实关系意味着"完全沉迷于这个世界以及此在以外的它性关系中"（海德格尔，1962：220）。不真实意味着我们被日常生活所吸引。从我们的自我是不真实的那一刻起，我们的"在世存有"就已经沉沦了，因此以"他们的自我"为特征；"他们的自我"拒绝其存在的有限性，因此必须死亡（海德格尔，1962：308）。"此在"是作为关怀的存在；"在世存有"是属于"此在"的，是关切。当它将自己投射到存在的潜能上，而不是投射到它自身的可能性上时，它是真实的（海德格尔，1962：83-84，308）。波利齐（2011：136-137）谈到了"作为罪犯的'在世存有'"。他谴责了罪犯仍然"被困在这样的监狱里"的事实。然而，他扭曲了"在世存有"的本体论意义。"在世存有"不是一个本体的概念，而是一个本体论的概念。将它应用于特定的实体是扭曲存在，使它成为一个存在的现实。在本体论上，"在世存有"不受性别、种族、社会经济阶层、政治成员或宗教信仰的影响。这样的制约因素属于本体领域（实体层面）。它与本体论层次无关。波利齐（2011）没有考虑海德格尔的"存在"（本体）与"存在论"（本体论）的区别。当然，罪犯的存在并不等同于他们是罪犯。波利齐（2011）提到了"不同于罪犯的'在世存有'"。然而，在此过程中，他扭曲了海德格尔"在世存有"的概念。

不真实性的前提是我们能拥有一切，或者我们可以达到任何我们想要达到的目标（海德格尔，1962：220，223－225）。因此，海德格尔描述了对"此在"的双重吸收：一方面，将"我"吸收到"他者"中（暗示"此在"与其真实存在的本真潜能相背离）；另一方面，将"我"吸收到世界中（暗示"此在"与真实性的背离）。在海德格尔看来，"此在"在很大程度上是不真实的（海德格尔，1962：229，232，237，368）。在死亡面前，"此在"通常是不真实的（拒绝其存在的有限性，或否定其存在走向终点）。不真实的时间性认为有限时间是无限的（海德格尔，1962：304，379）。拒绝我们存在的有限性会使我们存在的痛苦增加。接受存在的有限性会产生强烈而长远的影响，有限并不等于无限。人类控制自然资源的方式反映了一种盲目崇拜的态度：把他有限的存在提升到无限的地位。海德格尔并不真正关心无限的存在。然而，他认为存在的有限性是无法克服的。我们必须接受存在的有限性，因为它是人类存在的一部分。接受我们存在的有限性将允许我们不再扮演"自然之主"的角色。保持本真状态意味着我们会成为我们想成为的人。我们常常不知道"我们正在成为谁"，却知道"我们想成为谁"。"成为"意味着"走向存在"（海德格尔，1980b：75）。

根据海德格尔（1962：167）的观点，"他们"是一种存在，因此属于"此在"的构成：他们的自我是"此在"可以把握的一种可能性（海德格尔，1962：219－220）。他们的自我（不真实地）表达了"此在"的堕落。我们与技术工具的关系可能会导致对本体论的错误性理解。对存在的理解是存在有限性的本质（海德格尔，1979：285）。如格罗丁（2011：94）所言，理解就是理解某物；理解"存在"就是把"存在"还原为一种东西（一种实体），并排除其他任何把握"存在"的可能性路径。因此，在处理"存在"的意义问题时，我们应该保持谨慎。海德格尔提到帕斯卡（1823：29）曾说过：我们必须用"它是"来定义任何一个词。因此，为了定义

"存在"，我们也必须说"它是"。而这种定义方式对于界定事物本身，揭示特征是毫无意义的。我们可以考虑采取"我认为"这一说法。正如尼采（1983：30）所说，"我"不是思考的条件。有些东西在思考，它并非唯一的"我"。说有些东西在思考，其实更多的是对现实的一种解释。根据尼采（1977：65）的观点，我们不对我们的存在负责。这就是为什么存在是无法定义的。海德格尔（1962：23）没有主张存在是无法定义的。他只是相当肯定地说，存在不可能具有实体的性质。海德格尔（1962：19）关注存在的意义：他试图"重新唤醒对问题本身意义的理解"。实体的存在不应该被视为实体❶（海德格尔，1962：23，26❷）。这就是为什么海德格尔（1962：62）将存在定义为"纯粹而简单的超越"。这正是不真实的自我意识不到的。当今的伪技术时代正在将任何现象降低到实体的级别（实体层面）。任何东西都是现成的，比如器物。甚至存在的意义也被西方形而上学所忽视。❸ 取而代之的是强调对实体的理解（海德格尔，2009：439）。然而，遗忘存在不仅是哲学史上的一种现象。最重要的是，它是存在的命运（格罗丁，2011：104）。

■ 5.3 马塞尔的技术观

加布里埃尔·马塞尔（1951：46 – 50）认为，每一次技术进步都意味

---

❶ 实体的存在与灵魂的活动无关。海德格尔（1962：22）不同意托马斯·阿奎那关于人的灵魂的观点："……灵魂有三个层次的运动……第一个层次是通过灵魂将其力量从外部事物转移到自身；第二个层次是通过灵魂提升，以便与统一的超能力（天使）相联系；第三个层次是灵魂进一步走向至善，也就是上帝。"（Thomas Aquinas, *Summa theologica*, I‐I, q. 94, art. 2）

❷ 根据达斯图尔（1990：29）的说法，海德格尔（1962：26）提到了柏拉图（*Sophists*, 242c：myths about being）。他没有使用其他实体作为参考模式，以解释一个给定的实体（Françoise DASTUR, *Heidegger et la question du temps*. Paris：Presses universitaires de France）。

❸ 海德格尔（1980b：28）提到亚里士多德的形而上学概念是作为存在的科学（2000：109 – 110）：形而上学的主题被定义为本质上归属的现实首要原则和至高原因（Aristotle, *Métaphysique. Tome 1. Livres A – Z*. Paris：Librairie Philosophique J. Vrin, 2000）。

着一种内在的征服，即一种成长和更好的自控力。当我们受制于技术工具时，我们就失去了对现实的认知。技术工具只不过是一种使我们的物质生活尚可忍受的手段。我们对自然的日益掌控实际上导致了我们的奴役；我们成为了征服自然的技术的奴隶。我们无法控制自己。我们已经无意识地成为了技术工具的奴隶。通过科技，我们开始相信幸福与我们所能达到的物质水平密切相关。根据马塞尔（1951：54－58）的观点，技术进步是人类超越（无意义的）世界的主要标志。技术贬低了人类的生活，因为它们没有被用于深化精神活动，或者因为它们并不能促进人类的统一。技术进步将技术成功定义为具有内在价值的事物。但是盲目崇拜的危险是不言而喻的。技术进步是颠覆性的；它可以使人类相信自己是衡量一切"所是之物"的尺度（普罗塔哥拉）。技术滥用意味着技术是为自身（作为目的）而发展的，而不是作为达到目的的手段。这就是为什么科技会使人产生一种盲目崇拜的态度。成为技术的奴隶（"纯粹的技术人"或"技术人"）使我们失去自我意识和与先验的基本关系。正如根德罗（1999：233）所说，马塞尔关注的是技术精神可能会对人类和工作的繁荣产生负面影响。科技精神甚至会降低人类对精神生活的开放性和与先验的关系。人类就会沦为技术人。这是一种存在的隔阂。

　　他的负面批评并不是要排斥技术，并试图摧毁它。他不断提醒读者技术的积极贡献。就其本身而言，技术在使生活更愉快、更人道和更安全方面起着宝贵的作用。这种危险来自与科技相关的后果，这些后果将人类的完整性置于危险之中。……加布里埃尔·马塞尔强调，技术不能促进和平，因为对人类更高价值的信仰和理解与纯粹的技术人的精神是不相干的，技术被人类通过煽动劣化手段和改进破坏工具，运用于战争（根德罗，1999：234）。

根据根德罗（1999：240）的观点，马塞尔强烈批评"完全专注于技术领域内的人"。技术人员没有时间去思考存在的奥秘，也没有时间与他人相处。马塞尔（1951：63－75）也批评了科学技术在国家控制下的方式。技术本身并不邪恶。技术进步产生了非常积极的影响。但是，创造技术的方式意味着人类的退化；我们正在成为技术产品的奴隶。正如史密斯（1969：28）指出的那样，马塞尔将技术不合理地扩展到人类的研究领域（伦理、哲学、美学）。这种泛技术主义鼓励人们简单地把别人当作手段，而不是自己的目的。这就是为什么马塞尔不愿意接受神秘领域的技术入侵。马塞尔认为，非人化的根源在于人类已经沦为科技产品的奴隶。

技术可以被创造和改进。这就是我们可以把技术看作"我们拥有的东西"的原因。拥有永远不应该决定"我们是什么"。拥有意味着被物体非人化的危险。根据马塞尔的观点，我们能够将存在转化为拥有（达维尼翁，1985：34）。拥有是指我拥有的东西。事物自然有它们的位置：它们不依赖于我。"有"指的是我可以给别人或卖给别人的东西，也可以是我可以在地上出租的东西（马塞尔，1935：225）。我们可能会担心使用我们的技术所带来的后果。但最终的解决方案不是降低我们的创造力。人类是创造技术的人。我们宁愿承担这种创造力的负担（马塞尔，1955：60－61）。存在的隔阂意味着我们正在成为技术工具的奴隶。因此，我们正在远离人类的本质（马塞尔，1955：10）。人不再是他自己的问题。马塞尔并不同意加缪对无意义的谴责，加缪（1977：34）认为，这里根本不存在"陷入"隔阂的问题。因为我们总是在疏远我们自己。没有人能说出"我们是谁"，尽管我们有时能知道"我们不是谁"（加缪，1975：142）。甚至没有人有勇气公开解释自己的信仰（加缪，1975：147）。马塞尔在继承克尔凯郭尔对存在的阐释的基础上，更倾向于假设人类正背离其本性。

人类是质疑自身本质的存在（马塞尔，1955：73）。因此，当人类正在远离他的本质时❶，他就不再是他自己的问题了。人类甚至在机器设计之外定义了自己。人类不愿被认为是机器。但同时，他成为技术工具的奴隶的方式实际上显示了他身份的来源（马塞尔，1951：133－134）。在马塞尔看来，技术只是达到目的的手段。技术永远不应该被视为目的。马塞

---

❶ 加布里埃尔·马塞尔偏离了萨特的存在主义哲学。根据马塞尔的观点，存在并不先于本质。在断言存在先于本质时，萨特是在说人类是善与恶的根本来源，因此不存在"先天"善或恶的行为。在萨特看来，价值实际上呈现了人的自由（Jean-Paul Sartre. *Cahiers pour une morale*. 1983. Paris：Gallimard，p. 23，39）。这种哲学视角与马塞尔的道德观和人性观并不相符。

尔（1951：64）正确地描述了人类成为技术工具奴隶的心理过程。当发明者看到他的发明时，会感到自豪和强大。而用户没有这样的感觉，因为他们没有创造这样的工具。当使用某些技术时，特定技术工具的用户会感到技术强大，从而忽视了人类与技术工具之间的关系已经从根本上改变了。马塞尔（1951：65）讨论了自我延迟现象，即形式（理念）上升到无限的地位，人的自我上升到绝对的地位。无论有意识还是无意识，人类都在感知自己是无限的。自我延迟不过是世俗化或去神圣化过程的结果。费尔巴哈对人作为最高存在的理解似乎得到了充分的验证，人们将自己视为无限的存在。但是技术人仍然处于一种矛盾的境地：他把自己定义为一个无限的存在，而他却成为他的技术工具的奴隶。马塞尔没有深化这种悖论的人类学后果。无限的生命如何成为技术工具的奴隶？根据费尔巴哈的观点，当人们意识到他们是无限的（至高的）存在时，他们会感到头晕目眩。这种眩晕使人类有可能将他们的完美（无限）投射到一个想象的存在（上帝）中。如费尔巴哈（1982：437）所说，无限存在的意识不过是人类无限的意识。根据马尔罗（1946：229－230，335）的研究，每个人都试图在不丧失其人格的情况下，通过梦见自己神圣的自我来摆脱存在主义的困境。每个人都希望成为上帝。拒绝任何先验的绝对意味着给予人类绝对的价值。任何道德或文化相对主义都是相对于诸如生与死、存在与虚无之间的绝对差距（萨特，1983：437；1985：40）。费尔巴哈的哲学观点与尼采的超人学说是两种有关上帝基本意志的不同版本。根据费尔巴哈（1982）的观点，宗教的对象是人的本质。但是，这并非技术人员看待技术工具的方式。技术人员看技术工具时不会感到眼花缭乱，否则，真正的无限就在于技术工具本身（作为新神）。这个悖论没有得到解决。人类似乎把自己提升到了无限的地位。然而，我们无法解释为什么他正在成为他的技术工具的奴隶。

技术进步意味着交流的加深。然而，这种进步也带来了一些隐患。存在模式的标准化正在增强，因此个体的自我正在消失。标准化有能力增强对抗关系（马塞尔，1951：65－66）。人类不愿被标准化。他们不是被动地接受标准化生活的命运，而是更专注于自己的独特性。标准化与人和民族之间的和平关系并不相辅相成。相反，它有能力扩大冲突关系的范围。每个人都试图维护自己的独特性；人们基本上不愿意专注于标准化过程。技术统治可以使一切标准化，从而摆脱他性（马塞尔，1951：200）。它可以强烈抵制任何权力下放的企图（马塞尔，1961：208）。技术统治还意味着一切与社会功能密切相关的事物的过度膨胀（马塞尔，1961：211）。事实上，马塞尔（1967：46-47）认识到生命（身体）、社会（消费者或生产者或公民）和心理功能（与生命功能或社会功能相联系）所起的作用——所有这些都定义了人类的复杂性。技术官僚已经意识到与所有人类功能密切相关的一切都过于臃肿，尽管社会功能似乎处于人类存在的前沿。任何以功能为中心的社会都会导致绝望，因为这是一个空虚的世界，即一个没有神秘的世界。技术进步从来都不是终极的，它总是支离破碎的（马塞尔，1967：49-50，72）。我们处于一种矛盾的境地；我们仍然相信技术进步，并将现实视为一系列问题（技术进步的乐观主义），即使现实让我们感到绝望（绝望哲学❶）。以功能为中心的社会将技术进步视为人类存在的顶峰（马塞尔，1967：71-72）。技术进步消除了神秘感。但是神秘是人类存在的一个组成部分（马塞尔，1951：70）。根据马塞尔（1951：72）的观点，技术进步往往把重点放在绩效和生产力上❷，从而把重点放在解决问题的过程上。正如伍德（1999：91-91）所言，马塞尔认为科学和技术是面向未来的，"在方法上是扩张的、自我纠正的，在遥远的未来，所有的秘密都将被揭开"。根据伍德（1999）的观点，马塞尔认为科技客观化是一种非人格化的方法。这正是强调绩效和生产力的意义所在。

---

❶ 在《克里特岛小径》一文中，阿丽亚娜说，有些病人无法克服绝望和叛逆。病人无法获得第二层次的知识。马塞尔如此解释这一现象：面对现实这让人自然而然地心生绝望。依靠内心，才可以克服绝望的影响力（Gabriel Marcel. 1973. Cinq pièces majeures. Paris：Plon, p. 285）。存在的困境会使每个人都受到不快乐和限制的影响，而正是这种不快乐与存在的限制使人们产生绝望（Le Chemin de Crête；340）。我们生活在一个破碎的世界：一个没有心的世界，一个没有生活中心的世界（Le monde cassé. Cinq pièces majeures. 1973, p. 121）。

❷ 根据霍克海默和阿多诺（1974）的观点，当个人受到经济力量的支配时，他会变得微不足道。经济生产力确实为更好的生活创造了经济条件。技术用户比社会大众更多地从经济生产力中获利（Max Horkheimer et Theodor W. Adono. 1974. La dialectique de la raison. Fragments philosophiques. Paris：Gallimard, p. 17）。

技术的功能是操纵物体。技术可以改进。这就是为什么我们可以使用"技术进步"这个术语。马塞尔认为人不仅是一种精神之物，同时也是推动技术发展的力量。马塞尔想要改善人类发挥其技术人的作用的方式，即发明和改进技术。技术既可以用于物，也可以用于人。马塞尔提到了心理或精神病学技术。人类可以成为技术的对象。根据马塞尔的说法，内在的生命可能会变得贫瘠（马塞尔，1935：271-275）。技术进步和知识（定义为技术）会使我们对"我们是谁"和周围的现实视而不见（马塞尔，1935：281）。

根据马塞尔（1940：83-88）的观点，人类只有从隶属或存在的负担中解脱出来，才有可能真正获得生存自由。"我们是谁"只涉及自由。与尼采不同，马塞尔认为自由似乎是不可得的。在某些情况下，我们很难获得自由。我们仍然是自由的。但是，在此情况下，我们的"必将自由"受到制约因素影响。我们的自我并没有失去本体论的自由。自由的真正本质是一种必须付诸实践的潜能。这就是为什么我们不仅要获得自由，而且最重要的是要成为一个必须自由的人。我们与技术工具的关系必须使自由成为可能，也就是说，我们要变得自由。生存状态的隔阂对于我们的存在而言是陌生感的形成过程，我们对技术工具的奴役就是一种生存状态的隔阂，因为这样我们无法获得自由。当我们成为技术工具的奴隶时，我们就失去了自由。我们放弃了自由。

■ 5.4 网络犯罪与海德格尔和马塞尔哲学的关联

现在，我们来看看海德格尔和马塞尔的哲学对当今世界的意义。首先，我们将看到信息技术如何采用一种浪漫主义创作方法来反映现实，以至于栖居于网络空间的想法与栖居于现实世界的想法存在本质上的不同。其次，我们将看到网络犯罪是如何使不真实的生活成为一种日益增长的现象。最后，我们将看到对技术的盲目崇拜，以及网络犯罪通过何种路径带来基本的人类学变化。

5.4.1 信息技术与网络栖居的浪漫情怀

根据科因（1998：338，349）的研究，很多关于信息技术的评论都是浪漫主义的。信息技术的浪漫主义做法包含以下内容：（1）关注主体性；（2）一种新的形而上学的接近性（由于互联网，世界正在变成一个更小的村庄）；（3）复兴早期社会主义的社区梦（虚拟社区）；（4）蔑视身体的约束（克服身体的约束）；（5）采用混沌理论的整体统一模式（数字符号序列）；（6）客体世界的表征（数据与事物之间的基本联系）及其通过网络技术最终超越的希望；（7）对更美好、更公平、更民主的未来的乌托邦式追求。因此，信息技术正在加强一个特定的乌托邦，它传达了一种具体的世界观以及人类应该是什么的特定概念。鉴于网络犯罪已经深刻地影响了信息技术的发展，我们必须考虑到网络犯罪对人类的影响以及它所强化的世界观。

网络犯罪究竟意味着什么？根据格拉博夫斯基（2007：202）的观点，网络犯罪主要有三种形式：（1）以计算机为犯罪工具的犯罪（网络淫秽）。（2）因犯罪而附带使用计算机的罪行（毒贩使用计算机）。新型犯罪使用新技术（如黑客），传统犯罪使用新技术（如预付款诈骗）。（3）以计算机为犯罪对象的犯罪（网络入侵）。

一个组织对假定的网络入侵做出反应的程度取决于该组织对维持业务连续性的策略及优先级（即与恢复处理直接相关）与信息安全方面的策略和优先级（即通过阻止入侵者的既定需求而间接与反应处理联系在一起）之间的衡平考量。如果一个反应策略脱离了上述考量，那么这个策略就很可能存在危险的缺陷（奥维尔，2003：166）。

根据塔恩（2002：347，353）的研究，网络犯罪的增长有四个影响因素：（1）容易获得的新技术；（2）公众对安全措施缺乏认识，需要一些安全机制和程序来保护个人信息；（3）执法机构缺乏必要的监管权力来调查和起诉网络罪犯；（4）害怕负面宣传，一个特定的受害者（如企业）不愿意报告犯罪。据此，塔恩（2002）提出了相应的对策：提高警惕的公众教育、标准开发中的行业领导地位、更多的技术技能以及向执法人员提供必要的监管权力。

海德格尔的"栖居"概念暗示了社会行动者不仅愿意影响他人，也愿意被他人影响（拉金，2006：88）。海德格尔关于"栖居"的概念是指"待在一个地方"，即人活在世，终有一死。栖居既是留居（staying-in），也是留守（staying-with）。栖居意味着与他人和平共处（海德格尔，1971：146－147，151）。栖居允许实体与其他实体共存，即二者和平共存（拉金，2006：88）。栖居的意思是我不必和"我是谁"不同。拉金（2006：96）总结说，留守是指关心他人的态度（和他们的世界观）以及尊重每一个主观经验的方式。留守是学会与这个世界和平共处，学会理解他人（科尼，2008：168）。既然所有的人类都面临着同样的生存困境，那么"留守"就是为了增进相互间的理解。如布伯（1962：73）所说，作为"此在"，他人是关怀的对象。人们只有深刻理解他人的世界观和生存困境，才能获得知识。

网络犯罪正在扭曲人们生活在一起的方式，即归属感。网络罪犯正在否定差异性。他们在破坏与他人相处的关系。图尔格曼－戈德施密特（2008：383－391）区分了三种类型的计算机地下成员：（1）黑客或骇客（那些闯入计算机系统的人）；根据史密斯和鲁普（2002：179）的说法，黑客正在构建东西，他们的网络攻击有助于改进计算机系统。骇客只是简单地破坏计算机系统。（2）"飞客"（为避免长途电话费而使用电话信用卡号的人）。（3）盗版者（非法发行版权软件的人）。图尔格曼－戈德施密特（2008）说，有时，黑客认为他们自己是积极的越轨者。"优秀的黑客"对自己有着积极的评价，他们声称自己扮演了一个道德角色，比如攻击恋童癖者的计算机（阿姆斯特朗，福德，2003：212），但优秀的黑客经常涉及侵犯版权。他们不会把黑客活动视为涉道德问题。黑客对自己的黑客行为并不感到罪责。就像许多其他白领罪犯（萨瑟兰德，1983）一样，黑客把自己视为冒险家，而不是罪犯。然而，好的黑客和坏的黑客正在破坏信任感和归属感。他们的行为（网络攻击、网络入侵）就是一种暴力行为，而并不能视作和平世界的基础。即使是在线赌博也有社会成本，无论赌场是否为犯罪或合法化机构所有。根据伍兹·菲德利（2009：482－484）的研究，在线赌博带来了社会成本：黑客攻击、身份盗窃和网络勒索的增加。虚拟赌场甚至可以增加犯罪的频率。因此，网络犯罪正在构建一个相互不信任的混乱世界。

网络犯罪是一种跨国现象。根据布伦纳（2006：189－190）的观点，网络犯罪是对基本法律原则的挑战，这些原则通常决定了特定国家禁止犯罪活动的管辖权。网络犯罪活动可能涉及许多国家，因此很难确定哪个国家有司法管辖权，或施加特定惩罚（如罚款）的权力。网络犯罪活动可能意味着罪犯（栖居在不同国家）和受害者位于不同国家的网络。我们是否应该把重点放在犯罪者的国籍上（国籍原则：以罪犯为中心）？我们应该坚持属地原则还是效果原则（以受害者为中心）？所有的解决方案都有自身的缺陷（弗莱彻，2007：200）。

身处网络空间，意味着我们深受各种网络犯罪的影响。因此，它与任何和平的世界无关。此外，栖居在网络空间意味着全球化进程加快了文化同质化思维的创造。根据布罗德赫斯特（2006：414）的观点，网络犯罪的跨国性质反映了全球化进程。网络犯罪实际上可能涉及栖居在不同国家的罪犯和受害者。电子商务和互联网社交网络（Facebook、Twitter 等）的出现可能会限制主权国家管理社会、经济事务的能力，但这一事实并不能解释全球化进程与网络犯罪的跨国性质之间的联系。网络罪犯是否在利用文化、经济全球化进程？网络犯罪是一个全球性的问题。但网络犯罪并不一定反映全球化进程。网络犯罪正在破坏人们之间的相互信任、理解、同情和团结。网络犯罪的跨国性和网络空间的强大吸引力，扭曲了我们所处世界的意义。栖居在网络犯罪空间意味着生活在一个危险的世界，其通信技术可能使人际关系失去人性，从而破坏现实世界的和平。栖居在网络犯罪空间意味着我们的"在世存有"可能会对现实有一种不真实的理解，我们可以专注于这个世界（以世界为中心的解读：物质、商业和日常事务，即日常）。我们可以在"他们的自我"中专注他人（否定与他人同在）。栖居在网络犯罪领域意味着我们可能陷入扭曲的理解中。正如格罗丁（1993：137－139）所言，海德格尔解释论强调，要使理解更为明确，需明确理解和预想的前提（包括与理解有内在联系的预期）。一方面，网络犯罪空间为犯罪意图产生（利用信息和通信技术进行金融犯罪）或受害者陷入"快速致富综合征"提供了更多的机会。另一方面，在犯罪集团和个人身上呈现出一种明显的自我专注，他们在设计和策划自己的犯罪活动时，基本不考虑他人，仿佛人们根本就没有自我。受到快速致富谎言的诱惑，金融犯罪的受害者常常深陷骗局而难以自拔。

5.4.2　网络犯罪与不真实生活

网络犯罪极大地改变了人们认识自己和世界的方式。根据麦卡斯克（2006：268）的研究，有三种类型的网络犯罪威胁：（1）违反计算机数据和系统保密性、完整性和可用性的犯罪（例如，黑客、工业间谍）。（2）与计算机相关的传统犯罪（如欺诈、伪造、传播虚假公司信息等）。甚至令人惊讶的是，网络罪犯有时会使用已有 2000 多年历史的密码技术（如单字母替代密码）。网络罪犯有时使用非常古老的手段（施穆尔，克劳利，2003：52）。（3）侵犯著作权和相关权利的行为（如未经授权复制、使用数据库等）。

　　传统有组织犯罪集团的整体或部分能否突变为成熟的网络罪犯团伙，最终取决于现实世界犯罪活动的盈利能力下降或风险增加，以及虚拟社区的先天吸引力和相对较低的风险（麦卡斯克，2006：273）。

斯皮尔（2000：261－262）解释了网络犯罪如何影响各种类型的受害者，无论它们是政府（及其机构）、组织，还是个人。正如斯皮尔（2000）所言，最易受攻击的国家是那些拥有最好技术装备的国家。他们是富裕国家，因此网络罪犯可能会青睐这样的目标，然而，并非所有富裕国家都是网络攻击的首选目标，美国、日本和欧洲国家可能是最大的受害者。但其他一些富裕国家（如澳大利亚）似乎被忽视了。出于某些原因，它们不是首选的目标。

伦纳德和克罗南（2005：1160－1166）在美国中西部一所大学的计算机课程中进行了一项研究（N＝422），他们评估了在信息系统环境中影响我们对道德行为的态度的因素。看起来男性和女性都受到道德义务的影响。但是，与女性相比，男性更容易受到结果（对每个受决策影响的人的影响）和个人价值观的影响。在这两种情况下，社会环境在伦理决策过程中起着次要的作用。史密斯（2004：226）认为网络犯罪对消费者在网上购物时的信心有负面影响。这就是为什么许多公司增加了他们的电子安全措施，以增强消费者对电子商务系统的信心。网络犯罪削弱了公众对网络供应商采取的安全措施的信心。根据萨班等（2002：32）的研究，一些流行的网络犯罪可以改变消费者的互联网行为，削弱互联网对客户或营销人员的吸引力：（1）垃圾邮件——接收未经请求的电子邮件。根据艾哈迈德和奥本海姆（2006：158，175）的研究，一半的垃圾邮件与金钱有关，1/3 是色情类的，10％与健康有关，而其余的（7％）传达各种各样的担忧。然而，垃圾邮件的类型变化很快，尤其是金融垃圾邮件。金融垃圾邮件既包括合法的意图，也包括欺诈的意愿。（2）诈骗——在我们的购买过程中被骗。（3）哄抬股价，逢高卖出——某公司的一些虚假信息在互联网上广泛传播，目的是人为地提高该公司的股票价值；当达到目的时，罪犯就会出售其股票。（4）"填鸭"——对从未购买过的商品付费。公众的信心问题在未来几年肯定会继续存在。越来越多的网络犯罪可能会破坏电子商务活动所需要的信任（塔恩，2002：347）。十年前，弗内尔等人（2001：100）曾说过，安全漏洞在不久的将来会变得更糟，因为我们无法识别潜在的不可预见的漏洞。即使在 21 世纪前 10 年，计算机系统的脆弱性也是不言而喻的。网络安全中的漏洞总是存在的（弗莱彻，2007：193）。

沃尔（1998：203）将网络犯罪分为四类：（1）网络入侵（网络破坏、间谍、恐怖主义）；（2）网络盗窃（如盗用知识产权的网络盗版）；（3）网络淫秽（如买卖淫秽物品）；（4）网络暴力（如网络跟踪和仇恨言论）。

此种分类的问题在于，前三类似乎涉及非暴力犯罪，但是，网络破坏行为怎么可能是非暴力的？网络盗窃怎么可能是非暴力的呢？网络淫秽怎么可能是非暴力的呢？网络跟踪是一种重复的侵入性追踪，会引起恐惧，怎么可能是非暴力的呢（罗伯兹，2008：272）？网络跟踪意味着威胁，损害名誉，损坏资料、器物及试图查阅机密资料（罗伯兹，2008：274）。沃尔（2004：311）在没有提及暴力问题的情况下，阐述了一种不同的分类方式：（1）利用互联网作为通信工具协助诈骗人士进行诈骗的传统罪案；（2）混合型网络犯罪，指互联网为传统犯罪活动（诈骗、电子拍卖、医疗服务诈骗、色情物品交易）提供新机会；（3）真正的网络犯罪，指由互联网（垃圾邮件）产生的犯罪。事实上，预付款欺诈（"尼日利亚信件"）开始于 20 世纪 70 年代末，罪犯开始使用的是普通邮件；几年后，罪犯开始使用传真。当网络建立后，他们开始使用互联网。在互联网出现之前，滥发垃圾邮件就是一种犯罪行为。

网络犯罪正在塑造一个否定人类有限性的世界，即一个难以增强和平关系的世界。网络罪犯所梦想的世界是一个不真实的世界。根据波勒（2006：261，266）的观点，果敢决断的人才会活得真实，每个人都是被抛入现实的。"此在"作为"在意"（Care）的存在，具有被抛性，或称为真实性。的确，"此在"作为"在意"的存在，具有存在性、真实性和堕落性的特征（海德格尔，1962：225，227，235，370，401）。"在意"植根于时间性中（海德格尔，1962：434）。我们确实陷入了存在或时间的困境（海德格尔，1962：321）："此在"既存在于生，也存在于"走向死亡"（海德格尔，1962：426）。"此在"延伸至生与死之间（海德格尔，1962：425 - 426）。海德格尔（1962：427）将这种延伸称为"此在"的历史化。正如阿伦特（2007：216 - 217）所言，海德格尔认为人的生命是通过死亡来完成的：提前看到自己的死亡意味着我们可以自己承担死亡，并为死亡的那一刻找到意义。时间性是"此在"作为"在意"存在的意义（海德格尔，1962：486）。"此在"的"被抛入死亡"（thrownness-into-death）解蔽了虚无，它是我们存在性焦虑的基础（海德格尔，1962：356）。因此，"此在"不能成为其存在的基础（海德格尔，1962：330）。

存在被带入他的境域（Da）。每一个"此在"都与一个特定的世界紧密相连（海德格尔，1962：344）。但是，"被抛"（thrownness）并非一个发生在"此在"上的事件，"此在"以被抛的形式存在。它把自己投射在可能性上（海德格尔，1962：188，192）。这些可能性实际上包括"此在"被抛的可能性。被抛意味着我的"此在"已经"在一个确定的世界里，并且在这个世界里确定的实体有一个确定的范围"（海德格尔，1962：264）。在海德格尔看来，此在并非存在的基础，自由是选择一种给定的可能性，从而排除其他可能性。我就是我选择的可能性；我不是那些被我排除在外的可能性（海德格尔，1962：329－331）。我可以存在于一个否定存在有限性（不真实性）的世界中。这是我的可能性之一。

人类生活在无家可归的状态中。人类被迫生活在一个根本不属于自己的世界里。网络犯罪正在创造一个世界，在这个世界里，我们与"我们是谁"联系越来越少。在这个世界里，"这意味着什么？"并不是一个存在主义的问题。存在的不可定义性就这样消除了它的意义问题。根据海德格尔（1962：23－26）的观点，存在的不可定义性需要面对存在的质疑（"它意味着什么？"）。实体的存在本身不是实体。存在就是实体的存在，实体就是存在的实体（海德格尔，2006b：296）。雅尼科和马太（2010：33）说，海德格尔试图思考"没有实体"。然而，一个与存在和存在的意义脱节的世界是不会被存在主义的质疑所引导的。"此在"即"在世存有"。但是它已经失去了对"在世"意义的任何关注。网络犯罪正在强化这个世界，在这个世界里，妄想、谎言和权力追求比任何其他人类动机都更为重要。网络犯罪正在构建这样一个社会：人们要么关注自身利益，要么害怕被他人欺骗或滥用。根据海德格尔（1962：234）的观点，恐惧是"焦虑，沦陷，不真实，因此，隐藏自身"。因此，恐惧与不真实紧密相连。然而，焦虑与我们"在世存有"有关。如海德格尔（1962：231－233）所言，世界是"一个人所面临的焦虑"。焦虑与我们对真实或非真实的生存模式的自由选择有关。

5.4.3 网络犯罪与技术崇拜

根据安德森（2000：157）的观点，马塞尔把重点放在对技术的盲目崇拜上。马塞尔会强烈批评虚拟技术。因为比起现实生活，人们似乎更喜欢网络上的互动，这就是对科技的盲目崇拜。马塞尔可能会说，虚拟技术导致脱离现实。当然，如果马塞尔真的分析了虚拟技术，很难说他会如何评价。但马塞尔对技术的批判适用于虚拟技术，因为虚拟技术也是将人们从现实中分离出来的方式，同时使人与人之间的关系与网络上实际发生的事情越来越紧密地联系在一起。

阿多米和伊贡（2008：718）确定了利用网络空间在尼日利亚实施犯罪行为的四个❶动机：（1）互联网接入的便利性；（2）互联网提供的匿名性；（3）在互联网上提供电子邮件提取软件或网址的有效性；（4）无视网络违法的严重性；（5）民众的经济状况；（6）执法力度不够。因此，有三个基本的制约因素：（1）非道德的或马基雅维利式犯罪人观点——只要某物容易获得，个人就不会提出任何道德上的质疑。马基雅维利在《君主论》中说，只要目的正当，就可以不择手段。在《战争的艺术》中，马基雅维利（1991：64）主张，公共利益应该总是优先于任何私人利益。由此可见，马基雅维利式的理论体系建立在政府原则的基础上，正如《君主论》所反映的那样。（2）对道德标准的无知——尽管罪犯实际上知道他们正在违反法律，但他们不一定不知道道德标准可以禁止他们的犯罪活动。对道德标准的无知是犯罪行为产生的深层次原因，而不是单纯的道德观点。这种无知意味着罪犯的道德发展水平很低（例如，在科尔伯格量表上）。（3）自我辩护——经济条件被用来为犯罪活动辩护，这些犯罪活动意味着要偷窃富人。显然，这种辩解是没有道理的。贫穷并不能作为我（在网上，或在现实生活中）偷窃他人的道德理由。执法不力也常被用来

---

❶ 原书为四个动机，但按后文所述应为六个动机。——译者注。

为犯罪活动辩护。同样，它也没有合理的依据。事实上，执法不力这一事实并不能为人们违法提供道德上的正当性。我们应该对政府施加更大的压力，或者公开解释这一严峻的形势，以确保政府（以及立法者）对其机构做出必要的改变。

那些解释利用网络空间进行犯罪行为的动机实际上集中在同一点上：技术是并且应该是人类自我感知的核心。网络罪犯增强了自我认知和身份，这基本上是由人们使用以及创造技术的方式引起的。甚至那些可能成为网络犯罪受害者的技术使用者也会落入同样的陷阱：把自己定义为技术的使用者，从而与他们的身份疏远。马塞尔深刻地意识到这种存在的隔阂对人类困境可能产生的本体的、人类学上的影响。

■5.5　总结

网络犯罪的终极危险是将技术提升到无限的级别（偶像崇拜），或者更准确地说，是为了摆脱有限—无限的二元论。网络犯罪可以使无限消失。如果有限—无限二元论正在消失，我们将面临两种可能性：要么我们将自己定义为无限的存在（在这种情况下，我们如何定义存在的有限？非人类是唯一的有限存在吗？），要么我们把自己定义为有限的存在（因此排除了任何无限现实的存在）。事实上，栖居在网络空间意味着作为一个存在者的矛盾立场。人类将自己视为无限的存在（即无限的创造力），而自己却成为技术工具的奴隶。此外，他们甚至相信上帝：当信徒使用科技时，对上帝的信仰并不会真正影响他们感知自己的方式。因此，我们面临着双重悖论。一方面，人类是无限的存在和奴隶。另一方面，即使信仰上帝是无限的，在网络空间中也不会影响人类的自我感知。网络犯罪有助于把无限放到有限的自我中，在某种程度上，这与费尔巴哈关于人类（最高）存在的观点有共同之处。网络犯罪扭曲了存在有限性的意义，也扭曲了无限的意义。这是对技术盲目崇拜的最终结果。在对技术工具的盲目崇拜中，人类正面临着一场深刻的人类学变革：生存的意义和栖居的方式的参数都发生了根本性的改变。栖居于网络空间的特点是双重悖论。既然有限—无限二元论已经消失（无限现在是人类的一个方面），那么，我们就没有任何可靠的参数来分析人类存在的意义了。从网络空间（包括网络犯罪）中得出的每一个论述或实践都不能合理地证明有限存在中的无限存在。人类已经失去了与存在主义质疑的基本联系。

日益增长的网络犯罪现象对社会、文化、经济和政治都有影响。网络犯罪涉及金额巨大：例如，预付款欺诈使个人和公司每年损失 20 亿美元。所以，这不仅是一个社会事实。它还倾向于重构人类定义自己的方式。如今，网络空间正面临严峻的考验：它是否能够兼顾个人和集体的需要、权力和利益？还是说，这是一种破坏归属感的无政府主义机制？海德格尔使我们更加意识到，栖居于存在（本体论层面）可能具有本体的一面（如栖居于网络空间）。实体被网络空间修改。虽然本体论的范畴可以保持不变，但个体解释它们的方式可能因文化而异。这种解释甚至可能受到网络空间指数级增长的影响。我们无法在不考虑网络犯罪的情况下解释网络空间。网络犯罪是网络空间的重要组成部分。只要网络空间是空间的一个组成部分（作为本体论范畴），我们就不能把它排除在关于人类现在生存方式的任何哲学质疑之外。马塞尔的哲学实际上展示了人类如何成为技术工具的奴隶。虽然栖居在网络空间似乎是一种自由的方式，但事实未必如此。我们可以观察到两种类型的理性奴役：人类可能是网络犯罪的奴隶，也可能是技术工具的奴隶。在这两种情况下，人类的部分人性正在被技术的利润所取代。他通过网络犯罪或日常使用技术手段使自己失去人性。当然，网络犯罪对归属感有深刻的影响：它降低了整个社会的相互信任。但是，成为技术手段的奴隶意味着我在非人化自己，而不一定是在非人化他人（除非我可以因为他们不使用某些技术手段而制裁他们）。身处网络空间，面对或参与网络犯罪，会对人类自我定义的方式有着更深层次的影响。

⌄ 问题

1. 网络犯罪是否纯粹是传统犯罪的技术外延，从而使技术的本质（海德格尔）不受威胁？

　　2. 网络犯罪是否是一种偶像崇拜的现象（海德格尔、马塞尔），因为有限之物（人类）作为技术手段的创造者或使用者正在感知自己是无限的？

　　3. 网络犯罪是否反映了自我（受害者和/或行凶者的自我）对自我的专注（海德格尔)？

　　4. 网络罪犯已经成为技术手段的奴隶了吗（马塞尔)？

| 参考文献 |

［1］Adomi, Esharenana E. , and Stella E. Igun. 2008. Combating cyber crime in Nigeria. *Electronic Library* 26 (5): 716 – 725.

［2］Ahmed, Tanzila, and Charles Oppenheim. 2006. Experiments to identify the causes of spam. *Aslib Proceedings: New Information Perspectives* 58 (3): 156 – 178.

［3］Anderson, Thomas C. 2000. The body and communities in cyberspace: A Marcellian analysis. *Ethics and Information Technology* 2 (3): 153 – 158.

［4］Arendt, Hannah. 2005. *Qu'est-ce que la philosophie de l'existence, suivi de L'existentialisme français*. Paris: Éditions Payot et Rivage.

［5］Arendt, Hannah. 2007. *La vie de l'esprit*. Paris: PUF.

［6］Aristotle. 1980. *Politics*. New York: The Modern Library.

［7］Armstrong, H. L. , and P. J. Forde. 2003. Internet anonymity practices in computer crime. *Information Management & Computer Security* 11 (5): 209 – 215.

［8］Augustine. 1964. *Confessions*. Paris: Garnier-Flammarion.

［9］Berdiaeff, Nicolas. 1936. *Cinq méditations sur l'existence*. Paris: Aubier/Montaigne.

［10］Blitz, Mark. 2000. Heidegger and the political. *Political Theory* 28 (2): 167 – 196.

［11］Bollé, Eric. 2006. Existential management. *Critical Perspectives on International Business* 2 (3): 259 – 268.

［12］Brenner, Susan W. 2006. Cybercrime jurisdiction. *Crime, Law and Social Change* 46: 189 – 206.

［13］Brito, Emilio. 1999. *Heidegger et l'hymne du sacré*. Leuven: Leuven University Press.

［14］ Broadhurst，Roderic. 2006. Developments in the global law enforcement of cyber-crime. *Policing：An International Journal of Police Strategies & Management* 29（3）：408 – 433.

［15］ Brown，Steven D. ，and Geoffrey M. Lightfoot. 1998. Insistent emplacement：Heidegger on the technologies of informing. *Information Technology & People* 11（4）：290 – 304.

［16］ Buber，Martin. 1962. *Le problème de l'Homme.* Paris：Aubier/Montaigne.

［17］ Campbell，David. 2003. Nietzsche，Heidegger，and meaning. *Journal of Nietzsche Studies* 26：25 – 54.

［18］ Campbell，Constance R. 2007. On the journey toward wholeness in leader theo-ries. *Leadership & Organization Development Journal* 28（2）：137 – 153.

［19］ Camus，Albert. 1975. *Noces，suivi de L'été.* Paris：Gallimard.

［20］ Camus，Albert. 1977. *Le mythe de Sisyphe.* Paris：Gallimard.

［21］ Cobb Jr. ，John B. ，and David Ray Griffin. 1976. *Process theology. An introduction ex-position.* Philadelphia：The Westminster Press.

［22］ Corney，Barbara. 2008. Aggression in the workplace. A study of horizontal violence utili-zing Heideggerian hermeneutic phenomenology. *Journal of Health Organization and Man-agement* 22（2）：164 – 177.

［23］ Coyne，Richard. 1994. Heidegger and virtual reality：The implications of Heidegger's thinking for computer representations. *Leonardo* 27（1）：65 – 73.

［24］ Coyne，Richard. 1998. Cyberspace and Heidegger's pragmatics. *Information Technology & People* 11（4）：338 – 350.

［25］ Crewe，Don. 2009. *Will to self-consummation，and will to crime.* In *Existentialist crimi-nology，* ed. R. Lippens and D. Crewe，12 – 50. London：Routledge-Cavendish.

［26］ Dallmayr，Fred R. 1984. Ontology of freedom：Heidegger and political philosophy. *Political Theory* 12（2）：204 – 234.

［27］ Dante，Alighieri. 2010. *La Divine Comédie.* Paris：GF Flammarion.

［28］ Dastur，Françoise. 1990. *Heidegger et la question du temps.* Paris：PUF.

［29］ Davignon，René. 1985. *Le mal chez Gabriel Marcel. Comment affronter la souffrance et la mort?* Montréal/Paris：Bellarmin/Cerf.

［30］ Descartes，René. 1979. *Méditations métaphysiques.* Paris：GF-Flammarion.

［31］ Feuerbach，Ludwig. 1982. *L'essence du christianisme.* Paris：François Maspero.

[32] Fletcher, Nigel. 2007. Challenges for regulating financial fraud in cyberspace. *Journal of Financial Crime* 14 (2): 190 – 207.

[33] Folz, Bruce V. 1984. On Heidegger and the interpretation of environmental crisis. *Environmental Ethics* 6 (4): 322 – 338.

[34] Furnell, Steven M. , Pelagia Chiliarchaki, and Paul S. Dowland. 2001. Security analysers: Administrator assistants or hacker helpers? *Information Management & Computer Systems* 9 (2): 93 – 101.

[35] Gendreau, Bernard. 1999. Gabriel Marcel's personalist ontological approach to technology. *The Personalist Forum* 15 (2): 229 – 246.

[36] Grabovsky, Peter. 2007. Requirements of prosecution services to deal with cyber crime. *Crime, Law and Social Change* 47: 201 – 232.

[37] Grondin, Jean. 1993. *L'universalité de l'herméneutique*. Paris: Presses universitaires de France.

[38] Grondin, Jean. 2006. *L'herméneutique*. Paris: Presses universitaires de France.

[39] Grondin, Jean. 2011. *Le tournant dans la pensée de Martin Heidegger*. Paris: Presses universitaires de France.

[40] Habermas, Jürgen. 2012. *Raison et légitimité. Problèmes de légitimation dans le capitalisme avancé*. Paris: Petite bibliothèque Payot.

[41] Hegel, G. W. F. 1965. *La raison dans l'Histoire*. Paris: Union générale d'éditions.

[42] Heidegger, Martin. 1962. *Being and time*. New York: Harper and Row.

[43] Heidegger, Martin. 1964. *Lettre sur l'humanisme*. Paris: Aubier/Montaigne.

[44] Heidegger, Martin. 1966. *Discourse on thinking*. New York: Harper and Row.

[45] Heidegger, Martin. 1967. *Introduction à la métaphysique*. Paris: Gallimard.

[46] Heidegger, Martin. 1969. *Identity and difference*. New York: Harper and Row.

[47] Heidegger, Martin. 1971. *Poetry, language and thought*. New York: Harper and Row.

[48] Heidegger, Martin. 1973. *Approche de Hölderlin*. Paris: Gallimard.

[49] Heidegger, Martin. 1977. *The question concerning technology and other essays*. New York: Harper and Row.

[50] Heidegger, Martin. 1979. *Kant et le problème de la métaphysique*. Paris: Gallimard.

[51] Heidegger, Martin. 1980a. *Essais et conférences*. Paris: Gallimard.

[52] Heidegger, Martin. 1980b. *Introduction à la métaphysique*. Paris: Gallimard.

［53］ Heidegger，Martin. 1983. *le principe de raison*. Paris：Gallimard.

［54］ Heidegger，Martin. 1994. *Acheminement vers la parole*. Paris：Gallimard.

［55］ Heidegger，Martin. 2006b. *Questions I et II*. Paris：Gallimard.

［56］ Heidegger，Martin. 2008a. *Questions III – IV*. Paris：Gallimard.

［57］ Heidegger，Martin. 2008b. *Le principe de raison*. Paris：Gallimard.

［58］ Heidegger，Martin. 2009. *Chemins qui ne mènent nulle part*. Paris：Gallimard.

［59］ Heidegger，Martin. 2010. *Qu'appelle-t-on penser?* Paris：PUF.

［60］ Heidegger，Martin. 2012. *Ontologie. Herméneutique de la factivité*. Paris：Gallimard.

［61］ Heidegger，Martin. 2013. *Introduction à la recherché phénoménologique*. Paris：Gallimard.

［62］ Horkheimer，Max，and Theodor W. Adorno. 1974. *La dialectique de la raison. Fragments philosophiques*. Paris：Gallimard.

［63］ Husserl，Edmund. 2001. *Idées directrices pour une phénoménologie*. Paris：Gallimard.

［64］ Janicaud，Dominique，and Jean-François Mattei. 2010. *Heidegger et la métaphysique à la limite*. Paris：Éditions Ovadia.

［65］ Kant，Immanuel. 1965. *Critique of pure reason*. New York：St. Martin's Press.

［66］ Korab-Karpowicz，W. J. 2007. Heidegger's hidden path：From philosophy to politics. *The Review of Metaphysics* 61（2）：295 – 315.

［67］ Kruks，Sonia. 1987. Marcel and Merleau-Ponty：Incarnation，situation，and the problem of history. *Human Studies* 10（2）：225 – 245.

［68］ Ladkin，Donna. 2006. When deontology and utilitarianism aren't enough：How Heidegger's notion of dwelling might help organizational leaders resolve ethical issues. *Journal of Business Ethics* 65（1）：87 – 98.

［69］ Leonard，Lori N. K.，and Timothy Paul Cronan. 2005. Attitude toward ethical behavior in computer use：a shifting model. *Industrial Management & Data Systems* 105（9）：1150 – 1171.

［70］ Ma，Lin，and Japp van Brakel. 2006. Heidegger's comportment toward East-West dialogue. *Philosophy East and West* 56（4）：519 – 566.

［71］ Machiavelli，N. 1991. *L'art de la guerre*. Paris：GF Flammarion.

［72］ Malraux，André. 1946. *La condition humaine*. Paris：Gallimard.

［73］ Marcel，Gabriel. 1935. *Être et avoir*. Paris：Aubier/Montaigne.

［74］ Marcel，Gabriel. 1940. *Essai de philosophie concrète*. Paris：Gallimard.

[75] Marcel, Gabriel. 1951. *Les hommes contre les humains*. Paris: Fayard.

[76] Marcel, Gabriel. 1955. *L'homme problématique*. Paris: Aubier/Montaigne.

[77] Marcel, Gabriel. 1961. *La dignité humaine et ses assises existentielles*. Paris: Aubier/Montaigne.

[78] Marcel, Gabriel. 1967. *Position et approches concrètes du mystère ontologique*. Louvain/Paris: Éditions Nauwelaerts.

[79] McCusker, Rob. 2006. Transnational organised cyber crime: Distinguishing threat from reality. *Crime, Law and Social Change* 46: 257 – 273.

[80] Nietzsche, Friedrich. 1968. On the genealogy of morals. In *Basic writings of Nietzsche*, 449 – 599. New York: The Modern Library.

[81] Nietzsche, Friedrich. 1977. *Crépuscule des idoles, ou Comment philosopher à coups de marteau*. Paris: Gallimard.

[82] Nietzsche, Friedrich. 1983. *Par-delà le bien et le mal*. Paris: Gallimard.

[83] Overill, Richard E. 2003. Reacting to cyber-intrusions: The technical, legal and ethical dimensions. *Journal of Financial Crime* 11 (2): 163 – 167.

[84] Pascal, Blaise. 1823. *Pensées. Tome1*. Paris: Firmin Didot.

[85] Peukert, Helmut. 1984. *Science, action, and fundamental theology. Toward a theology of communicative action*. Cambridge: The MIT Press.

[86] Plato. 2011a. Ion. In *Œuvres complètes*, ed. Luc Brisson, 572 – 585. Paris: Flammarion.

[87] Plato. 2011b. Parménide. In *Œuvres complètes de Platon*, ed. Luc Brisson, 1106 – 1170. Paris: Flammarion.

[88] Polizzi, David. 2011. Heidegger, restorative justice and desistance: A phenomenological perspective. In *Crime, governance, and existential predicaments*, ed. James Hardie-Bick and Ronnie Lippens, 128 – 155. New York: Palgrave Macmillan.

[89] Ricoeur, Paul. 1997. *La métaphore vive*. Paris: Seuil.

[90] Roberts, Lynne. 2008. Jurisdictional and definitional concerns with computer-mediated interpersonal crimes: An analysis of cyber stalking. *International Journal of Cyber Criminology* 2 (1): 271 – 285.

[91] Saban, Kenneth A., Elaine McGivern, and Jan Napoleon Saykiewicz. 2002. A critical look at the impact of cybercrime on consumer internet behavior. *Journal of Marketing Theory and Practice* 10 (2): 29 – 37.

［92］ Salem-Wiseman，Jonathan. 2003. Heidegger's Dasein and the liberal conception of the self. *Political Theory* 31（4）：533 – 557.

［93］ Sartre，Jean-Paul. 1983. *Cahiers pour une morale*. Paris：Gallimard.

［94］ Sartre，Jean-Paul. 1985. *Critique de la raison dialectique. Tome* 2. *L'intelligibilité de l'Histoire*. Paris：Gallimard.

［95］ Schalow，Frank. 1998. Language and the social roots of conscience：Heidegger's less traveled path. *Human Studies* 21（2）：141 – 156.

［96］ Scheler，Max. 1970. *Man's place in nature*. New York：Noonday Press.

［97］ Schleiermacher，Friedrich. 1986. *The Christian faith*. Edinburgh：T & T Clark.

［98］ Schmurr，Andrew，and William Crawley. 2003. Cybercrime in the United States criminal justice system：Cryptography and steganography as tools of terrorism. *Journal of Security Administration* 26（2）：51 – 73.

［99］ Smith，Michael P. 1969. Self-fulfillment in a bureaucratic society：A commentary on the thought of Gabriel Marcel. *Public Administration Review* 29（1）：25 – 32.

［100］ Smith，Alan D. 2004. Cybercriminal impacts on online business and consumer confidence. *Online Information Review* 28（3）：224 – 234.

［101］ Smith，Alan D. ，and William T. Rupp. 2002. Issues in cybersecurity：Understanding the potential risks associated with hackers/crackers. *Information Management & Computer Security* 10（4）：178 – 183.

［102］ Speer，David L. 2000. Redefining borders：The challenges of cybercrime. *Crime，Law and Social Change* 34（3）：259 – 273.

［103］ Sutherland，Edwin. 1983. *White collar crime*. New Haven：Yale University Press.

［104］ Tan，Siong Thye. 2002. Money laundering and E-commerce. *Journal of Financial Crime* 9（3）：277 – 285.

［105］ Thiele，Leslie Paul. 1994. Heidegger on freedom：Political not metaphysical. *The American Political Science Review* 88（2）：278 – 291.

［106］ Thiele，Leslie Paul. 1997. Postmodernity and the routinization of novelty：Heidegger on boredom and technology. *Polity* 29（4）：489 – 517.

［107］ Tillich，Paul. 1952. *The courage to be*. New Haven：Yale University Press.

［108］ Turgeman-Goldschmidt，Orly. 2008. Meanings that hackers assign to their being a hacker. *International Journal of Cyber Criminology* 2（2）：382 – 396.

[109] Wall, David S. 1998. Catching cybercriminals: Policing the internet. *International Review of Law, Computers & Technology* 12 (2): 201 – 218.

[110] Wall, David S. 2004. Digital realism and the governance of spam as cybercrime. *European Journal on Criminal Policy and Research* 10: 309 – 335.

[111] Weinberger, Jerry. 1992. Politics and the problem of technology: An essay on Heidegger and the tradition of political philosophy. *The American Political Science Review* 86 (1): 112 – 127.

[112] White, Stephen K. 1990. Heidegger and the difficulties of a postmodern ethics and politics. *Political Theory* 18 (1): 80 – 103.

[113] Wood, Robert E. 1999. The dialogical principle and the mystery of being: The enduring relevance of martin Buber and Gabriel Marcel. *International Journal for Philosophy of Religion* 45 (2): 83 – 97.

[114] Woods Fidelie, Laura. 2009. Internet gambling: Innocent activity or cybercrime? *International Journal of Cyber Criminology* 3 (1): 476 – 491.

[115] Zimmerman, Michael E. 1983. Toward a Heideggerean ethos for radical environmentalism. *Environmental Ethics* 5 (2): 99 – 131.

[116] Zimmerman, Michael E. 1994. *Contesting Earth's future. Radical ecology and postmodernity.* Berkeley: The University of California Press.

[117] Zuckert, Catherine H. 1990. Martin Heidegger: His philosophy and his politics. *Political Theory* 18 (1): 51 – 79.

第六章

蒂利希式存在的勇气：如何对战欺诈行为

■ 6.1 前言

欺诈是最常见的金融犯罪之一。欺诈方案的种类非常多，极有可能影响民众打击欺诈行为的方式。西塔拉曼等人（2004：1064，1067）定义了欺诈的以下特征：（1）会计异常，包括贪污、少报债务、多报费用、重复支付等；（2）内控异常，如缺乏必要文件；（3）分析数据异常（如交易金额过大或过小）；（4）生活方式异常，如员工工资收入与其支出不符；（5）行为异常，如异常易怒及多疑；（6）来自其他员工的建议与投诉。作者的结论是，任何欺诈预防系统都应该识别出那些可能在组织生活中出现的欺诈特征。事实上，上述欺诈的特征并不是所有欺诈方案的特征。欺诈方案的种类众多，其在保险欺诈、管理欺诈和贪污、针对政府的欺诈以及预付款欺诈方面的特征可能会大不相同。

欺诈行为危及社会生活和个人自由。而针对欺诈行为的补救措施可以解决欺诈行为对集体和个人带来的危害。蒂利希式存在的勇气可以清晰地揭示针对欺诈行为的预防策略的基本组成部分。预防策略必须兼顾个人和集体的积极思考。蒂利希式存在的勇气似乎是一个具有启发性的概念，可以运用于防止欺诈行为的策略中。根据蒂利希（1952：89-90）的观点，存在的勇气意味着作为个体的勇气和作为社会一员的勇气之间相互依赖。做自己的勇气甚至被定义为"作为其中一员存在的勇气的必要纠正"（蒂利希，1952：141）。我们将看到，作为自己和社区一员的勇气是如何帮助公民接受道德挑战，从而深刻地改变他们的社会的。当公民观察到欺诈计划或参与欺诈行为时，存在的勇气可以保护公民的自由。存在的勇气就是自我肯定。但是，自我肯定不过是保持个人自由和归属感的方式。

■ 6.2 蒂利希和存在主义

在蒂利希看来，萨特是存在主义的主要代表。正如蒂布特（1959：605）所说，蒂利希在论及存在主义时，仿佛存在主义哲学家只关注本体或存在状态的分析，即对实体的分析。海德格尔的哲学被定义为存在论哲学而非存在状态哲学。这主要涉及存在的意义（海德格尔，1962：21 - 35）。从哲学意义上，蒂利希有理由将存在主义从海德格尔的存在主义哲学中分离出来。在蒂利希看来，存在主义不过是存在主义哲学的对立面。本体论层面（海德格尔）与本体层面（萨特）有本质区别。蒂利希对存在（和生存的勇气）的本体论或存在论分析与本体或存在论层面无关。存在意味着非存在是存在的一部分。这并非对非存在的抽象认识，而是对存在困境中的非存在的具体认识（蒂利希，1952：33）。因此，蒂利希（1952：123 - 125）采取了一种存在主义态度（正如克尔凯郭尔所宣称的），即自我在特定情境中的介入。如欧米拉（1968：253）所言，蒂利希式存在的勇气意味着对人类存在的本体论分析（因为它与存在密切相关）。它是相当深刻的存在主义，植根于海德格尔的概念。蒂利希并不真正关心布伯和马塞尔的哲学。相反，他在面对萨特存在主义哲学时定义了自己的哲学视角，并使用了海德格尔的本体论或存在主义概念，这一概念在《存在与时间》（1927）一书中得以阐释与发展。蒂利希并没有忽视对宗教存在主义的思考。在对宗教存在主义的分析中，他似乎没有提及布伯和马塞尔。最后他得出这样的结论，即这些哲学大多以本体为导向，而他自己的哲学（以及神学）必须以本体论为基础。我们在这须提示一下，根据海德格尔的观点，"'此在'在本体论中具有本体的独特性"（海德格尔，1962：32）。但他为什么要强调克尔凯郭尔的哲学呢？作为存在主义之父，克尔凯郭尔的哲学不容忽视。不深化对克尔凯郭尔哲学著作的理解，我们就不可能理解海德格尔和萨特的哲学。根据蒂利希（1944：68）的说法，克尔凯郭尔"代表了存在主义哲学的宗教派别"。与尼采、海德格尔和雅斯贝尔斯不同，谢林和克尔凯郭尔试图区分界限和隔阂（蒂利希，1944：63）。蒂利希深受克尔凯郭尔哲学的影响，至少有两个动机：（1）克尔凯郭尔的伦理生活观和宗教生活观与他对生存的勇气的本体论理解非常契合；（2）克尔凯郭尔正确地定义了存在主义哲学与宗教信仰之间的内在联系。雅斯贝尔斯的哲学也是如此。与马塞尔和布伯不同，雅斯贝尔斯对海德格尔式概念的启蒙内容持有更开放的态度。雅斯贝尔斯和海德格尔深受尼采哲学的影响。比起雅斯贝尔斯的哲学思想，蒂利希对克尔凯郭尔的作品印象更深刻。克尔凯郭尔定义了所有存在主义哲学和宗教哲学的基础。

在《存在主义哲学》（1944）中，蒂利希明确阐释了自己对存在主义的理解。蒂利希描述了存在主义哲学的三种形式。（1）对存在的诉求：根据蒂利希的观点，甚至柏拉图也定义了存在元素。在柏拉图的《蒂迈欧篇》中，我们可以找到关于宇宙和人类起源的神秘解释。柏拉图描述灵魂和肉体的方式实际上是基于存在的。正如蒂利希（1952：127）所说，当柏拉图使用一个给定的神话时，他描述了从一个人的本质存在（本质上是好的）到一个人的存在疏离（existential estrangement）的转变。柏拉图的神话甚至被用来强调人类存在的最重要的挑战。柏拉图使用神话语言和符号来揭示人类应该如何引导自己的存在。根据海德格尔（1980a：27–30）的观点，柏拉图的著作解蔽了实体是如何在人类存在中进化的。随即，柏拉图回答了以下问题："存在意味着什么？"柏拉图已经告诉我们"存在即在场"（being is presence）（海德格尔，2003：109–172）。柏拉图的哲学是前存在主义的。这就是为什么海德格尔能够在他的存在主义哲学和柏拉图对存在的神秘理解之间建立一个基本的联系。另外，蒂利希认为谢林的哲学在历史上打开了存在主义哲学的大门。蒂利希以谢林和海德格尔的哲学作为本体论神学的基本标志。（2）生命哲学（尼采）：我们的世界被描述为缺乏和谐、支离破碎的整体。尼采的哲学是基督教信仰最重要的绊脚石之一。蒂利希非常了解尼采的经典论述，他承认尼采对道德的批判是非常中肯的，因此克服了尼采对存在意义的怀疑。（3）克尔凯郭尔哲学与马克思人文主义哲学的再发现：海德格尔与雅斯贝尔斯是第三阶段存在主义哲学的主要代表。蒂利希没有考虑到萨特哲学。

蒂利希（1944：52 - 53）明确区分了不同的生存方式：

> 因此，对谢林来说，存在的方式是基督教传统信仰的即时个人体验——尽管进行了合理化的阐释。对于克尔凯郭尔来说，它是个体在面对永恒时的即时个人体验，他的个人信仰——虽然用最精练的辩证推理来解释。……对尼采来说，它是一个生物决定存在的即时个人体验，他的存在是对权力意志的体现——尽管在生命的形而上学中表达……对于雅斯贝尔斯来说，它是对自我内在活动的即时个人体验，人的存在是"自我超越"的——尽管是从内在心理学的角度来描述的。对于海德格尔来说，它是那种与存在有关的即时个人经验，他的存在是忧虑、焦虑和坚定的——尽管他声称描述了存在本身的结构。

克尔凯郭尔的哲学尤其重要，因为它引入了存在主义思想家的概念——这个术语适用于所有的存在主义哲学家（蒂利希，1944：53）。在提到"存在主义思想家"时，克尔凯郭尔提出了对"存在意味着什么"的新理解。克尔凯郭尔反驳了本质主义哲学家，如黑格尔。存在主义思想家非常关心自己的存在。更准确地说，他最终关心的是他的存在。根据克尔凯郭尔（1974：173）的观点，每一种兴趣都植根于主观性。蒂利希式的勇气不是黑格尔式的。黑格尔把存在分解为本质。在黑格尔看来，存在只是本质的必然表达。根据蒂利希（1952：133 - 134）的观点，黑格尔将历史视为"存在条件下本质存在的表现"。存在主义是对黑格尔历史观的抗议。根据蒂利希的观点，谢林的积极哲学思想是"个体在其历史情境中经历和思考并做出决定的思想"（蒂利希，1952：135）。正是在这样的诠释学语境中，蒂利希理解了人类的存在及其存在的意义。❶ 谢林（1980：137）认为，除了意志，没有别的存在。意志是没有根据的；它不受时间

---

❶ 海德格尔（1962：62）定义了诠释学的三种意义：（1）解释为任务；（2）确定本体论研究的可能性所依赖的条件；（3）解释"此在"的存在，即"此在"是具有存在可能性的实体。

的支配（它是永恒的）。它是自作主张的。正如海德格尔（2010：77）所言，每一种形而上学所设想的意志都是永恒的（因而不受时间性的制约）。

蒂利希（1952：136）认为尼采是最重要的存在主义哲学家——我们应该把尼采看作存在主义哲学的先驱。尼采认为，人的存在是无意义的。但是，蒂利希深受克尔凯郭尔存在主义哲学的影响，尽管他与海德格尔的哲学观点的碰撞决定了他的本体论神学的发展道路。蒂利希遇到了三种哲学，它们成为他神学思想的基本出发点：尼采（真理意志：我们如何面对无意义？）、克尔凯郭尔（存在就是现存：我们怎样才能提高自我修养，面对错误、罪责和焦虑这些存在范畴？）和海德格尔（在世存有：存在意味着什么？）。蒂利希用这些哲学观点从存在主义的角度来分析神学和哲学问题。

蒂利希十分关注雅斯贝尔斯和海德格尔的存在主义哲学。雅斯贝尔斯认为存在的主体性是现实的中心，而海德格尔则认为"此在"是通向"存在"自身的唯一途径（蒂利希，1944：57）。蒂利希发现了具有启发性和吸引力的海德格尔原理，即"实体的存在不是实体本身"。我们必须揭示（现存的）实体与其存在之间的关系（海德格尔，1962：26-27）。正如欧米拉（1968：261）所言，与布尔特曼（1987）不同，蒂利希没有使用海德格尔存在主义分析的所有概念。"此在"是存在（Sein）显露自己的地方（欧米拉，1968：257-258）。然而，蒂利希通过对"此在"的分析来确定上帝就是存在本身。蒂利希的存在本身并不等同于海德格尔的存在（欧米拉，1968：258）。根据布尔特曼（1969：360-361）的观点，海德格尔的存在并不等同于上帝。海德格尔并不从神学角度关注神的存在。神是存在的实体（布里托，1999：145-155）。神是支配存在的存在。神有自己的时间和历史。但是它们仍然是未知的。我们无法了解神。蒂利希（1952：33）似乎更受伪狄奥尼修斯法官的影响，而不是埃克哈特大师。根据伪狄奥尼修斯法官（1845：220）的观点，至善战胜了存在和非存在。它是无形的，所以它可以是任何形式。所有的生命都与至善相连。至善意味着存在、生命和理解的极度丰富（伪狄奥尼修斯，1845：189）。非存在并不是在压制神性的生命。至善在战胜存在与非存在的同时，希望达到

"没有海岸和海底的海洋"的境界。另外，埃克哈特大师对上帝的定义有助于我们理解上帝是如何凌驾于有神论的神之上的。根据埃克哈特大师（1942：124－125）的观点，上帝高于存在。存在受时间和空间的制约。上帝作为无极，不能受时间和空间的制约。埃克哈特大师于是得出结论，上帝不可能是一个存在于其他存在之外的存在。上帝必须超越存在和非存在。蒂利希使用了伪狄奥尼修斯和埃克哈特大师的哲学和神学著作，以深化他的"在有神论的神之上的上帝"的概念。然而，任何不干涉人类存在的上帝以及在本质上改变了尘世事物状态的上帝，都是在强化人类自由的上帝。这样，上帝加深了我们存在的孤独感（歌德，1964：75）。

　　我们甚至无法理解这对神而言意味着什么。我们对来世一无所知。这就是为什么我们不能对神说一个字。作为哲学家，我们应该只对神圣的期待保持开放的心态。作为路德神学家，蒂利希不同意海德格尔关于神的观点。但蒂利希运用海德格尔对"此在"及其与存在的关系的分析，揭示了在有神论的神之上的神，即作为存在本身的上帝。上帝是自在的，不能被视为客体（舍勒，1970：94）。否则，我们将面对有神论的神。但是，有神论的神是什么意思呢？正如蒂利希（1952：185）所说，尼采的"上帝已死"是合理的，因为没有人能容忍成为"仅仅是绝对知识和控制的对象"。所以，在有神论的神之上的上帝，就是在那个被宣称已死的上帝之上的神。但上帝怎能在这样的神之上呢？克尔凯郭尔（1974：219）清楚地展示了问题的两个方面：一方面，与上帝的直接关系（有神论的上帝）；另一方面，与上帝的精神关系（灵性）。

　　　　例如，如果上帝看到一只罕见的巨大的绿鸟，长着红色的嘴，坐在土丘上的一棵树上，甚至可能在用一种闻所未闻的方式吹着口哨——然后社会人才能一生中第一次睁开眼睛。所有的异教都包含这一点，即上帝与人是直接相关的。这对于吃惊的观察者而言，显然是不同寻常的。但在真理中，与上帝的属灵关系，即内在的灵性，是由内在的先发所决定的，这种内在性与上帝的不可捉摸性相对应，即上帝并非是显而易见的，上帝是隐形的。他不可能使人们立即想到他的

存在，因为他的不可见与他的无所不在是对立的（克尔凯郭尔，
1974：219）。

克尔凯郭尔的存在原则是主体与客体的分离，思想与存在的分离（克
尔凯郭尔，1974：112）。根据蒂利希的观点，克尔凯郭尔的存在原则反映
在雅斯贝尔斯的临界境遇中（蒂利希，1944：59）。然而，蒂利希并没有
澄清这种相互联系。克尔凯郭尔把罪责、过错、怀疑和焦虑作为存在主义
的基本关注点。根据雅斯贝尔斯的观点，疾病、死亡、机会、错误和斗争
都是临界境遇，也就是说，是不可超越的生存状态。临界境遇是人类生活
中基本的（不可避免的）境遇。它们是我们历史的组成部分（吕格尔，
2000：596）。临界境遇让我们进行哲学思考。这可能就是海德格尔
（1962：496）如此思考的原因，正如雅斯贝尔斯所描述的那样，临界境遇
实际上具有基本的生存本体论意义。根据阿伦特（2005：34）的观点，我
们通过临界境遇来获得我们的独立性。当我们成为我们自己的时候，我们
就变得自由了。然而，临界境遇是每个人生活的中心。根据社会、文化、
政治或宗教背景，人们对于临界境遇会有不同的感知。临界境遇实际上反
映了我们存在的困境。它们定义了存在的意义。临界境遇属于人类的存
在，而这一处境是我内在意识的组成部分（雅斯贝尔斯，1970：179）。作
为一个存在的主体，我处在一个特殊的情境中。我在特定的社会、政治、
经济、文化甚至宗教或精神环境中，在历史的一个特定时间或空间点中进
化。因此，我的存在是情境性的，具有唯一性（雅斯贝尔斯，1970：
183）。另外，我也受到同样的（不可避免的）存在主义的或普遍的制约因
素。死亡是最重要的临界境遇，因为死亡是生命的终结。我不知道我的死
亡是客观的，我更多地会将其视为一种独特的现象。我的死亡通常不会被
察觉，因为是我（而不是其他人）正在死亡。我的死亡是一种成为我自己
的无限可能。我可以做我自己，即使是在我即将死去的时候，或者即使是
在我为我未来的死亡做心理准备的时候（雅斯贝尔斯，1970：197）。死亡
是我们的历史性不可分割的一部分（雅斯贝尔斯，1970：201）。在日常生
活中，人们经常忘记临界境遇，好像这种存在性的限制不存在似的。我们

忽视了思考死亡。我们否认自己有罪。观察临界境遇（我们存在的失败）在多大程度上影响我们的生活，使我们有可能成为我们自己（雅斯贝尔斯，1966b：19）。通过临界境遇，我们开始意识到我们的存在（雅斯贝尔斯，1963：193），并感觉到什么是真实的（雅斯贝尔斯，1966c：21－22）。我们必须深化临界境遇的意义，并帮助他人寻找他们的答案。这样做，我们将尊重他人的自由，并视之为神圣的现实。

蒂利希（1956：741）将存在主义定义为"反对将现存的主体分解为他自己创造的对象，分解为构成它们的表象或本质的事物"。这显然是海德格尔和马塞尔批判技术的方式。布伯和雅斯贝尔斯还关注了现存的主体在与周围物体紧密联系时是如何被扭曲的。有效吸收克尔凯郭尔对存在主体的观点后，海德格尔揭示了存在性，即"存在的主观性的那些特征使其具有存在性"（蒂利希，1956：742）。根据蒂利希（1956：742）的观点，萨特反对存在主义是依赖于本质主义的想法（萨特，1980：627）。另外，蒂利希批评萨特关于自由的概念是"存在主体的不确定的自我实现"。与克尔凯郭尔不同，萨特在定义自由（选择自己）时没有考虑任何外部条件。主体是完全自由的（没有必要），因此对他的生活完全负责（萨特，1980：487－615；1938：185）。正如陀思妥耶夫斯基（2002：743；1961：631）所言，面对人类，我们都有罪。罪责与我们的作为、不作为、言语和思想有关（陀思妥耶夫斯基，2002：434－435）。如果上帝存在，我们对他人是有罪的。但如果上帝不存在，就根本没有罪（陀思妥耶夫斯基，2002：201）。萨特（1970：36－38）走了无神论的道路，同时断言我们要对我们自己负责，甚至对人类的未来负责。参与一场特定的战争意味着要对其可怕的后果负责。如果我们不谴责战争，那么我们就要对战争的短期和长期影响负责。萨特把陀思妥耶夫斯基普遍的罪责感修改成了普遍的责任概念。虽然陀思妥耶夫斯基从存在主义和基督教的角度定义了他的罪责概念，但我们可以发现其采用了同样的概念流。

谢林（和叔本华）将意志（作为本体论范畴）定义为具有"否定自身而不丧失自身的力量"（蒂利希，1952：33）。蒂利希对谢林哲学的理解有助于我们理解他的存在观。对于"为什么有物存在，而不是什么都没有？"这样的问题，巴门尼德、莱布尼茨、海德格尔都无法回答。必然性只属于理性。谢林的自由哲学（谢林，1980）实际上承认了存在（存在的恶）对本质（普遍的恶）的依赖。阿伦特（2005：33）认为谢林的"肯定哲学"是从存在出发的，从而否定了康德的纯粹理性哲学。纯粹理性不能解释事件的特性和我们存在困境的不同组成部分。谢林是第一个直接面对这种哲学挑战的哲学家。通过谢林的"肯定哲学"，个体从对普遍性的服从中解脱出来（阿伦特，2005）。康德的普遍性根本不存在。普遍性只能在绝对的个体存在中实现。谢林的"肯定哲学"在上帝处寻求庇护（阿伦特，2005：38－39），因为只有上帝才能帮助人类找到他们失去的东西（作为自由的人）。蒂利希受存在主义方法的影响要远远大于其内容的影响，这可能是因为蒂利希曾面临谢林、克尔凯郭尔和尼采的哲学对基督教信仰的挑战（欧米拉，1968：251）。蒂利希对存在主义的理解描述了人类的困境（艾丁格，瓦克，1966：152）。蒂利希深受谢林、克尔凯郭尔和尼采的影响。蒂利希对海德格尔存在主义哲学的理解离不开这种哲学影响。正如罗斯（1975：161）所说，蒂利希受到海德格尔看待存在主义质疑的方式的影响："在被询问的事物中，也存在被询问者所发现的事物。"所问即存在。通过提问发现的是存在的意义（海德格尔，1962：24－27，63）。蒂利希在存在的问题上采用了海德格尔式的观点，以深化他对存在困境的看法，以及对上帝是我们的终极关怀这一概念的看法。蒂利希同意海德格尔的观点，西方形而上学的历史孕育了"存在的悲剧性遗忘"。然而，这种悲剧性的事实并不排除任何关于存在的勇气的本体论论述。相反，海德格尔对形而上学的批判是以这样一种方式为前提的，即在处理一种植根于存在的存在的勇气时，蒂利希专注于存在本身和存在的力量。

■ 6.3　抵抗非存在的勇气

　　根据蒂利希的观点，萨特将"非存在"定义为既包含"虚无"的威胁，又包含"无意义"的威胁。"非存在"正在摧毁存在的结构。存在主义没有办法克服虚无和无意义的威胁。萨特的哲学确实如此，但雅斯贝尔斯、马塞尔和布伯的哲学则不然。在虚无和无意义的威胁中生活，意味着有勇气承担自己的责任（蒂利希，1951：189）。雅斯贝尔斯从哲学观点上反对极权主义现象。和阿伦特一样，他强调的是面对极权主义国家的勇气。马塞尔谴责各种非人化的过程，包括人类正在成为其技术工具的奴隶的方式。布伯深切关注犹太人的处境和（犹太教）哈西德派的运动（布伯，1993）。然而，布伯的观点与其说是哲学的，不如说是宗教的。所以，至少雅斯贝尔斯和马塞尔在哲学上谴责了虚无和无意义的威胁。加缪（1970：53）认为，人的存在是有意义的，但这种意义是人为诱导的。与雅斯贝尔斯、马塞尔和布伯不同，加缪认为任何存在的意义都不可能被理性地证明。这完全没有意义。加缪因此遵循尼采的意识流。我们永远不知道我们的世界是否有任何意义。即便存在这样的意义，它也是无法达到的。这就是为什么加缪认为无意义只有在我们不认同它的时候才有意义（加缪，1977：73）。生命没有"先天"的意义（萨特，1970：80，82，89）。根据萨特（1938：238）的观点，存在的意义不过是意识，是一种遗忘的意识。即便生命有任何意义，我们也无法从生命自身中找到它。世界是没有意义的：它只是机会（萨特，2001：86）。遗忘的意识实际上知道生命没有内在的意义。本质不会先于存在。生命存在的唯一意义来自我们所建立的个人价值体系。死亡没有提供任何生命的意义。死亡使人类的存在变得毫无意义（萨特，1980：597－598）。根据马尔罗（1946：151）的观点，人类的本质是对命运的意识。萨特同意马尔罗（1972）的观点，即死亡是将生命悲剧性地转化为命运。与马尔罗不同，萨特（1980：604）

认为我的死亡并没有揭示我生命的独特性。人类的现实基本上是有限的，因为我们在选择它。我们不是在寻找生命的先天意义，也不是在寻找普遍价值。萨特的存在主义原则（"存在先于本质"）对决策者是有帮助的，因为它揭示了自由的真正意义：每个人都必须创造自己的生活意义和个人价值体系（反例：里希特，1970）。正如福特和劳勒（2007：415）所说，我们必须为自己创造意义。选择我们自己意味着选择我们的世界。"自由"意味着提升人类的既定形象。通过我们的选择，我们注定要创造人类（萨特，1970：17 - 28，37 - 38，52 - 53，55，62 - 63）。没有人类的自由，存在的奥秘就会消失（伯蒂耶夫，1954：74 - 75）。自由是人类存在最神秘的一面。在选择我的个人道德标准时，我选择了我自己。但我的自由完全取决于他人的自由，反之亦然（萨特，1970：47，78，80 - 84，89）。这里没有价值的尺度或层次。价值是通过自我而存在的。组织价值和个人价值都是自我超越的尝试。价值是"我应是谁"，而非"我是谁"。萨特的伦理学预设任何价值都在传达一种特定的对人类的看法。所有的价值观都是在揭示人类的具体前景。根据蒂利希的观点，存在主义无法找到征服虚无和无意义威胁的方法。因此，蒂利希拒绝接受雅斯贝尔斯、马塞尔和布伯所提供的哲学答案。

非存在威胁着我们实际存在的自我肯定（蒂利希，1952：46）。存在的勇气，就是在死亡、疾病、命运、毁灭性的侵略、无意义和绝望中仍然存在的勇气（梅，1979：183；保克，保克，1976：224 - 225）。焦虑意味着意识到我们将停止存在（梅，1979：13）。焦虑是我们意识到存在的有限性，但不能阻止我们必须死亡这一事实。死亡是对人类生存的绝对威胁。我们无法避免它。死亡是存在主义焦虑的核心。焦虑的对象是对我们存在的威胁。这种威胁的根源是虚无。虚无的力量可以在怀疑、罪责和绝望中体验到（蒂利希，1952：36 - 38）。蒂利希式存在的勇气与海德格尔的"决心"概念无关（反例：马丁，1971：204）。根据海德格尔（1962：338）的观点，警告的良心（指向前方）并不等于谴责的良心（指向后方）。这个警告的目的在于"此在"认为自己是有罪的。罪责使良心成为可能（海德格尔，1962：332）。正如布伯（1962：70）所说，海德格尔的

"有罪"是基于"有罪的存在"，即"他们的自我"。良心的召唤实际上是在整个"有罪的存在"中产生的。关于良心的召唤，我没有什么好说的（海德格尔，1962：318）。它只是把"此在"前前后后地召唤到"它自己的最大可能性中去，召唤到它自己的最大潜能中去"。我不准备接受良心的召唤。它召唤我，即使违背我的意愿（海德格尔，1962：320）。但良心的召唤是属于我的。它在我的自我中出现，就像它在世界中一样。"此在"通过良心的召唤召唤自己（海德格尔，1962：321）。根据海德格尔（1962：314，334）的观点，良心的召唤意味着"想要有良心"。良心的召唤出现在我们"有罪的存在"和面对死亡的过程中。对死亡的真实思考是一种想要拥有良知的欲望（海德格尔，1962：357）。

这是一种让一个人最真实的自我在其有罪的存在中按照自己的意愿采取行动的方式，并在现象上代表了"此在"本身所证明的本真存在（海德格尔，1962：342）。

根据海德格尔（1962：322）的观点，良心是"烦"的召唤。"此在"的被抛暗示着"对其存在潜能的焦虑"。倾听良心的诉求对了解自己"处于自己最具潜力的存在中——即把自己置于最真实的罪责的可能性上"是至关重要的（海德格尔，1962：333）。"此在"的被抛意味着"此在"总是投射自身，也就是说，从可能性的角度理解自身（海德格尔，1962：185）。"此在"是它的可能性，即它存在的潜力（海德格尔，1962：68）。海德格尔（1962：314）将决心定义为"选择一种存在的自我"。通过决心，我们到达"此在"的真实真相。决心是真实的自我。只有真正地做自己，在与他人的关系中，我才能是真诚的。决心首先赋予"此在"透明性（海德格尔，1962：343－346）。决心将"此在"带入其存在的处境（海德格尔，1962：347）。决心与罪责是分不开的。决心使"此在"战胜罪责，决心揭示"此在"。罪责被理解为"此在"存在的构成。当我们面对我们的罪责时，我们要么选择真实的存在模式，要么选择不真实的存在模式（海德格尔，1962：353）。然而，决心是对"此在"的坚决表征，因此"此在"的方式是自由地选择真实的存在潜力（海德格尔，1962：394－

395）。因此，海德格尔关于决心的概念与蒂利希式存在的勇气无关。虽然我们会排除蒂利希存在的勇气的宗教角度，但海德格尔的决心概念不会与我们应对自身存在性焦虑的方式紧密相连。真实性是一种存在方式，它意味着对存在有限性的接受。然而，决心与良心紧密相连，就像"烦"的召唤。只有在这种情况下，真实性才会变得有意义。蒂利希式存在的勇气基本上与良心无关，它是"烦"的召唤。蒂利希式存在的勇气和海德格尔的决心的解释学语境是完全不同的，虽然蒂利希（1939：214）也认为存在是在罪责法则之下。

> 他详细阐述了非存在、有限、焦虑、烦、必须死亡、罪责、良心、自我、参与等概念。在此之后，他分析了一种他称为"决心"的现象。德语"Entschlossenheit"一词，指的是焦虑、顺从和自我封闭所锁定的事物被解锁后的象征。一旦它被打开，一个人可以行动，但不是根据任何人或任何事的规范。没有人能给"坚定"的个人行动指明方向——没有上帝，没有惯例，没有理性的法则，没有规范或原则。我们必须做我们自己，我们必须决定去哪里。我们的良心是对我们自己的召唤。它没有告诉任何具体的东西（蒂利希，1952：148）。

蒂利希使用了"决心"这个词，但并没有把它与海德格尔的良心联系起来，而是把它作为一种"烦"的召唤。但海德格尔的"坚定"概念得到了部分维护。蒂利希强调需要解开存在主义焦虑所锁定的东西。然而，海德格尔和蒂利希意识到，解锁过程并不使用普遍的规范。根据蒂利希的观点，我们只有"坚决地"接受焦虑（意识到存在的有限性）和罪责，才能面对无意义。对于释放焦虑的正确或错误路径，并没有普遍的标准。海德格尔的"决心"概念似乎与尼采的价值嬗变密切相关。虽然只有意志坚定的人才有勇气面对虚无和无意义，但这并不意味着蒂利希式存在的勇气实际上反映了海德格尔的"决心"。海德格尔式的"决心"是我们面对无意义和虚无所需要的勇气的一部分。但是，由于蒂利希式存在的勇气基本上是与存在的力量和存在本身（因而与上帝）相联系的，所以，海德格尔的"决心"，因为它与尼采的价值嬗变密切相关，故并不能反映存在的勇气的全部意义。

根据蒂利希的观点，四种主要的本体论范畴（时间、空间、因果、物质）只不过是我们把握和塑造现实的形式。其中一种表达了存在与非存在的结合，以及勇气与存在性焦虑的结合（作为存在有限性的意识：蒂利希，1981：130）。

第一，时间。我们的"必定将死"（having-to-die）是"此在"的可能性（海德格尔，1962：306）。正如格罗丁（2011：62）所说，存在的意识来自我们的"必定将死"。时间是存在有限性最重要的范畴。"此在"的本体论基础是时间性，因此时间只是焦虑感（伯蒂耶夫，1936：135）。时间性是"此在"的意义（海德格尔，1962：38）。"暂时的"一词并不意味着及时。"此在"存在的意义只能在时间性中找到（海德格尔，1962：40–41）。"时间需要从根本上被解释为理解存在的地平线，从时间性上理解'此在'的存在。"（海德格尔，1962：39）时间性不是一个实体（海德格尔，1962：377）。时间的基本现象可以在"现在"中观察到，因此我们无法"反方向"地获得时间性（海德格尔，1962：478–479）。我们对死亡的焦虑意味着我们意识到我们必须面对死亡。正如阿伦特（2005：59）所说，焦虑揭示了我们的世界里没有家。我们的"必定将死"揭示了这种不安的陌生感。根据海德格尔（1962：235–238，372）的观点，"此在"是"一个实体，在它的存在中，存在是一个问题"。"此在"因此已经超出了它自己，无论它是否真实。"烦"❶是"此在"的存在，因此具有本体论性质（海德格尔，1962：225–273）。然而，海德格尔（1962：238）明确指出"烦"是一个本体论范畴："'烦'现象的整体本质上是一种不能被撕裂的东西；因此，任何试图将其追溯到特殊行为或驱动力，如意愿和愿望或冲动和成瘾，或从中构建它，都将是不成功的。"海德格尔（1962：364）认为最原始的存在真理是"烦"存在意义的遮蔽。正如格罗丁（2011：52）所说，"此在"关心它的存在，因为它意识到自己存在的有限性（因为"此在"受到时间的限制）。"烦"使"此在"体验它自己的存在：因此，"烦"揭示了存在（格罗丁，2011：54）。"烦"是存在的

---

❶ 海德格尔把人的全部存在状态归结为"烦"（Sorge，care），另有译为"操心"。——译者注

意义（海德格尔，1962：372）。海德格尔（1962：243）从两个方面解释了"烦"的含义：（1）"烦"使人的完美成为可能，通过"烦"，我正在成为"我是谁"，自由自在地做我自己最可能做的事（我的存在的投射："我想成为谁"）；（2）"烦"决定了特定实体的基本特征——实体拥有被抛入的世界。❶"烦"永远不应该被定义为一种对自我的态度，尽管它总是呈现出忧虑与关心（海德格尔，1962：237 – 238，347 – 348）。"烦"是"向死而生"。未来是原始的和真实的时间性（海德格尔，1962：378，428；里克尔，1983：121）。根据海德格尔（1962：374）的观点，时间性表现为真正的关怀意义。死亡只不过是不可能以任何方式存在的可能性（海德格尔，1962：307）。临终意味着"此在"走向死亡（海德格尔，1962：291）。死亡是"此在"自身的最大可能性（海德格尔，1962：307）。真正的"向死而生"是"此在"历史性的基础（海德格尔，1962：438）。我们必须选择接受或拒绝我们存在的有限性。❷ 接受我们存在的有限性会使我们的现在和未来真实，拒绝它则会使它们不真实。

生的意思是活在当下。海德格尔排除了任何永恒的概念（布伯，1962：91）。海德格尔（1962：475）提到柏拉图在《蒂迈欧篇》（2011b：1996）中将时间定义为永恒的形象。然而，真正至关重要的只是"一系列现在的出现与消失"。海德格尔同意，在每一个"现在"里，"现在"已经消失了。但他并不真正关心现在的无限序列。❸ 根据海德格尔（1962：

---

❶ 海德格尔实际上知道斯多葛学派（例如，1954 年的塞内加）和基督徒是如何理解"烦"的（see：Ps 55，23；Mt 6，25 – 34；Lc 10，40 – 42；1 P 5，7："烦"即"忧心"）。然而，基督教的 sollici-tudo 概念与上帝联系太紧密了。因此，海德格尔（1962：268）试图深化"烦"的概念，同时仍然意识到亚里士多德的本体论可能对他的哲学提问很有帮助（海德格尔，1962，492：H. 199，n. vii）。

❷ 海德格尔（1962：298）将托尔斯泰的《伊凡·伊里奇之死》称为"呈现了一个人死亡后的分裂和崩溃的现象"。事实上，托尔斯泰描述了我们在一个人死去时的感受，也就是宽慰的感觉（我没死）。托尔斯泰分析了死亡的过程："折磨、痛苦从未停止过片刻；生活的绝望感总是在消退，但仍未消失；那可怕的、可恨的死亡总是向他扑来，这是唯一的现实，永远是同样的虚假。"（Leo Tolstoy，*The Death of Ivan Ilyitch*，New York：The Library Press，p. 49）。

❸ 海德格尔（1962：484）将柏格森的时间概念称为数量演替。柏格森考察了真实的持续时间，它的异质瞬间是相互联系的（每一个瞬间都可以被拉近到外部世界的同时期状态，并通过这种带来的紧密性与其他瞬间隔离开来）。然后，我们可以比较这两个现实，并开发一个持续时间的象征，因为它是由空间绘制的。持续时间采取一种同质环境的虚幻形式（Henri Bergson，*Essai sur les données immédiates de la conscience.* Paris：PUF，1961，p. 82）。

478）的观点，我们必须对"现在"有一个真正的等待。"对非本真的存在的等待——这种等待会忘记它的当前化❶——是时间流逝的一般经验的可能性条件"（海德格尔，1962：478）。这种普通的时间经验就是世界时间，即一种外延。奥古斯丁（1964：275 - 276）相信它是灵魂的延伸：我们无法测量过去（过去不再存在）、现在（没有范围）和未来（还没有实现）。"此在"是，因为它是"我曾经是"；只要"此在"是面向未来的，它就可以是真实的曾经（海德格尔，1962：373）。根据伯蒂耶夫（1936：158）的观点，海德格尔的"必定将死"基本上是悲观的。然而，我们必须注意到，海德格尔并不想处理来世。孔子（1979：107）说："未知生，焉知死？"海德格尔对死后生活也有类似的看法。这不是一个相关的问题，因为我们无法一字一句地解读它。所以，海德格尔对死亡并不是那么悲观。他只是在重复我们对于死亡能说的唯一的一件事，那就是我们"必定将死"。海德格尔的死亡观与柏拉图相似（2011a：1179）：任何哲学家都主要关注死亡（费顿，64a）。正如帕斯卡（1973：196）所说，我们知道我们会死，但却不知道我们不可避免的死亡的意义。我们对"必定将死"的焦虑揭示了时间的本体论特征，因此需要有一种本体论的勇气。对我们现世存在的本体论焦虑，与我们确认我们现世的本体论勇气相平衡。确认我们的时间性就是确认我们的现实性，也就是说，抵抗时间的湮灭性。人是最勇敢的存在：他必须战胜本体论的焦虑。在这样做时，他不能避免以下存在主义问题：一个人的本体论勇气的最终基础是什么？根据蒂利希的说法，只有上帝的启示才能成为我们面对"必定将死"的勇气的基础。

第二，空间。我们是空间生物：我们拥有特定的空间。我们的自我是否占据了特定的空间？如果没有"我"所占据的空间，还会有"我"吗？我面临着一个深刻的哲学问题，因为"我"没有确定的空间，所以不安全感成了"我"存在方式中不可或缺的一部分。我对自我所占据（或将要占据）的空间的不确定性感到焦虑。对生存空间的焦虑揭示了生存困境不过是一系列的局限。有限即是存在的不安全。我可以（通过死亡）失去我的

---

❶ 海德格尔（1962：374）认为，"决心"的基础是将"现在"作为"当前化"。

空间。失去我的空间就是失去我现世的存在，从而失去我的存在。在海德格尔（1962：148）看来，空间不过是构成世界的一个组成部分。如果不回到现实世界，我们就无法理解空间（海德格尔，1962：421）。那么，如果我们指的是我们的空间存在，存在的勇气到底是什么意思呢？在这里，存在的勇气意味着抵抗无居所的焦虑，并肯定自己的居所（只要我活着）。但是我们怎么能接受最终的非空间呢？根据蒂利希的说法，只有上帝的启示才能成为我们勇敢面对的基础。

第三，因果关系。人类深刻地意识到他不是"自因"的，因为他是一个有限的存在。他知道他的存在是没有必要的。勇气意味着接受我们存在的偶然性。但是，我们如何获取这样的勇气呢？根据蒂利希的说法，只有上帝的启示才能成为我们接受偶然性的勇气的基础。

第四，物质。作为有限的存在，我们担心失去我们的物质。我们不仅会在死亡中失去我们的物质，也会在每一次改变中失去我们的物质。我们不断变化的存在意味着我们失去了一部分物质。变化意味着事物的当前状态与以前的状态不相同。马塞尔·普鲁斯特认为我们是自我重叠的。在我们的生活经历中，我们并不完全是我们自己。我失去了我的一部分。成为一个不同的自己意味着我失去了原我的一部分。因此，勇气意味着我们在面对变化时，以及面对"必定将死"时，承担起我们的焦虑。我们生命中最重要的变化就是死亡，因为死亡是彻底的、决定性的个人身份的丧失。与其他变化不同，死亡为存在的自我创造了一个完全不同的状态。当变化发生在时间性中时，自我就参与了变化的过程。任何形塑的过程都会引发改变。变化保护了过去的一些东西。存在的自我仍然在情境中。当一个人死了，他就不存在了。死者不在现场。根据蒂利希的观点，存在的勇气意味着面对（并因此接受）失去我们的个人本质（我们是谁）和普遍存在的本质（我们作为存在的实体）的威胁。肯定我们存在有限性的勇气使我们可以自行承担我们的焦虑。但是，我们如何接受这种物质的不可避免的损失呢（蒂利希，1951：192－198）？根据蒂利希的说法，只有上帝的启示才能使这种勇气成为可能。

所以，在四个本体论范畴中，总是会出现同样的问题：怎样才能有勇气去抵抗非存在的威胁呢？根据蒂利希的观点，我们有限的存在需要一个基础，来支撑我们对抗非存在威胁的终极勇气。非存在的威胁可以在道德领域（由于我们存在的罪责而产生的谴责焦虑）、精神领域（无意义的焦虑）和本体领域（死亡焦虑）中体验到（蒂利希，1952：46 - 54）。根据蒂利希的观点，我们抵御非存在的终极勇气的基础是存在的基础。蒂利希的存在基础受到谢林的原初基底（Urgrund）的影响，"原初基底"指作为先于任何实体存在的存在（谢林，1980：187 - 188）。正如布洛赫（1977：371）所说，谢林的原初基底是不能被思考的，即"绝对不是什么"（what - must - not - be）。对无意义的焦虑是 20 世纪的特征；它在卡夫卡的《城堡》（和《审判》）以及米勒的《推销员之死》中得到了很好的体现。如果人们宁愿被奴役也不愿获得自由，那么他们将生活在一个毫无意义的世界里（卡夫卡，1957：311 - 312）。我们是我们自己，我们总是想要自由（卡夫卡，1984：26，76）。

根据萨特的观点，存在性表征的是实体的存在状态（萨特，1980：33）。因此会有"先验"的本质来定义我们是谁。人就是他选择成为的人。人就是他想成为的人。正如哈迪 - 比克（2011：95）所说，不管环境如何，我们都可以自由选择我们的处境的意义。我们的存在即我们的筹划（project）。因此，根据萨特的观点，人性是不存在的。因此，人类是完全自由的。人只是他行为的总和。人就是他决定成为的那个人（萨特，1970：22，52，55）。我们对"我们是谁"完全负责。这担子看起来挺重的。但我们也要对他人负责。在选择我们想要成为谁的时候，我们正在揭示我们所喜爱的人类形象（萨特，1970：24 - 25）。我们的行动揭示了我们想成为什么样的人（萨特，1947：89）。麦地哈马蓬（1996）准确地比较了萨特的自我观（自我根本没有本质：它总是根植于存在）和大乘佛教的自我观（没有独立的自我）。佛教是在业力法则（因果律）的背景下审视自我的概念，因此它与轮回密切相关。另外，萨特认为任何本质都是基于存在的。根据萨特（1970：20）的观点，启蒙运动仍然传达了"本质先于存在"的信念。当存在的主体创造本质时，本质就会产生。虽然佛教和萨特哲学在自我概念上看似十分接近，但两者之间却存在巨大的差距。

　　根据杰克逊（2005：321）的观点，萨特对商业伦理的观点实际上暴露了隐藏的关于人类自由的假设或信念。他给出了萨特哲学中与商业伦理相关的五个基本组成部分：存在先于本质；人是主体，不是客体；选择问题；决策的普遍性（决策就是选择人类应该成为什么样的人）；不诚实和真实。萨特揭示了人类不过是情境中的存在（being-in-situation）。选择总是选择在这个世界，因为我们的自我在这个世界中（萨特，1980：579）。根据保卢奇（2007：257）的观点，萨特在《存在和虚无》中描述人类的方式揭示了理解人类作为一种情境中的存在的至关重要性，即人处于在筹划的叙事中。人类是自己的筹划，最终决定"我们是谁"（萨特，1985：113，116）。情境中的存在是通过价值存在的存在（萨特，1980：691）。没有先验价值。价值观不过是存在选择的现实。根据萨特（1938：96）的观点，存在主义的厌恶意味着寻找我无意义的世界和存在：主要的方式是感受自己。我只是一个多余的实体（萨特，1938：238）。即使是无意义也不能改变"我们是谁"。我们对无意义的焦虑意味着我们可能会失去自由和命运之间的统一。蒂利希说："没有命运就没有自由，没有自由就没有命运。"埃斯库罗斯（1999：363）认为，命运实际上是在准备我们的死亡。命运作为我们"必定将死"的过程并不排除任何自由。否则，就没有人类自由的空间。只有命运才能决定我们的存在。如果没有人性或本质，也就没有先验价值，那么就没有命运。蒂利希反对萨特排斥命运的方式。与海德格尔不同的是，萨特认为根本不存在"向死而生"。人在死亡时不受任何命运的支配（列维，2000：752）。死亡是与偶然性相联系的，因此生命走向死亡的活动是不可能存在的。爱德华兹（1975：562）解释了萨特如何误解了海德格尔所说的死亡的可能性。根据萨特的观点，死亡不是我的可能性，而是我不再有任何可能性的可能性。人不是一个必须死亡的自由的存在，而是一个自由的、终有一死的存在（萨特，1980：606）。

　　到了 20 世纪，存在主义思想家更多地强调无意义的焦虑，即对失去我们"终极关怀"的焦虑。"终极关怀"关注的是赋予所有意义以意义的意义（蒂利希，1952：47）。蒂利希（1952：143）说，尼采认为无意义是绝望和自我毁灭的根源。在尼采哲学中，无意义和绝望永远不会产生对上帝的信仰。根据蒂利希的观点，对无意义的焦虑反而直接驱使我们去思考上帝作为存在基础的问题。如果不把上帝视为存在的基础，就不可能有存在的勇气。只有上帝作为存在的基础（因此也是意义的基础），才能使这种勇气成为可能（蒂利希，1951：208－210）。勇气植根于信念（蒂利希，1951：270）。终极勇气是建立在我们参与上帝的基础上的，而上帝就是存在的终极力量。对上帝的信仰是我们对勇气的存在主义探求的答案，也就是说，是我们战胜焦虑所需要的答案。没有对上帝的信仰，人们就无法从存在性焦虑中解脱出来。至于时间，只有上帝（作为永恒的现在，即永恒存在于人类的时间性中）才能给我们勇气来承担我们即时性的存在。上帝正在拓宽我们的希望范围：上帝正在揭示永恒。上帝打开了人的即时和永恒之间的道路。然而，我们对这样的"沟通"之路却一无所知。根据科克托（1934：72）的观点，神活着，不受人的时间性（折叠的永恒）的影响。正如洛克（2009：369－372）所说，永恒的概念只是消极的想法。我们不可能对无限持续（没有任何开始）有任何积极的想法。如果这种即时与永恒之间的走廊被封闭，那么信仰就不可能存在。那些相信上帝的人相信，在他们短暂的存在结束（死亡）后，他们的灵魂将获得永恒。作为永恒的上帝并不能保证人类灵魂能够进入永恒。这种保证是由上帝在人类（暂时）存在中的化身提供的。没有基督的存在，就不会有死亡和永恒之间的过渡。至于空间，上帝的无所不在给了我们勇气去接受存在的不安全感，从而使我们焦虑失去我们的空间存在（蒂利希，1951：273－278）。只有上帝的启示使我们意识到上帝是"有创造性的和极深的存在基础"（马丁，1971：153），或是存在本身，或是存在的终极力量。所以，只有上帝的启示才能使存在的勇气成为可能。只有信仰上帝，才能让我们把存在的焦虑（意识到存在的有限性）加于自身，从而抵御非存在的威胁。

根据蒂利希的观点，在有神论的神之上的上帝，给予了我们在面对极端的怀疑时自我肯定的勇气。而且，我们肯定自己的勇气就是在无意义中确定意义的勇气。这是一种在怀疑中得到肯定的勇气。只有在有神论的神之上的上帝才能帮助我们拥有这样的勇气（蒂利希，1957a：12）。怀疑是信仰的一个要素（蒂利希，1957b：100；1957a：116）。为什么在相信上帝的同时却会对存在产生怀疑？怀疑是人类生存不可或缺的一部分。在社会科学和自然科学中，它是通过我们寻找真理的方式来表达的。方法论上的怀疑是每一种科学方法的根源（笛卡尔）。当我们试图知道什么是可以知道的，也就是什么是人类可以理解的时候，它就被实现了。另外，如果我们仰望上帝，我们将面对一个我们永远不会知道的现实。绝对的不可知是指上帝是永恒的。方法论上的怀疑根本不需要信仰。对上帝的信仰甚至应该被排除在必须被理解的事物之外。相信和不相信（上帝的存在）的动机都是理性的。上帝的存在其实是一个信仰或不信仰的问题，也就是说，上帝是否存在取决于你是选择相信还是不相信上帝。信仰上帝是一个理性的选择。有关上帝存在的论断永远不能被证明或证伪。对存在的怀疑不能从人类的存在中排除，尤其是对信徒来说。对上帝的信仰提供了一种终极的确定性以及安全感，它无法摆脱存在的不安全感和不确定性。接受我们存在有限性的勇气是基于我们的信仰（蒂利希，1957a：73）。信仰的勇气，就是接受上帝的接纳的勇气。上帝对我们的怀疑和无意义的接纳是一种矛盾的接纳（蒂利希，1963：226，228）。存在的勇气可以根植于在有神论的神之上的上帝的精神经验，这样的勇气对个体及社会而言都是一种凝聚力量和克服障碍的勇气（蒂利希，1952：187）。在这里，蒂利希在追随克尔凯郭尔的意识流。只有在宗教生活观中，我们才能把罪责的焦虑加于自身。在《阿伽门农》中，埃斯库罗斯（1999：264）说，只有宙斯（救世主：附录，1999：58），才能把我们从焦虑中释放出来，使我们有可能达到最高的智慧。但这种智慧基本上与罪责和忏悔的感觉有关。根据蒂利希的观点，如果没有接受上帝的接纳的勇气，存在的勇气（作为个体和社会的一员）就不可能完整。只有通过上帝的接纳，我们才能真正承担存在主义的焦虑（尤其是对罪责和非难的焦虑）。

　　勇气意味着冒险（蒂利希，1963：274）。人类的存在意味着受到非存在的威胁。拥有勇气意味着对存在说"是"（对作为存在基础的上帝说"是"），尽管存在非存在的威胁。正如马丁（1971：34）所说，本体论的勇气来自一个人对存在本身的参与。任何对真理的存在主义探索都需要勇气。蒂利希正在摆脱雅斯贝尔斯的观点的影响。蒂利希同意雅斯贝尔斯（以及尼采）的观点，即真理本身并不存在。他知道，我们只能得到植根存在主义的真理。但根据蒂利希的观点，存在主义真理并非关于对话的问题。如果没有勇气做自己，没有勇气成为社会的一员，存在主义的真理就无法被界定。蒂利希的勇气更接近海德格尔的存在主义哲学，而不是雅斯贝尔斯和布伯的沟通和对话哲学。此外，只有当我们把上帝视为存在的基础时，我们才能把握存在的真理。蒂利希当时正在克服海德格尔存在主义哲学的局限性。海德格尔并不真正关心关于上帝的问题，因为对于这个问题，我们既不能有理性的答案，也不能提出已经得到正确回答的理性问题。所以，任何关于上帝的话语的缺失，就是任何关于上帝的疑问的真实内容。当词语缺失时，并不意味着解释是不可能的（海德格尔，1962：200）。根据海德格尔的观点，我们对上帝唯一能说的就是我们什么也不能说（布里托，1999）。蒂利希宁可相信上帝是存在的基础，因此也是我们存在的勇气存在的基础。

　　勇敢并不意味着要摆脱存在焦虑。存在焦虑不会消失：人类无法抹去存在（不可避免的）有限性的意识。有勇气只意味着我们为了面对虚无和无意义而把存在焦虑加于自身（蒂利希，1981：129－132）。勇气无法摆脱存在的怀疑。怀疑（对我们自己，甚至对上帝的存在）是我们存在有限性的一种表达。一个存在的人必然经历怀疑。怀疑是存在不可分割的一部分。在有神论的神之上的上帝高于存在/本质和主/客体二元性。只有这样的上帝才不会焦虑和充满怀疑。有神论的神会感到焦虑、愤怒、嫉妒，甚至怀疑人类建立和谐社会的能力。但是在有神论的神之上的上帝永远不会经历怀疑，因为上帝已经脱离了存在主义范畴。上帝并不"存在"。正如帕斯卡（1973：199）所说，有两种理性的人：一种是认识上帝并因此真正地响应上帝的意志的人；另一种是不认识上帝的人，因此在寻找一个无条件的或终极的现实。在这两种情况下，个人可能拥有相似的个人价值体系。上帝超越了所有人类有关神圣本质和生命的表征。宗教符号只不过是神话。如果我们认为他们是神圣本质的一部分，那么我们就陷入了迷信

（雅斯贝尔斯，1966a，1966c：49）。人是与上帝有联系的存在。人类越是真正自由，他对上帝就越有信心（雅斯贝尔斯，1966a，1966c：66－67）。被上帝指引的唯一途径是自由之路，因为上帝实际上是通过人类的自由行动来行动的（雅斯贝尔斯，1966a，1966c：70，75）。没有关于上帝和存在的直接知识。这只是信仰的问题（雅斯贝尔斯，1966a，1966c：86）。因此，在有神论的神之上的上帝与雅斯贝尔斯的超验观几乎没有共同之处。

上帝超越了存在和本质。上帝超越了所有存在主义的范畴。作为永恒，上帝超越了时间、空间、因果和物质。然而，存在的勇气就是确认终极关怀的勇气。对上帝的信仰意味着对我们自身存在的怀疑。对上帝的信仰包括确定性和不确定性。我们对终极关怀（上帝的存在，或基督的复活）内容的怀疑，也适用于我们的信仰。我们的勇气意味着肯定我们的基本信念，即我们毫不动摇的确定性。信仰的风险只是我们终极关怀的具体因素。蒂利希深深意识到，一个人的信仰中可能存在偶像崇拜的成分。毫不动摇的确定性中可能隐藏着一种盲目崇拜的态度。我们可能会把终极关怀（有限存在）的承载者与终极本身（无限）混淆。偶像崇拜意味着把有限提升到无限的地位。勇敢的基督徒会肯定他们对耶稣基督的信仰，因为耶稣基督是他们信仰的基础。他们也应该意识到十字架是反对任何对信仰的盲目崇拜的象征性标准。我们永远无法跨越有限与无限之间的距离，这一事实实际上使信念的勇气成为可能。我们可能会做出错误的解释，或歪曲偶像崇拜。然而，这些错误和扭曲是由于我们存在的有限性。信徒甚至可以扭曲他们的宗教价值或符号或仪式的意义。他们可能会误解基本的宗教信息，因为它们是在神圣的文本（如《圣经》）中传达的。但是十字架的象征表明，我们对上帝的信仰可能受到意识形态偏见的影响。然而，我们错误和扭曲的解释不应该阻止我们接触我们的终极关怀（蒂利希，1957b：101－105）。存在的有限性使我们的信仰有风险：我们可能扭曲上帝的意志和启示的意义。另外，信仰上帝无法避免这种解释上的风险，因为人类是有限的存在。蒂利希遵循康德的绝对命令（格雷伯，1973：115－116；奥基夫，1982：140）。如果道德原则在形式上是无条件的（康德），那么它们就是宗教的。正如赛义德·格雷勃（1973：119）所言，蒂利希主张道德和宗教是独立的话语。然而，道德和宗教在本质上是相互联系的。根据蒂利希的观点，道德基本上是宗教的（从本体论的观点来看），而且基本上是本体论的（奥基夫，1982：136）。所以，蒂利希式存在的勇气是与终极关怀紧密相连的，因此也与道德和宗教紧密相连。

■ 6.4　作为个体存在的勇气与作为社会一员存在的勇气之间相互依存

根据尼尔森（1984：159）的研究，阿伦特和蒂利希关于勇敢做自己的概念非常相似。确实，阿伦特（1998：186）说过勇气存在于"行动和说话的意愿中，将自己融入世界，开始自己的故事"。当我们揭露和暴露自己的时候，勇气就已经存在了。所以，阿伦特的勇气是走向世界的勇气，也就是成为历史人物的勇气。这种原始的勇气使任何行动、言论和自由成为可能。阿伦特的勇气概念类似于蒂利希式存在的勇气。任何勇气的基础都是存在本身，因此上帝高于有神论的神。阿伦特在勇气的根源方面没有类似的观点。这就是为什么阿伦特的原始勇气可以被保持而不涉及存在的基础。海德格尔关于根源的概念被定义为意义，尽管它本身就是"无意义的深渊"（海德格尔，1962：194）。存在即根源。存在不可能有任何根源，因为存在本身就"是"根源。只有实体才"有"根源。只有实体可以存在。存在不是，因为存在是终极的深渊（海德格尔，2008：131 - 132，239）。

蒂利希式存在的勇气意指塞内加。正如塞内加在《给露西利乌斯的信》中所说，我们必须控制我们的眼泪和我们的快乐。蒂利希相信，自我控制是我们存在的勇气不可分割的一部分。我们可以在蒂利希式存在的勇气中发现一些斯多葛主义的影响，特别是在塞内加的《心灵的宁静》中（塞内加，1994：193 - 227）。然而，我们也必须将蒂利希式存在的勇气理解为与柏拉图和亚里士多德有关勇气是美德的概念相联系。在《拉凯斯篇》（191e；199c）中，柏拉图将勇气定义为所有时代的善与恶的知识。我们可以勇敢面对三件事：欲望、恐惧和痛苦。根据普罗提诺（2002：75）的观点，勇气意味着我们在面对死亡时没有恐惧。然而，这并不意味着我们参与的是"一种神圣的美德"：上帝并不勇敢（亚里士多德，1996：277；普罗提诺，2003：431）。在《理想国》（429b－c）中，柏拉图将勇气定义为自我保护。正如蒂利希所说，柏拉图强调的是灵魂中介于理智和感性之间的一种元素："不假思索地追求高贵。"（蒂利希，1952：3）在《尼各马可伦理学》一书中，亚里士多德（1996：66－68，71－72）说过，勇气伴随着痛苦。勇敢的人忍受痛苦、恐惧和死亡，因为这样做是高尚的。

　　斯宾诺莎在蒂利希发展他的勇气观的过程中发挥了更重要的作用。斯宾诺莎克服了亚里士多德的美德理论的影响，其认为美德不只是在实践中学习。自我肯定是成为有德之人的必要条件。自我保护必须在理性的指引下实现。否则，自我保护可能会产生不良行为。蒂利希的做自己的勇气与斯宾诺莎关于自我坚持的概念是紧密联系在一起的："一切事物都力求坚持其自身存在的努力，不是别的，而是所讨论的事物的实际本质。"（斯宾诺莎，1967：157）存在的自我肯定基本上是本体论的。这正是蒂利希想要定义存在的勇气的方式（蒂利希，1952：20）。这种努力是为了某物而奋斗。这就是"事物的本质，因此，如果它消失了，那么事物本身也就消失了"（斯宾诺莎，1967：73，74）。自我肯定只能肯定精神是什么以及可以是什么（斯宾诺莎，1967：203－204）。我们的精神只能想象是什么赋予了我们行动的力量。蒂利希在斯宾诺莎的《伦理学》中发现了自我肯定和存在的力量的基本概念。斯宾诺莎认为，没有自我肯定的存在，就没有美德。没有"努力保护自己的存在"，就不可能实践美德（斯宾诺莎，1967：264）。有德就是在理性的指导下保持一个人的存在（斯宾诺莎，1967：265）。根据斯宾诺莎的观点，理性是我们理解上帝及其属性或行为的方式。当我们更好地认识自己，我们就开始认识上帝。然后，我们明白我们是在上帝里（斯宾诺莎，1967：361）。蒂利希将他的存在的勇气建立在斯宾诺莎关于自我肯定和存在的力量的概念上，更具体地说，斯宾诺莎将自我肯定和上帝联系起来（斯宾诺莎，1967：319）。借助斯宾诺莎的观点，蒂利希进一步在神学维度上发展了存在的勇气。他没有在柏拉图和亚里士多德的著作中找到他需要的东西来发展存在主义和神学层面的存在的勇气。柏拉图认为，除了节制、公正、自由和真理，勇气是人类灵魂的基本要素之一（Phédon，114 e）。亚里士多德的美德理论认为谨慎是所有美德（包括勇气）的基本美德。蒂利希更关注斯宾诺莎对自我肯定的理解。

存在的勇气是一种不在乎虚无结构的自我肯定。虚无结构是阻止自我肯定的社会、文化、经济、政治或宗教结构（蒂利希，1952：32）。正如蒂利希（1952：86－87）所说，勇敢地做自己是肯定自我"是一个以自我为中心的、个性化的、无与伦比的、自由的、自主的自我"。自我肯定的自我是个性化的（不可分割的）、不可替代的自我。存在的勇气意味着面对失去个体化的自我的威胁（蒂利希，1952：89），然后陷入"去个体化的世界"——正如奥尔德斯·赫胥黎（1965：21）所描述的那样。根据蒂利希的观点，这种存在主义的缺失是克尔凯郭尔攻击黑格尔本质主义哲学的根源，是马克思主义在工作场所反对非人化的根源，也是尼采为创造而斗争的根源（蒂利希，1952：138）。

帕克（1979：11）认为，蒂利希式存在的勇气应该与其他历史时期发展起来的其他形式的勇气（启蒙运动、浪漫主义或自然主义）区分开来。

> 正如启蒙运动所理解的那样，做自己的勇气是一种勇气，在这种勇气中，个人的自我肯定包括参与普遍的、理性的、自我的肯定。因此，并不是个体的自我本身确认了自身，而是个体的自我成为理性的承载者。做自己的勇气是追随理性和挑战非理性权威的勇气（蒂利希，1952：116）。

> 对宇宙的热情，在认知和创造中，也回答了怀疑和无意义的问题。怀疑是知识的必要工具。只要对以人类为中心的宇宙和人类的热情依然存在，无意义就不会构成威胁。罪责的焦虑被移除：死亡、审判和地狱的象征被放在一边。所做的一切都是为了剥夺他们的严肃

性。自我肯定的勇气不会被罪责和谴责的焦虑所动摇……承担罪责焦虑的勇气变成了确认自己内心恶魔倾向的勇气。之所以会这样，是因为恶魔并不被认为是明确的消极，而被认为是创造力存在的一部分（蒂利希，1952：121－122）。

另外，自我之所以是自我，是因为它有一个世界。如果不参与世界，不与世界有基础性的联系，那么自我就无法成为自我。自我与世界是相关的。如果不参与这个世界，"我"就不能个性化（成为自我）。如果我不是一个（个性化的）自我，我就无法参与这个世界。参与一个世界意味着成为其中的一部分。"成为其中一部分"意味着分享一些东西，或有一些共同之处，或成为社区或社会团体的一员。存在的勇气意味着我们可能会失去我们对世界的参与（蒂利希，1952：87－89）。

■ 6.5　绝望的勇气和接受上帝的勇气

生活基本上是模棱两可的。尼采深深意识到这种存在的模糊性。蒂利希式存在的勇气意味着自己接受模糊人生的挑战。这就是为什么蒂利希的存在的勇气必须与尼采的人生观相联系（尼采，1985：61－64）。蒂利希深受尼采"对人生说是"的影响。根据尼采（1968：536－537）的观点，每一个知识的成就都是存在主义勇气的结果，即是对世界（现实）的酒神式肯定，没有任何选择或例外。存在的勇气是面对善与恶的错误观念的勇气。存在主义勇气是指不顾社会、文化甚至宗教或精神的制约因素，创造新的善恶观念的勇气。

作为路德神学家，蒂利希（1952：128）实际上知道路德对善与恶的模糊性有清晰的认识。在他的《95 条论纲》中，路德说："地狱、炼狱和天堂之间的区别就像绝望、不确定和确信之间的区别一样。"在《海德堡论辩》中，路德断言，我们必须对自己彻底绝望，才能"获得基督的恩典"。根据路德（1992：207）的观点，任何外在因素都不可能使我们成为公正自由的人。自由和正义来自上帝的话语。奥格斯堡的《忏悔书》（1530）宣称，人类可以自由地选择其他的行为，这些行为实际上是源于对先天理性的运用（奥格斯堡，1949：68）。蒂利希的存在的勇气与路德教对绝望的看法并没有紧密的联系。关于存在主义绝望的问题，蒂利希受尼采和克尔凯郭尔的影响更大。蒂利希式存在的勇气与对上帝的信仰是分不开的。根据蒂利希（1952）的观点，克尔凯郭尔哲学和路德神学是相关的，因为他们关注参与上帝的勇气，从而不朽（蒂利希，1952：170）。更确切地说，路德的神学暗示人们要承担对命运和死亡的焦虑，以及对罪责和谴责的焦虑。勇敢的基督徒相信他们被上帝接纳并"与上帝合一"。这种上帝的接纳给了他们面对死亡的勇气（蒂利希，1952：170）。因此，蒂利希将路德派关于上帝接纳的概念，作为存在勇气的一个维度，即接受上帝接纳的勇气。然而，路德派关于信心的勇气的概念，并不是为了让自己承担无意义的焦虑。

> 路德教的勇气并没有得到上帝审判和宽恕的信仰的支持。它以绝对信仰的形式回归，尽管它并没有什么特别的力量可以征服罪责，但它仍然宣称它可以。勇于承担无意义的焦虑，是存在的勇气所能达到的极限。超越它的只有非存在。在它里面，所有形式的勇气在有神论的神之上的神的力量中得到重建（1952：189－190）。

蒂利希的存在的勇气同样建构于尼采的生命哲学基础上。人的一生就是不断地尝试避免绝望（蒂利希，1952：56）。绝望的勇气就是把绝望加在自己身上的勇气（蒂利希，1952：140）。尼采认为，存在主义勇气是道德勇气，也就是说，用正确的观念取代错误的善恶观念的勇气。自我肯定是对生命或死亡的肯定，是生命本身不可分割的一部分（蒂利希，1952：28）。我们的美德仍然是我们自己（尼采，1985：121－124）。在尼采的著作中，生命取代了斯宾诺莎的实体。美德的真谛在于自我存在于其中，"而不是外在的东西"（蒂利希，1952：28）。尼采认为永恒的善恶观念并不存在。我们只能超越自己（超人出现）。这是我们唯一的道德责任。建立新的价值观意味着否定传统意义上的善与恶的价值（尼采，1985：146 - 149）。有勇气，就是要抓住深渊。现实本身是不可知的。这是存在的深渊。勇敢就是接受深渊是存在本身的一部分（尼采，1985：360 - 362）。蒂利希式存在的勇气意味着我们要自己承担存在的深渊。

■ 6.6　存在的勇气与欺诈

如果我们看看八种欺诈的基本形式（保险欺诈、预付金欺诈、身份欺诈、信用卡欺诈、欺诈侵害、欺诈政府、管理层舞弊和贪污），我们会发现，我们需要极大的勇气才能打击欺诈活动：既要有做自己的勇气，也要有成为社区一员的勇气。在欺诈行为频发的社会中，蒂利希的存在的勇气概念尤其重要。这样的社会正在使人际关系失去人性。去人性化的过程使得存在的勇气（作为自己和社区的一员）的产生变得至关重要。

6.6.1　保险欺诈

升级的可能性（欺诈为其他犯罪开辟了道路）：根据加农（2006：18）的观点，那些从事保险欺诈的人更有可能有参与类似犯罪的轻率行为，如过度赌博、被吊销驾照、逃税和其他高风险行为（如过度饮酒与虚假的保险索赔）。"做自己"的勇气意味着不顾"非存在"的自我肯定。"非存在"的结构包括欺诈计划，特别是在欺诈计划可能导致其他犯罪活动的情况下。欺诈计划对相互信任和理解产生了负面影响。他们正在建立一个没有人性的世界。由于我们的世界受到欺骗，我们的世界并没有以增进和平与和谐的价值观或美德为指导。根据斯宾诺莎的观点，人们更喜欢社会和睦，愿意将和睦作为社会生活的基本条件，因为他们讨厌存在的孤独。自我保护（避免死亡）需要社会和睦以及理性的运用（斯宾诺莎，2007：99－100，108，117－119）。然而，实施欺诈并不是一种理性的行为。欺诈计划并没有增进相互理解和信任。相反，他们设置了历史制约因素，鼓励不信任、仇恨、愤怒和暴力。正如柏拉图（2011b；2000）所说，生活在正义中意味着控制这种激情。如果我们不控制他们，我们就会采取不公正的行动。

信任在当地社区被扭曲，瑞杰西等（2004：25，29）解释了一些欺诈行为如何与农作物保险密切相关：（1）农民故意谎报了收获和种植的土地亩数；（2）农民故意造成歉收的；（3）农民故意选择不良耕作方式，造成损失的。但是，如果农民的损失索赔额"等于或大于同一地区平均损失索赔额的150%"，则可能出现异常情况（欺诈方案的概率）。作为骗子，农民们正在破坏他们与当地社区之间的相互信任，他们会失去亲人和朋友的信任。同时，他们也会损害其他农民的声誉，使其可能被视为潜在的骗子。如果一些农民变成了骗子，他们可能会受到更多的歧视。作为潜在的受害者，公民应该有勇气成为他们社区的一员，也就是说，有勇气抵制"非存在"的结构（歌德的《浮士德》，1964：49）。欺诈者建立了非存在的结构，从而使社区失去人性。这就是为什么公民必须有勇气确认自己是社区的一员。他们的勇气将帮助他们抵抗非存在（从而摆脱任何欺骗的心态）。为了拯救社区，我必须肯定自己是社区的一员。我必须参与防止欺诈行为的策略。我必须尽力保护我的社区不受非人化进程的侵害。蒂利希式作为社区一员的勇气，专注于我们心中关于人类（以及人类世界）的理想概念。勇气在日常生活中得到应用。但是，它揭示了我们梦想的世界。因此，成为社区一员的勇气就是使我们的梦想成为现实的勇气。蒂利希没有解释梦（理想）本身的内容。它可以应用于人类，也可以应用于人类世界。与海德格尔不同，蒂利希并不关心"内在"的意义。成为社区一员的勇气并不是一种专注于自我（实体）或世界的方式。相反，这是一种通过参与世界而成为完全自我的方式。

6.6.2　预付金欺诈

对国家声誉的影响。维奥斯卡等（2004）解释了网络欺诈（尤其是预付金欺诈或尼日利亚信件）如何对尼日利亚和非洲的品牌资产产生负面影响。欺诈者不考虑他们的欺诈行为的集体影响。由于欺诈行为，一些国家可能在国际舞台上声名狼藉。而当该国需要国际金融机构（如世界银行和国际货币基金组织）的金融援助，或当该国试图吸引外国投资者时，这种不幸的结果可能会产生非常严重的后果。最终，如此糟糕的结果可能会影响生活质量或社会服务。公民应当通过合理的手段维护集体的名誉。合理的手段包括不愿参与欺诈行为。成为社区一员的勇气意味着确认我们是该社区的成员，也就是说，我们强烈地依附于他人（团结）。要有勇气成为社区的一员，就必须把欺诈行为视为摧毁公众信心和信任的手段。它的先决条件是对被欺诈行为破坏的人性化进程有深刻的认识。因此，成为社区一员的勇气是建立在建构一个人人都能做自己（"与他人共存"）的世界的愿望之上的。欺诈计划正在逐步摧毁社会关系，因此，"与他人共存"实现的机会就少得多。

作为其他犯罪融资手段的欺诈。许多作者（阿多加梅，2009：572；阿金拉德霍，2007：321；萨卢，2004：160）认为，预付金欺诈最初与"快速致富综合征"有关：诈骗者和受害者都可能受到这种普遍意图的控制。在第一阶段，我们关注的是人们想快速赚钱的事实：骗子和他们的受害者实际上有着相同的意图。正如霍尔特和格雷夫斯（2007：150）所说，通过预付费诈骗短信，犯罪分子可以高效且广泛地接触到很多潜在的受害者，同时，这种诈骗手段越来越多地被用来支持其他类型的犯罪，如其扩大了金融犯罪、洗钱和贩毒的范围。在第二阶段，诈骗者想要通过赚钱来支持其他犯罪活动。做自己的勇气不能容忍这些罪行所带来的社会、经济和政治风险。自我肯定无法回避与欺诈行为做斗争的挑战（和道德责任），因为欺诈计划可能会破坏我的可能性。欺诈行为甚至会影响我承担社会责任的方式，或者影响我成为一个自由的人的方式。欺诈计划可能会限制我成为我自己的进程。对受害者来说尤其如此：他们可能会遭受极为严重的财务损失，以至于他们的一些项目可能突然无法实现（如退休）。欺诈者限制了其他人自由地成为他们自己或他们想成为的人的能力。因此，做自己的勇气意味着面对非人化的现象（作为非存在的结构）。尽管有这些非人化的制约因素，我们仍可以做我们自己，或者保护我们成为我们想要成为的人。做自己的勇气是为了维护我们的自由安全，只要它不受非法或犯罪意图的影响。在设计和参与欺诈计划时，我们将失去部分自由，因为我们将使我们的世界失去人性。当不合理地限制别人的自由时，我们就不能自由。这正是欺诈计划的最终结果。这就是为什么勇于做自己的人不能排除与欺诈行为做斗争的可能。

欺诈行为揭示了社会和文化的功能失调。格利克曼（2005）说，预付金欺诈实际上反映了文化和社会功能失调：

> 一方面，它们可以被描述为伴随经济体制急剧和快速变化而出现的如今为人熟知的过度行为的一部分，俄罗斯在过去 20 年就是一个例子……另一方面，419 个案例反映了一种政治和文化上的成功综合征，围绕着财富、腐败、政治庇护，甚至巫术的元素，这些因素造就了大人物的领导（格利克曼，2005：463）。

欺诈揭示了社会和文化的功能失调。文化和社会习俗永远不能成为欺诈行为的理由。欺诈在质疑人们生活在一起的方式，更确切地说，是我们的归属感。在认识到欺诈对社会和文化的功能失调的影响后，我们应该深刻思考改造我们所生活的社会之路。成为社区一员的勇气意味着接受挑战，从本质上或结构上改变我们的社会。拒绝参与欺诈行为是不够的。有勇气成为社会的一员，就需要重建我们的社会，使欺诈行为最终消失。如果我们不去关心欺诈计划，不去了解它们对人性的影响，我们就必须对这个由骗子逐渐建立起来的世界承担道德责任。

欺诈毒瘤在世界各地传播。根据祖克（2007：68）的研究，419 个垃圾邮件发送者（预付金欺诈）具有三重地理战略：受害者位于 A 国和 B

国；垃圾邮件制造者生活在 C 国、D 国和 E 国；这些钱是在 F 国收缴的。因此，这是一个很好的跨国金融犯罪的例子。霍尔特弗雷特等人（2005：252）认为，欺诈犯罪是一种白领犯罪，已经超越了国别边界。然而，针对欺诈犯罪的研究并不一定可靠，克拉姆比亚－卡帕迪斯说（2002）：

> 欺诈犯罪的研究……因其可靠性而受到批评，因为：（1）如果被调查者涉及欺诈案件，他们可能不想披露；（2）他们可能不愿告发同事；（3）另一些人可能过于自信，可能想要揭露一个可疑的欺诈行为，因为他们与同事有个人矛盾；（4）欺诈的成本不仅是财务上的，还有可能导致极负面的社会影响，比如在商业领域中的欺诈行为（银行业可能不愿披露欺诈行为，因为客户可能会认为，他们的内部控制非常薄弱，存款面临风险）；（5）因为对违法者的调查、起诉和制裁给政府带来了沉重的经济负担（克拉姆比亚－卡帕迪斯，2002：186）。

我们必须打击欺诈，因为我们想要建立一个诚实、和平、和谐的社会。我们在当地社区容忍（或不容忍）欺诈行为的方式，决定了我们所推崇的人类概念。我们的反欺诈行为将展示我们成为社会一员的勇气：我们将有勇气专注于一个诚实、和睦与和谐的世界。

欺诈导致社会不公。根据沃尔（2004：318）的观点，垃圾邮件的最大危险是对最脆弱的社会群体产生不利影响，即穷人和有需要的人。因此，预付金欺诈造成了真正的社会影响。根据罗尔斯（1971）的观点，社会正义意味着摆脱一些社会或经济不平等。帮助穷人和有需要的人可以达到这一目标，尽管有些不平等（由于天赋和能力的不同）是无法消除的。打击预付金欺诈的策略应该催生提高认识的方案。在这类案件中，通常不可能找到垃圾邮件的来源国。因此，大多数反垃圾邮件立法是无效的（艾哈迈德，奥本海姆，2006：160）。就欺诈导致社会不公而言，公民必须与各种形式的欺诈做斗争。作为社区一员的勇气不能产生“道德上的差别主义”。相反，作为社区的一员，我不能脱离他人而独立存在。如果不以密切的社会关系为前提，社会就没有任何意义。强调团结的方式可能因社会而异。然而，拥有密切的社会关系并不意味着我会忽视他人的痛苦，尤其是如果这种痛苦是社会不公的产物。成为社区一员的勇气需要与社会不公做斗争，以确保存在真正的社区联系。社会的不公正否定人类平等。这就产生了一些制约因素，这些因素可能阻止我们建立一个诚实、和睦与和谐的世界。

6.6.3　身份欺诈和信用卡欺诈

欺诈作为欺骗的手段。根据吉拉德等（2004：33，42）的观点，身份盗窃是一种为了获得利益而盗用他人身份的行为。它基本上与毒品走私、洗钱、武器走私和恐怖主义有关（戈登等，2004）。如今，它是最普遍的金融犯罪之一。随着互联网的出现与发展，此类案件越来越多。这就是保险公司提供电子风险保险（或网络保险）的原因。信用卡诈骗也有类似的欺骗意图。然而，与身份盗窃不同的是，它通常与毒品走私、洗钱、武器走私和恐怖主义没有联系。俞风（2005：345 - 346）指出了中国台湾主要的信用卡诈骗计划：（1）冒用他人信用卡的；（2）伪造信用卡的；（3）伪造证件申请信用卡的；（4）利用信用卡进行非法融资的；（5）寻找授权漏洞进行诈骗的；（6）金融机构工作人员的欺诈行为。威廉姆斯（2007：341 - 345）增加了其他信用卡欺诈方案，如欺诈性电话营销（通过电话或邮件索取持卡人信息进行欺诈使用）和其他欺诈性应用程序（例如，假装是合法持卡人以获得信用卡、贷款和工作；通过电话、网络账号购买商品）。欺诈不过是使谎言和操纵制度化的手段。在为欺诈行为辩护的社会、文化、经济、政治甚至宗教环境中，自我肯定是不可能的。在这样的环境下，我们不能指望从任何人那里得到真理和真诚。诈骗是一种没有人性的关系，在这种没有人性的环境中，我很难做回我自己。欺诈计划往往建立起马基雅维利式的世界，也就是说，在这个世界里，欺骗、谎言和操纵是存在/思考/行动的常见模式。一个马基雅维利式的世界会从根本上把人类变成一个有害的、残忍、不可靠的物种。这样的世界会使相互信任和信心消失。

6.6.4　欺诈受害与欺诈政府

欺诈削弱了人们对法律权威的信心。根据赖西格和霍尔特弗雷特（2007：114），对法律权威的信心会影响公民报告公害犯罪和消费者欺诈的倾向。政府机构（或部门）和警察部门可以加强公众意识。然而，如果公民对国会议员、警察、法官和/或律师失去信心，这些项目将毫无用处。教育运动假定公民对法律权威有良好的信心。消费者欺诈计划包括提前免费贷款、奖品促销、互联网服务欺诈和金字塔（庞氏）计划。互联网增加了骗子的机会，因为现在更容易接触到大量潜在的受害者。老年消费者以及少数民族面临更大的风险（赖西格，霍尔特弗雷特，2007：115）。因此，欺诈受害就构成了一个社会正义的问题。法律当局在道义上有责任保护穷人和有需要的人。赖西格和霍尔特弗雷特（2007：119）认为，先前的欺诈受害可能会影响消费者对法律当局的信心，更准确地说，影响他们应对欺诈的能力。我们必须提高消费者对法律权威的信心。公民感知法律权威合法性的方式将影响他们报告犯罪的倾向。针对政府的欺诈可能具有与欺诈受害（消费者欺诈）类似的效果。根据帕西尼等人（2007：64）的研究，针对政府的欺诈行为侵蚀了公众信心。欺诈行为使人们失去对自己和他人的信心和信任（布拉德肖，2006：284）。骗子试图获得信任和尊重。然而，通过他们的欺诈行为，他们使公众对政府的信任度急剧下降。信任是交易的基本组成部分，尤其是在商业环境中。最重要的是，信任是长期关系和政治或经济稳定的先决条件。针对政府的欺诈行为对整个社会的发展有非常深刻的影响。公众对法律权威失去信心可能会导致社会混乱和/或政治无政府状态。欺诈者甚至可以让受害者相信他们不应该信任法律当局。因此，公民应该与欺诈行为做斗争。然而，公众对法律权威的信心取决于政府和公共机构（如警察部门、军队、卫生和教育系统、法官和律师）实现其社会使命的方式。公民可以打击欺诈。但是，如果议会成员以及警察和士兵都腐败，那么真正的负担就在政府这一边。相反，只要政府确保其公共机构的组织文化不受欺诈行为的影响，那么公民就有道义上的责任维持公众对法律当局的信心和信任。成为社区一员的勇气意味着加强公众对法律当局的信心和信任，但只有在法律当局在道德上实现其社会使命时才如此。成为社区一员的勇气永远不能成为不道德行为的理由。相反，它试图确保公共道德的提高。

6.6.5　管理层舞弊和贪污

欺诈行为影响着所有利益相关者的利益。管理层欺诈包括了欺诈性财务报表。这会深刻影响利益相关者的利益。（1）股东：财务报表应反映公司真实的财务状况；管理层欺诈可能会影响他们的投资回报（ROI）。（2）当地社区：它不再信任公司的高层经理和/或董事。（3）供应商和经销商：可列入监管机构黑名单，可依法追究责任；供应商可能会受到这种法律追究的财务影响。因此，管理层舞弊会对公司的所有利益相关者产生系统性影响。在重大的金融崩溃中，它甚至可以成为一个非常重要的制约因素（庞特尔，2004：42）。公民可以是某个组织的雇员、供应商、分销商、股东或客户。在任何情况下，他们都必须意识到，公司的欺诈行为正在影响其利益相关者。此外，整个商业环境可能会受到一些领头公司的影响，这些公司正走在欺诈的道路上。他们会成为他们自己行业的榜样：它们的协同作用将导致同构模拟（迪·麦吉欧，鲍威尔，1991）。商业领袖必须意识到他们对利益相关者的道德责任。他们继续从事欺诈行为的决定可能会产生副作用。他们可能影响他们的行业（也许是整个商业环境）。他们可以通过对欺诈的实际反应来影响他们的行业（甚至整个商业环境）。成为社区一员的勇气意味着对社会关系的系统观点。利益相关者的相互依赖性在利益相关者理论中得到了含蓄的揭示。成为社区一员的勇气基本上与归属感有关。就我所知，所有利益相关者都是相互依存的，我应该有勇气成为社区的一员。欺诈性的做法会阻碍归属感的形成。这就是为什么我们会认为他们是非人性的现象。

欺诈和文化前因。巴克霍夫和克利夫顿（2004：249）解释说，账面欺诈和账外欺诈计划同时存在。账面欺诈计划指现金已经出现在公司的财务记录后（现金盗窃）被盗。账外欺诈计划指在收入被正式登记到会计记录之前，对收入的盗窃（偷取：已经收到的钱，却没有申报到财务记录中）。在特定的行业，可能存在文化制约因素，使欺诈行为可以预测，如韩国财阀（阿尔布雷希特等，2010）。在特定的社会中，文化因素可以使腐败和欺诈成为可预见的：在中国，"关系"一词有时具有一种扭曲的含义，通过关系网，从而从事非法或不道德的行为（布罗迪，罗，2009）。欺诈行为的文化背景永远不能在道德上为欺诈行为辩护。它们只能用于解释。作为社区一员的勇气意味着不要将文化解释与道德辩护混淆。勇气就是要面对我们的文化陷阱和不诚实的做法。社会、文化、政治，甚至宗教或精神的制约因素实际上扭曲了归属感。然而，这样的解释永远不能被用来为欺诈行为进行道德辩护。成为社区一员的勇气不是不惜一切代价加强文化根源。相反，它预设了批评一个人的社会文化的能力，特别是当这种文化是制度化的欺诈行为时。

■ 6.7　总结

在各种欺诈行为中（如保险欺诈、预付金欺诈、身份欺诈、信用卡欺诈、欺诈受害、欺诈政府、管理层舞弊和贪污），个人和集体利益都受到威胁。当我们面对欺诈行为时，我们成为社区一员的勇气似乎比我们成为自己的勇气更重要。根据阿伦特（1998：36）的观点，勇气是最重要的政治美德之一。自由需要勇气。阿伦特和蒂利希对极权主义的看法非常相似（纳尔逊，1984）。我们当然可以把雅斯贝尔斯对极权主义制度的批判看作非常接近于蒂利希对极权主义的分析。然而，与蒂利希不同的是，阿伦特和雅斯贝尔斯没有把重点放在成为社区一员的勇气上。的确，阿伦特的政治勇气概念并没有完全反映出个人在特定社会中的参与，即建立社会的意愿和作为这种社会一员的自我肯定。

欺诈行为正在破坏密切的社会关系。他们往往会减少归属感。社区生活可能会受到欺诈计划的深刻影响：公民们可能会发现很难鼓起勇气做自己。做自己的勇气和成为社会一员的勇气是相互依赖的。欺诈行为正在使社区生活逐渐消失。欺诈行为或多或少地使社会/文化/政治体制失去人性。如果没有一个加强团结的社区，我们就不能成为我们自己。欺诈计划正在使归属感逐渐消失。欺诈者会破坏彼此之间的信任和对他人的信心（特别是在法律机构中）。有勇气参与某一特定社区就意味着要反对任何非人化的进程，包括欺诈计划。我将为建立社会、文化、经济、政治甚至宗教条件做出贡献，以确保每个人都能成为"他是谁"（以及"他想成为谁"）。在打击欺诈行为的过程中，我确保每个人都有勇气成为自己，成为社会的一员。因此，勇敢地做自己，成为社区的一员，是使我们的世界人性化的基本方法，也是对抗非人化过程的基本方法。

⌄ 问题

1. 造假者无法抗拒非存在吗？

2. 存在的勇气能帮助我们面对无意义吗？

3. 骗子是否意识到他们的存在主义焦虑？或者，他们是否摆脱了这种意识？

4. 作为社区一员的勇气是防止欺诈的有力工具吗？

| 参考文献 |

[1] Adogame，Afe. 2009. The 419 code as business unusual：Youth and the unfolding of the advance fee fraud online discourse. *Asian Journal of Social Science* 37：551 – 573.

[2] Ahmed，Tanzila，and Charles Oppenheim. 2006. Experiments to identify the causes of spam. *Aslib Proceedings：New Information Perspectives* 58（3）：156 – 178.

[3] Akinladejo，Olubusola H. 2007. Advance fee fraud：Trends and issues in the Caribbean. *Journal of Financial Crime* 14（3）：320 – 339.

［4］ Albrecht, Chad, Chad Turnbull, Yingying Zhang, and Christopher J. Skousen. 2010. The relationship between South Korean chaebols and fraud. *Management Research Review* 33 (3): 257 – 268.

［5］ Arendt, Hannah. 1998. *The human condition.* Chicago: The University of Chicago Press.

［6］ Arendt, Hannah. 2005. *Qu'est-ce que la philosophie de l'existence, suivi de L'existentialisme rançais.* Paris: Éditions Payot et Rivage.

［7］ Aristotle. 1996. *The Nicomachean ethics.* Hare: Wordsworth.

［8］ Augsburg Confession. 1949. *La Confession d'Augsbourg 1530* . Paris/Strasbourg: Éditions Luthériennes.

［9］ Augustine. 1964. *Confessions.* Paris: Garnier-Flammarion.

［10］ Berdiaeff, Nicolas. 1936. *Cinq méditations sur l'existence.* Paris: Aubier/Montaigne.

［11］ Berdiaeff, Nicolas. 1954. *Vérité et révélation.* Paris/Neuchatel: Delachaux & Niestlé.

［12］ Bloch, Ernst. 1977. *Sujet-Objet. Éclaircissements sur Hegel.* Paris: Gallimard.

［13］ Bradshaw, David. 2006. A wolf in sheep's clothing. *Journal of Financial Crime* 13 (3): 283 – 291.

［14］ Brito, Emilio. 1999. *Heidegger et l'hymne du sacré.* Leuven: Leuven University Press.

［15］ Brody, Richard G. , and Robert Luo. 2009. Fraud and white-collar crime: A Chinese perspective. *Cross Cultural Management* 16 (3): 317 – 326.

［16］ Buber, Martin. 1962. *Le problème de l'Homme.* Paris: Aubier/Montaigne.

［17］ Buber, Martin. 1993. *La légende du Ball-Shem.* Paris: Éditions du Rocher.

［18］ Buckhoff, Thomas, and James Clifton. 2004. Exotic embezzling: Investigating off-book fraud schemes. *Journal of Financial Crime* 11 (3): 249 – 256.

［19］ Bultmann, Rudolph. 1969. *Foi et Compréhension. Eschatologie et démythologisation.* Paris: Seuil.

［20］ Bultmann, Rudolph. 1987. *Faith and understanding.* Philadelphia: Fortress Press.

［21］ Camus, Albert. 1970. *Caligula.* Paris: Gallimard.

［22］ Camus, Albert. 1977. *Le mythe de Sisyphe.* Paris: Gallimard.

［23］ Cocteau, Jean. 1934. *La machine infernale.* Paris: Bernard Grasset.

［24］ Confucius. 1979. *The analects.* London: Penguin Books.

［25］ DiMaggio, Paul J. , and Walter W. Powell. 1991. The iron cage revisited: Institutional isomorphism and collective rationality in organizational fields. In *The new institutionalism in organizational analysis*, ed. W. W. Powell and P. J. DiMaggio, 63 – 82. Chicago: The University of Chicago Press.

[26] Dostoyevsky, Fedor. 2002. *Les frères Karamazov*. Paris: Gallimard.

[27] Edwards, Paul. 1975. Heidegger and death as possibility. *Mind* 84 (336): 548 – 566.

[28] Eschyles. 1999. *Tragédies complètes*. Paris: Gallimard.

[29] Ettinger, Ronald F. , and C. Eugene Walker. 1966. Behaviorism and existentialism: Views of Skinner and Tillich. *Journal of Religion and Health* 5 (2): 151 – 157.

[30] Ford, Jackie, and John Lawler. 2007. Blending existentialist and constructionist approaches in leadership studies. An exploratory account. *Leadership & Organization Development Journal* 28 (5): 409 – 425.

[31] Ganon, Michele W. 2006. Self-control and insurance fraud. *Journal of Economic Crime Management* 4 (1): 1 – 24.

[32] Gerard, Gregory J. , William Hillison, and Carl Pacini. 2004. Identity theft: The US legal environment and organisations' related responsibilities. *Journal of Financial Crime* 12 (1): 33 – 43.

[33] Glickman, Harvey. 2005. The Nigerian 419 advance fee scams: Prank or peril? *Canadian Journal of African Studies* 39 (3): 460 – 489.

[34] Goethe, Johann-Wolfgang. 1964. *Faust*. Paris: Garnier-Flammarion.

[35] Gordon, Gary R. , Norman A. Willox, Donald J. Rebovich, Thomas M. Regan, and Judith B. Gordon. 2004. Identity fraud: A critical national and global threat. *Journal of Economic Crime Management* 2 (1): 1 – 48.

[36] Graber, Glenn. 1973. The metaethics of Paul Tillich. *Journal of Religious Ethics* 1: 113 – 133.

[37] Grondin, Jean. 2011. *Le tournant dancs la pensée de Martin Heidegger*. Paris: Presses universitaires de France.

[38] Hardie-Bick, James. 2011. Total institutions and the last human freedom. In *Crime, governance, and existential predicaments*, ed. James Hardie-Bick and Ronnie Lippens, 85 – 107. New York: Palgrave Macmillan.

[39] Heidegger, Martin. 1962. *Being and time*. New York: Harper & Row.

[40] Heidegger, Martin. 1980a. *Introduction à la métaphysique*. Paris: Gallimard.

[41] Heidegger, Martin. 1980b. *Essais et conférences*. Paris: Gallimard.

[42] Heidegger, Martin. 2003. *Concepts fondamentaux de la philosophie antique*. Paris: Galli-

mard.

［43］ Heidegger, Martin. 2008. *Le principe de raison*. Paris: Gallimard.

［44］ Heidegger, Martin. 2010. *Qu'appelle-t-on penser?* Paris: PUF.

［45］ Holt, Thomas J. , and Danielle C. Graves. 2007. A qualitative analysis of advance fee fraud e-mail schemes. *International Journal of Cyber Criminology* 1 （1）: 137 – 154.

［46］ Holtfreter, Kristy, Shanna Van Slyke, and Thomas G. Blomberg. 2005. Sociolegal change in consumer fraud: From victim-offender interactions to global networks. *Crime, Law & Social Change* 44: 251 – 275.

［47］ Huxley, Aldous. 1965. *Brave new world revisited*. New York: Harper & Row.

［48］ Jackson, Kevin T. 2005. Towards authenticity: A Sartrean perspective on business ethics. *Journal of Business Ethics* 58 （4）: 307 – 325.

［49］ Jaspers, Karl. 1963. *Autobiographie philosophique*. Paris: Aubier （Éditions Montaigne）.

［50］ Jaspers, Karl. 1966a. *Initiation à la méthode philosophique*. Paris: Petite bibliothèque Payot.

［51］ Jaspers, Karl. 1966b. *La situation spirituelle de notre époque*. Paris/Louvain: Desclée de Brouwer/ E. Nauwelaerts.

［52］ Jaspers, Karl. 1966c. *Introduction à la philosophie*, Paris: Le monde en 10 – 18.

［53］ Jaspers, Karl. 1970. *Essais philosophiques*. Paris: Petite bibliothèque Payot.

［54］ Kafka, Franz. 1957. *Le Procès*. Paris: Gallimard.

［55］ Kafka, Franz. 1984. *Le Château*. Paris: GF-Flammarion.

［56］ Kierkegaard, Soeren. 1974. *Concluding unscientifific postscript*. Princeton: Princeton University Press.

［57］ Krambia-Kapardis, Maria. 2002. Fraud victimization of companies: The Cyprus experience. *Journal of Financial Crime* 10 （2）: 184 – 191.

［58］ Lévy, Bernard-Henri. 2000. *Le siècle de Sartre*. Paris: Grasset.

［59］ Locke, John. 2009. *Essai sur l'entendement humain*. Paris: Le livre de poche.

［60］ Luther, Martin. 1992. *Les grands écrits réformateurs*. Paris: GF-Flammarion.

［61］ Malraux, André. 1946. *La condition humaine*. Paris: Gallimard.

［62］ Malraux, André. 1972. *L'espoir*. Paris: Gallimard.

［63］ Martin, Bernard. 1971. *The existentialist theology of Paul Tillich*. New Haven: College & University Press.

［64］ Master, Eckhart. 1942. *Œuvres de Maître Eckhart*. Paris: Gallimard.

［65］ May, Rollo. 1979. *The meaning of anxiety*. New York: Washington Square Press.

［66］ Medhidhammaporn, Phra. 1996. *Sartre's existentialism and early Buddhism*. Bangkok: Buddhadhamma Foundation.

［67］ Nielsen, Richard P. 1984. Toward an action philosophy for managers based on Arendt and Tillich. *Journal of Business Ethics* 3: 153 – 161.

［68］ Nietzsche, Friedrich. 1968. Beyond good and evil. Prelude to a philosophy of the future. In *Basic writings of Nietzsche*, 179 – 435. New York: The Modern Library.

［69］ Nietzsche, Friedrich. 1985. *Ainsi parla Zarathoustra*. Paris: Gallimard.

［70］ O'Keefe, Terence M. 1982. The metaethics of Paul Tillich: Further reflections. *Journal of Religious Ethics* 10 （1）: 135 – 143.

［71］ O'Meara, Thomas F. 1968. Tillich and Heidegger: A structural relationship. *Harvard Theological Review* 61 （2）: 249 – 261.

［72］ Pacini, Carl, Li Hui Qiu, and David Sinason. 2007. Qui tam actions: Fighting fraud against the government. *Journal of Financial Crime* 14 （1）: 64 – 78.

［73］ Paolucci, Gabriella. 2007. Sartre's humanism and the Cuban revolution. *Theory and Society* 36 （3）: 245 – 263.

［74］ Pascal. 1973. *Pensées*. Paris: Seuil.

［75］ Pauck, Wilhelm. 1979. To be or not to be: Paul Tillich on the meaning of life. *Bulletin of the American Academy of Arts and Sciences* 33 （2）: 9 – 25.

［76］ Pauck, Wilhelm, and Marion Pauck. 1976. *Paul Tillich. His life & thought. Volume I- His life*. New York: Harper & Row.

［77］ Plato. 2011a. *Phédon. In Œuvres complètes de Platon*, ed. Luc Brisson, 1172—1240. Paris: Flammarion.

［78］ Plato. 2011b. Timée. In *Œuvres complètes de Platon*, ed. Luc Brisson, 1979—2050. Paris: Flammarion.

［79］ Plotinus. 2002. *Traités1 – 6*. Paris: GF-Flammarion.

［80］ Plotinus. 2003. *Traités 7 – 21*. Paris: GF-Flammarion.

［81］ Pontell, Henry N. 2004. White-collar crime or just risky business? The role of fraud in major financial debacles. Crime, *Law & Social Change* 42: 309 – 324.

［82］ Pseudo-Dionysius the Aeropagite. 1845. *Œuvres de Saint Denys L'Aéropagite*. Paris: Maison de la Bonne Presse.

［83］ Rawls, John. 1971. *Une théorie de la justice*. Paris：Seuil.

［84］ Reisig, Dion M. , and Kristy Holtfreter. 2007. Fraud victimization and confidence in Florida's legal authorities. *Journal of Financial Crime* 14 （2）：113 – 126.

［85］ Rejesus, Roderick M. , Bertis B. Little, and Ashley C. Lovell. 2004. Using data mining to detect crop insurance fraud：Is there a role for social scientists? *Journal of Financial Crime* 12 （1）：24 – 32.

［86］ Richter, Anders. 1970. The existentialist executive. *Public Administration Review* 30 （4）：415 – 422.

［87］ Ricoeur, Paul. 1983. *Temps et récit. Vol. 1. L'intrigue et le récit historique*. Paris：Seuil.

［88］ Ricoeur, Paul. 2000. *La mémoire, l'histoire, l'oubli*. Paris：Seuil.

［89］ Ross, Robert R. N. 1975. The non-existence of god：Tillich, Aquinas, and the Pseudo-Dionysius. *Harvard Theological Review* 68 （2）：141 – 166.

［90］ Salu, Abimbola O. 2004. Online crimes and advance fee fraud in Nigeria-Are available legal remedies adequate? *Journal of Money Laundering Control* 8 （2）：159 – 167.

［91］ Sartre, Jean-Paul. 1938. *La Nausée*. Paris：Gallimard.

［92］ Sartre, Jean-Paul. 1947. *Huis clos, suivi de Les mouches*. Paris：Gallimard.

［93］ Sartre, Jean-Paul. 1970. *L'existentialisme est un humanisme*. Paris：Nagel.

［94］ Sartre, Jean-Paul. 1980. *L'Être et le néant. Essai d'ontologie phénoménologique*. Paris：Gallimard.

［95］ Sartre, Jean-Paul. 1985. *Critique de la raison dialectique, précédé de Questions de méthode. Tome 1. Théorie des ensembles pratiques*. Paris：Gallimard.

［96］ Sartre, Jean-Paul. 2001. *La mort dans l'âme*. Paris：Gallimard.

［97］ Scheler, Max. 1970. *Man's place in nature*. New York：Noonday Press.

［98］ Schelling, F. W. J. 1980. Recherches philosophiques sur l'essence de la liberté humaine et les sujets qui s'y rattachent. In *Œuvres métaphysiques* （1805—1821）, 115 – 196. Paris：Gallimard.

［99］ Seetharaman, A. , M. Senthivelmurugan, and Rajan Periyanayagam. 2004. Anatomy of computer accounting frauds. *Managerial Auditing Journal* 19 （8）：1055 – 1072.

［100］ Seneca. 1954. *Lettres à Lucilius. Tome III*. Paris：Éditions Garnier Frères.

［101］ Seneca. 1994. *Traités*. Paris：France Loisirs.

[102] Spinoza, Baruch. 1967. *Éthique*. Paris: Gallimard.

[103] Spinoza, Baruch. 2007. *Traité de l'autorité politique*. Paris: Gallimard.

[104] Tiebout, Harry M. 1959. Tillich, existentialism, and psychoanalysis. *Journal of Philosophy* 56 (14): 605 – 612.

[105] Tillich, Paul. 1939. The conception of man in existential philosophy. *The Journal of Religion* 19 (3): 201 – 215.

[106] Tillich, Paul. 1944. Existential philosophy. *Journal of the History of Ideas* 5 (1): 44 – 70.

[107] Tillich, Paul. 1951. *Systematic theology. Vol. I. Reason and revelation, being and god*. Chicago: The University of Chicago Press.

[108] Tillich, Paul. 1952. *The courage to be*. New Haven: Yale University Press.

[109] Tillich, Paul. 1956. The nature and the significance of existentialist thought. *Journal of Philosophy* 53 (23): 739 – 748.

[110] Tillich, Paul. 1957a. *Systematic theology. Vol. I. Existence and the Christ*. Chicago: The University of Chicago Press.

[111] Tillich, Paul. 1957b. *Dynamics of faith*. New York: Harper & Row.

[112] Tillich, Paul. 1963. *Systematic theology. Vol. III. Life and the spirit, history and the kingdom of god*. Chicago: The University of Chicago Press.

[113] Tillich, Paul. 1981. The political meaning of utopia. In *Political expectation*, 125 – 180. Macon: Mercer.

[114] Viosca, R. Charles, Blaise J. Bergiel, and Phillip Balsmeier. 2004. Effects of the electronic Nigerian money fraud on the brand equity of Nigeria and Africa. *Management Research News* 27 (6): 11 – 20.

[115] Wall, David S. 2004. Digital realism and the governance of spam as cybercrime. *European Journal on Criminal Policy and Research* 10: 309 – 335.

[116] Williams, Dave Arthur. 2007. Credit card fraud in Trinidad and Tobago. *Journal of Financial Crime* 14 (3): 340 – 359.

[117] Yu-Feng, Ma. 2005. Tendency and responses to credit card fraud in Taiwan. *Journal of Financial Crime* 12 (4): 344 – 351.

[118] Zook, Matthew. 2007. Your urgent assistance is requested: The intersection of 419 spam and new networks of imagination. *Ethics, Place and Environment* 10 (1): 65 – 88.

第七章

组织生活叙事：萨特对
金融犯罪的预防战略观

■7.1　前言

文学似乎离组织研究有几千光年之遥。与文学作品相比，组织研究并没有以类似的解释或参考模式发展。它们有不同的研究方法。在《什么是文学?》（1948）一书中，萨特定义了什么是阅读。读者和作者在何种诠释学语境中演进？萨特的阅读观可以作为叙事应用于组织生活。我们将组织生活作为叙事来分析，这样就有社会行动者同时将组织生活作为文本来写作和阅读。我们就能够更好地把握组织伦理行为背后的许多期望，并理解高层管理者作为组织生活读者的定位。

按照萨特（1948：132）的说法，文学是使人类有可能把自由付诸实践的东西。艺术作品是对个人自由的呼吁（萨特，1948：185）。文学不过是浸染了永久革命的社会的主观性（萨特，1948：195）。文学的主题是存在于世界（萨特，1948：192）。文学的终结是实现人类自由的统治（萨特，1948：196）。这就是为什么作家必须反对一切形式的不公正（萨特，1948：343）。文学是完全自由的产物。作为创造性活动的副产品，文学表达了存在的困境（萨特，1948：333－334）。根据罗伯特·所罗门（1991）的研究，文学涉及情感的教育过程。它有助于使道德原则充分纳入决策过程。例如，所罗门（1983）处理自由问题，想象渴望自由之人的处境，牺牲了他的健康、财富或生命。随后，所罗门（1983：313）用陀思妥耶夫斯基的《地下室手记》（1992：68－77）揭示了自由的本质：自由使我们成为人。当我们除了自由什么都不想要的时候，我们就成了环境的奴隶。所罗门清楚地表明，文学作品可以用来阐明存在主义质疑，因为它出现在商业生活中。一些文学作品告诉我们，决策者实际的情感方式可以决定他们接受或拒绝某些道德原则。如果使用得当，文学甚至可以影响组织伦理的定义或发展方式，或伦理培训课程的设置方式，还可以影响针对金融犯罪的预防策略的设计方式。文学有助于人们更好地理解人类情感背后的基本问题。它有助于创造一种有利于道德决策过程的组织文化，从而形成一种诚信的文化。当我们处理文学作品和组织并运用萨特的方法去开展研究时，我们会采纳存在主义的观点。存在主义伦理学是可以应用于组织环境的各种伦理学理论之一。

我们必须区分组织生活和组织文化。根据沙因（1985：9）的观点，组织文化是一个模型，包括在一个特定群体中共享的前提、信念、认知、态度或主张。正如萨特（1985：59－60）所说，个体通过群体归属感来生活和认识他们的存在困境。因此，人是一个归属于群体的存在，这种归属被视为基本的兄弟情谊（萨特，1985：535）。一套或多或少有意识的思维、说话和行动模式有助于组织成员面对外部适应和内部整合的各种问题。当解决特定的外部适应问题（周围环境）或内部整合问题（如将组织价值内部化）时，可以将这种模型作为正确的方式传授给新员工，以便他们感知、思考和感受自己。组织生活就是各种利益相关者之间的互动。这种交互的目的可以与特定的利益相关者（如员工）所追求的个人和集体目标紧密联系在一起。利益相关者之间的互动也有利于个人自我的实现和组织目标的实现。组织文化与组织道德行为的改善以及预防金融犯罪的策略密切相关。我们将以叙事的方式来分析组织生活，并使用萨特在《什么是文学?》（1948）一书中阐释的概念。加强组织生活中的沟通交流有助于预防金融犯罪。萨特哲学将有助于识别最相关的哲学和组织挑战。

■ 7.2 组织生活叙事

叙事引导行动。故事是对一系列行为或经历的描述。讲故事意味着加深我们对既定事件的理解（吕格尔，1984：115）。人们要么参与到变化的环境中，要么对变化做出反应。这些变化产生了一种新的情况，对我们的思想或行动提出了质疑（吕格尔，1984：150）。根据吕格尔的观点，变化的情况有两个基本要素：（1）人们的道德转变，即他们的个人成长和教育，他们感知和理解道德想象力和情商复杂性的方式；（2）内在变化影响我们的感觉和情绪，使内化过程达到无组织和无意识的程度（吕格尔，1985：10）。

杰弗里·德拉蒙德（1996）在他的哲学博士论文中分析了组织文化作为一套叙事方式的运行机制。德拉蒙德认为，领导者要么强化传统叙事，要么创造新的叙事，为组织行为提供指导。变化可以被定义为一个过程，通过这个过程旧的叙事变得不连贯，从而产生新的叙事。组织生活通过组织成员之间的交流建立起来。这种叙事是一种双重创作。（1）阐述组织生活：叙事可以强化组织生活的某些方面，并有可能揭示组织生活的新维度（如组织成员之间跨文化和宗教间的对话；帮助管理者明确个人价值的培训课程）。这种叙事可以使人们摆脱遭受不公平折磨（如骚扰）的组织实践。这种叙事甚至可以使不良的组织行为消失（如金融犯罪）。（2）建立组织文化：叙事将组织生活的各个维度整合到组织文化中。这种叙事将使组织成员能够内化针对金融犯罪的预防策略。尼科尔·D. 阿尔梅达（2006：27－38）认为，经济叙事追求的是一种解释性和合法性的模式，尽管它们基本上是一体化和成功的叙事。但是，道德企业话语可能成为基于意识形态的语言，因为它排除了任何对话和辩论。

根据芬查姆（2002：14）的观点，组织叙事在组织内部是有意义的。组织生活具有目的论的意义（揭示组织的目的）。组织叙事可以改变并深刻影响组织行为。关于成功和失败的组织叙事只不过是说服的修辞。说服的修辞是用来使某些行为模式合法化的。穆森和蒂策（2004：1301－1323）展示了文化规范和意义是如何在社会交换的组织模式中得到反映、维护，甚至是本质上的改变的。组织交流是象征性变化的承担者。卡西尔（1944：25－45）将人类定义为能够创造符号的动物。符号作为意义的承载者并不是普遍的。符号在很大程度上因文化而异。符号为宗教或艺术经验以及哲学或科学思想开辟了道路。继米尔恰·伊利亚德之后，奥马尔·阿克图夫（1990）说神话是指特定演员的个人故事。象征演员是这个神话的核心。没有它们，神话就不会发挥任何历史作用。神话是组织表达方式的组成部分。它们没有反映整个组织文化。但在一些社会文化中（如美国和日本），由于各种原因（取决于社会文化的特点），神话可以创造传统，并使革命能够克服组织传统的限制。神话正在阐述新的意识形态、原则、习惯和价值观，这些可以转变为传统的思维方式、存在方式和行为方式。

7.2.1　沟通交流的伙伴

沟通行为只不过是存在通过实体的自我表露。只有人有语言，才能区分存在和实体。海德格尔和萨特都认为人类是语言。正如萨特（1980：422）所说，在我面前的其他事物的出现使语言成为我存在的基础。人的生命必须与其他生命形式区分开来，因为人可以感知实体的自我表露（海德格尔，1977：14 – 15，115 – 117；1975：146 – 147；1969：31 – 35；1966：62 – 65；1962：90 – 93，226 – 229；2010：11 – 12，130 – 148；1957：149 –159）。

每个组织成员似乎都是交流的伙伴。他是组织生活叙事的作者。作为作者，组织成员关心他们经验的意义，以及他们用来揭示这些意义的语言（萨特，1948：16）。通常，我们不知道作者的意图（萨特，1948：68），很难正确地理解和解释那些把组织生活写成叙事的人的意图。组织生活的作者可以改进或阻止任何针对金融犯罪的预防策略。此外，他们甚至可能加重金融犯罪，仿佛这将成为组织文化的一个组成部分。因此，组织生活叙事可能充斥着金融犯罪，或与诚信相关。这在很大程度上取决于道德领导力，即那些书写或阅读组织文化的人（主要是高层管理者）采用的做法。

7.2.2 组织生活中沟通交流的目的

沟通交流是对组织语言尚未赋予的意义的一种探索。正如列维纳斯（2012：42）所说，意义意味着远离我们的自我，从而走向非我。组织生活的意义并不容易获得。它并非不证自明。为了定义组织生活的意义，组织成员必须参考他们的价值观、愿望、需要和期望。沟通交流从一切已知到一切未知，即从话语（根植于一切已知）到沉默（面对未知）。交流的目的是揭示对存在主义真理的追求。每一次交流都表达了一种特定的对真理的探索，这是组织成员寻找组织生活意义的方式。作为叙事的组织生活既是对组织真理（组织生活意义）的追求的反映，也是这种存在主义追求由自我定义的参数所决定的方式。

高层管理者是组织生活叙事的最具战略性的读者。他们与组织文化的发展和改进方式有着内在的联系。为什么只有组织的高层管理人员才能从战略上把组织生活看作叙事，从而决定其重要性？事实上，员工、工会、股东、供应商和分销商、政府，甚至消费者也可以成为组织生活的战略作者和读者。他们参与了组织文化的建立和维护，甚至参与了防止金融犯罪的战略的有效实施。所有的利益相关者都是组织生活的作者和读者。正如席莱尔玛卡（1977：43）所言，作为翻译的读者必须掌握与文本（组织生活为文本）密切相关的典故、氛围和意象场。所有的利益相关者也都在创造这样的组织生活，因此也是他们的作者。在组织生活中，阅读和写作同时出现。通过我们对组织生活的阅读，我们受到我们对组织生活的写作的影响，这也是我们为组织生活所做的贡献。当我们通过决策来书写组织生活时，我们是在对它的重要性进行给定的解释。组织成员既是组织生活文本的读者，又是组织生活文本的作者。阅读与写作是分不开的。阅读决定写作的内容。作为组织生活中最具战略意义的读者（然后是作者），高层管理者作为读者扮演着不同的角色，因为其领导力具有如下属性：（1）他们对组织未来发展的影响力。只有高层管理者可以定义战略规划流程，虽然这些流程需要得到董事会的批准。高层管理者负责制定主要战略决策。
（2）他们对组织文化的历史和全球视野。他们可以了解到过去的传统以及
主要事件，这些传统和事件决定了本组织的现状。（3）关于组织伦理的系
统性观点。高层管理者通常非常了解创始人的价值观。回顾过去，他们知
道（或应该知道）过去的丑闻（包括经济犯罪，如贿赂和欺诈）和伦理冲
突，这使得有必要审查组织伦理或文化的内容。他们的前瞻性观点意味
着，在考虑到主要的经济、政治、社会、文化甚至宗教制约因素的情况
下，定义组织文化应该成为什么。正是基于对组织文化和历史的回顾和展
望，高层管理者成了组织生活的特约作者和读者。

　　萨特认为，阅读是感知（揭示客体的主体本质）和创造（客体本质）
的综合。读者是在揭开叙事的面纱，因为阅读意味着创造一种意义。他们
也揭示了叙事的内容（萨特，1948：55）。高层管理者在组织生活的集体
感知（由所有组织成员）和组织生活的个人创造（通信交流）之间进行综
合。高层管理者使组织文化有可能既是一种创造（沟通交流的创造性活
动），也是一种感知（沟通交流增进和改善组织文化的方式）。阅读不过是
被引导的创造（萨特，1948：57）。当高层管理者阅读组织生活（以及沟
通交流）时，他们正在创造一种文化输入。高层管理者正在指导这种文化
或创造性活动，并使用从组织历史中继承下来的参数。在社会、政治、经
济、文化或宗教变化面前，他们也会用自己的意志来顺从自己，或离经叛
道。这种组织越轨行为体现了金融犯罪在组织内部阐述与实现的方式。当
读者阅读一本书时，他知道他可以深化他的创造性活动，因此这本书似乎
包含了一套无限的质疑模式（萨特，1948：58）。组织生活是那些正在阅
读它的高层管理者创造性活动的目标。组织文化似乎具有一系列创造意义
的潜能。如果没有阅读过程，创造性活动是无法实现的（萨特，1948：
58）。如果组织内的交流没有在组织文化中产生任何实质性的变化，那么
任何（在沟通交流中产生的）创造性活动都无法实现。这一结果可能对组
织氛围以及发展和维持劳资关系的方式都会产生深刻的影响。沟通交流的
伙伴可能认为他们的话永远不会改变组织文化中的任何东西，因为作为组
织生活的战略作者或读者的高层管理者只不过是现有秩序的维护者（意识

形态工具）。这样就可以使利益相关者相信，他们不是组织生活创建方式的组成部分。通信交流将变得毫无意义。

沟通交流可以是变革的诉求：组织成员会认为领导者应该改变组织文化。"我在主体间交流中所说的话"可以给组织生活带来真正的变化。这是在高层管理者面前提出的含蓄要求。高层管理者总是可以自由地按照自己喜欢的方式行事。读者的自由是作者的要求。它甚至参与了他或她的著作的编纂（萨特，1948：59，65）。在阅读一本书时，读者会断言"对象的根本是人的自由"（萨特，1948：69）。当高层管理者意识到组织生活的建立方式（或组织文化的构建方式）时，他们就知道，如果不承认个人自由，组织生活和文化就无法持续。高层管理者可以自由地改变组织生活和文化中的任何东西。根据萨特（1948：73）的观点，艺术的目的是观察这个世俗的生活，以便解释一切事物的本质。艺术不能脱离人类的自由。艺术作品需要内化我们的非自我（萨特，1948：75）。组织的生活和文化必须掌握组织的世界（非自我）并反映它的本来面目。创造也是人类工程的美学修正：它意味着通过我们的自由创造我们自己（萨特，1948：75）。世界被认为是由一切被给予的事物整合而成的整体。组织的世界通过组织生活和文化的创建与修改而变得清晰。正是这种整体性使组织生活和文化中所有被给予的事物的整合成为可能。

沟通交流的合作伙伴承认战略作者与读者的自由（如高层管理者）。根据萨特（1948：79-81）的观点，自由是作家的唯一主题。艺术作品以作家的自由为基础。它是对读者自由的自由诉求（萨特，1948：121，139）。这正是高层管理者从战略角度解读组织生活的情形。沟通交流承认了高层管理者考虑组织生活和文化中所透露的信息的自由。组织成员可以自由地交换他们对组织生活和文化的看法。这种变化可能意味着减少组织成员实施金融犯罪的倾向。自由是组织生活的核心。没有人的自由，组织文化就不能被阐释与修改。读者创造组织生活或改变组织文化的自由（主要是高层管理者的自由）是任何项目建立组织生活的现实基础。如果作者或读者（如高层管理者）真的想要改善组织生活，那么他们就要对组织生活在短期和长期内的认知方式负责。在读者（主要是高层管理者）的自由面前，改善组织生活和文化本身就是目的。改善组织生活就是创造它。任何对组织生活的改善都是建立在新的基础之上的。对于高层管理者而言，创新可能会产生预期的影响，也可能产生预期之外的影响。高层管理者必须自由选择是否进行合作创新。这就是我们所说的"美学后退"（萨特，1948：62）。这种美学的定位与情感的后退是一致的，当艺术家为了保持自由，或通过他的艺术作品反映他想反映的东西而从他的情感和感觉中分离出来时，情感的后退就实现了（萨特，1948：70）。当受到组织成员或其他利益相关者批评时，高层管理者必须远离自己的情绪反应。高层管理者维护其自由的唯一途径是做组织生活的战略作者或读者。沟通交流的伙伴们呼吁组织生活的读者（特别是高层管理者）来创造组织生活或文化。根据萨特（1948：79）的观点，如果读者不能对作家解读现实的方式审视、欣赏或感到震惊，作家的世界就不可能完全被揭开。高层管理者解读社会关系或劳资关系所需变化的方式，可能会产生各种感觉和情绪（如厌恶、愤怒或满意）。然而，对于组织生活的读者（尤其是高层管理者）来说，这是一个难得的机会去真正理解每一个交流伙伴的想象或情感世界。

根据萨特（1948：64）的观点，阅读是一种宽容的实践。读者的自由是通过对艺术作品的宽容来实现的。写作是给予（萨特，1948：137）。同时，宽容是双向的。这就是为什么萨特得出结论，文学是宽容的持续实践（萨特，1948：138）。宽容是艺术作品的原始源泉；它甚至是对读者宽容的无条件呼吁（萨特，1948：182，184）。高层管理者可以自由地考虑在交流过程中出现的一些改变建议。他们也必须做出这样的宽容之举。根据萨特（1948：65）的观点，阅读的悖论意味着作家需要从读者那里得到一些东西，而读者需要从作家那里得到更多。沟通交流的合作伙伴（作为作者）要求组织生活的所有读者（主要是作为最具战略意义的读者的高层管理者）做出改变。高层管理者经常会要求沟通交流的伙伴积极参与这一过程，这将产生一种新的组织文化（包括针对金融犯罪的预防策略）。阅读悖论的前提是，组织生活的读者（如高层管理者）需要从交流伙伴那里获得一些东西。当这样的要求或期望由交流的伙伴来满足时，伙伴将含蓄地要求组织生活的读者（主要是高级管理者）在组织生活或文化中进行其他

的改变。当组织成员施加强大的压力，要求改变组织内的一些不良行为
（如金融犯罪）时，尤其如此。

7.2.3 加强组织生活中沟通交流的途径

伙伴们的交流是在对话中进行的，因此言语不能脱离行动。没有行动
就没有对话。❶ 因此，言语是行动及其过程中不可分割的一部分。根据萨
特（1948：27 – 29）的观点，说话就是行动。给事物或事件命名❷意味着
这些事物或事件不能保持不变。人类给事物或事件命名的能力对存在或事
件的性质产生了很大的影响。❸ 但是根据萨特的说法，事物在通过人类语
言获得一个名字时，它们本身不会改变。一切事物只会自我改变。然而，
因为我们给它们起了特定的名字，事物似乎和它们原来的样子不一样，我
们的自我意识就会给他们赋予不同的含义。这就是为什么萨特（1948：
105）认为起名字是在展示一些东西，而展示是在改变一些东西。沟通交
流很少能实质性地改变组织的生活或文化，除非有实现这种改变的集体意
志，或者有高层管理者实施这种文化改变。我们对组织生活的看法可以改
变，因为我们给我们正在经历的事情命名，最重要的是，因为我们在交流
中透露了这些名称。这些名称可以是用来解释或证明某些金融犯罪的词，
如欺诈和洗钱的合理化。组织生活的文字化是组织文化的基本组成部分。

---

❶ 根据萨特（1948：195）的观点，书面作品可以是行动的基本条件，即反射性意识
的时刻。

❷ 柏拉图（2011）认为名字是使事物显现为现实的手段。名字是由先前的名字组成的。例
如，既定的神或女神的名字也指征他的社会、文化、政治或宗教/精神功能 ［Plato 2011.
"Cratyle", In：CEuvres complètes de Platon, ed. Luc Brisson. 196 – 254. Paris：Flammarion（403b,
433d）］。

❸ 根据萨特（1948）的观点，现实揭示了一些东西，因为人是事物自我揭示的媒介。我们
不是在创造事物的存在。人给事物、存在和事件命名的能力并不是决定性因素（萨特，1948：
49 – 50）。然而，萨特也因此强化了一种观点，即赋予事物、存在和事件名称的能力是人类的特
征，因此，如果没有通过人类语言获得名称，世界或自然中就没有任何东西可以自我揭示。人类
的语言是一种中介力量：它是与世界或自然的任何组成部分建立关系的必要条件。一个实体的自
我表露只能出现在人类语言中。

它是组织内所有交流的中心。我们可以通过别人的脸发现自己。交流让我们找到"我们是谁",让我们在别人面前表达我们的存在。与人交谈时,我是在揭示形势,因为我计划要改变这种形势。我向自己和他人表明,我已做好改变既定事实的准备(萨特,1948:29)。沟通交流使自我表露(对自己和他人)成为可能,因此我们对组织生活的看法和我们改变它的意愿变得不言而喻。通过沟通交流的自我表露揭示了我想要改变自我、他人、家庭、组织甚至社会的愿望。沟通交流是一种自我表露,它意味着计划要改变一些事情。有些东西是缺乏的,无论是缺乏拥有(物质),缺乏了解(知识),还是缺乏存在(存在的隔阂)。交流的假定词是指过去的行为,或现在正在进行的行为,甚至是将来将要进行的行为。沟通交流贯穿于线性时间的三个组成部分。

根据费尔德曼和拉斐利(2002:310 – 311)的观点,组织成员之间的关系往往意味着实现组织目标的组织惯例。组织惯例深深地影响着组织的成长和盈利能力,因为它们决定了我们适应不断变化的环境的能力。组织惯例植根于过去、现在和未来在组织生活中相互联系的方式。日常生活似乎是过去的翻版。因此,它们是专注于过去的现象。然而,它们现在可以被批评,然后修改。"它是什么"与"它曾经是什么"紧密相连。此外,由于组织惯例是组织文化的组成部分,它们在不久的将来投射过去的经验,这些经验被认为是榜样或解释/参考模式。组织惯例是指导未来在组织内定义的方式。每个沟通交流的伙伴定然不愿意(预先)定义其他伙伴可能会想什么、说什么或做什么。我们不应该对别人的思想、言语或行为抱有任何不合理的期望。交流不应该意味着期待特定的思想/言语/行为,或预测它们。作为组织成员,我们的期望可能基于多种动机:(1)我们对他人个性和生活经历的感知;(2)我们的兴趣、需要和欲望。预测和期望可能与现实脱节。预测似乎还有待证实。有时,组织成员有未满足的期望,即使这种期望已经明确描述过。预测和期望使我们精心设计假设。然而,我们不应该把这些假设当作最终的判断来对待。

■ 7.3　打击金融犯罪，贯彻组织生活中沟通交流的主要目标

以下是组织生活中交流的基本目标：

沟通交流的第一个目标是完美解决在信息的传输和接收方式（通信组件）以及我们对真理的探索（生存状态组件）方面的问题。生产力和效率与任何沟通交流都有着内在的联系。他们对自己施加强大的压力：每个交流的伙伴都试图成功，而不是让伙伴之间的妥协看起来是失败的。当然，任何沟通交流都可能失败。在人际关系中，失败是很常见的。其缘由可能是误解、无知，甚至是恶意：（1）作为交流主题的情况或生活经验的客观内容；（2）关于他人主观性被放大的方式，他人的自我（与我不同）强制其他人尊重其对现实的解释；（3）交流的过程，这种过程意味着共同的倾听、相互理解的意愿和对真理的共同追求，从而对他人的观点持开放态度。沟通失败反映了无法沟通（萨特，1948：47 - 48）。不可沟通者意味着不能被清楚地解释，也无法被自己或其他人感知。把无法交流的人会聚在一起，既值得赞扬，也值得怀疑。不可否认的是，他们之间无法沟通。它是自我意识的一个组成部分。意识只是某物的意识。如胡塞尔（2001：109 - 113；1965：90）所说，意识是存在的物质事物的意识，是身体的意识，是人的意识（对象的意识）。胡塞尔（2008：64 - 65，77 - 78；2001：126）断言，意识只不过是个体对象（在自己面前）的有形存在的意识。意识总是被它的客体所引导。这就是萨特（1980：17，27 - 29）说意识根本没有内容的原因。意识的存在就是揭示它的客体。人通过物质和物体而超越自身（萨特，1985：347）。意识就是世界意识（萨特，1980：383）。通过参与这个世界，我开始意识到自己是"我们"的一部分（萨特，1980：477）。自由是意识的存在。存在的意识就是意识的存在。意识的存在意味着意识并不存在于存在之中，因为意识是存在的（因此，存在是我们意识的外在）。意识的唯一存在就是存在的虚无意识，因为它是"非其

所是之物"（what-it-is-not）（萨特，1980：82，98）。它是自由的意识（萨特，1980：64-67）。

根据萨特（1980：60）的观点，人类是自由的。自由就是在世界中自由（萨特，1980：564）。人类通过行为学会了自由。他们选择了一个给定的可能性（因此排除了其他可能性），因为这种可能性完全符合他们想要成为的人。我们注定是自由的，因为我们不是"我们是谁"，我们是"我们不是谁"（萨特，1980：549）。简森（1965：27）认为，对自由的谴责不能被视为强烈的决定论，因为萨特想要摆脱所有决定论。我们必须成为自由的人。我的自由与他人的自由是相互依存的（萨特，1970：83）。我只想要支持他人的自由。这样做，我将保证我将有可能作出自由选择（萨特，1970：84）。我们的个人责任基本上与我们对人类的看法有关。我们必须努力创造我们的价值观（不涉及任何先验的价值观和信仰），从而创造人类（萨特，1970：38）。我们可以自由地决定人类的未来（萨特，1970：53）。当决定我将是谁的时候，我正在建造一般性概念（萨特，1970：70，78）。所有的可能性都是开放的。因此，自由的人有责任选择特定行为并排除其他可能性。若非如此，生命从本质上就被确定了。萨特哲学与本质主义哲学（如黑格尔哲学）所假定的相反。人类有以共同利益为目标的道德责任，或以自身利益为目标的道德责任。从理论上讲，他们要么赞成功利主义，要么赞成哲学上的利己主义。但选择都是公开的。任何一套组织价值观都是自由选择的，不反映任何人性或本质。自由是一切价值的基础。组织正在创造他们的价值。非存在意味着"存在"不是"其所是之物"，而是"非其所是之物"（萨特，1980：99）。自由的主体性是意识的意识，即对客体的意识。即使是无法交流的事物也可能成为我们意识的对象。通过沟通交流，揭开不可沟通的面纱。但是自我不能表达自我理解的全部内容。在萨特看来，词语的意义既可以理解，又不可企及。每个词都指的是说话者头脑中清楚的一些意思。但是，词语也指一些模糊的符号：我们不知道我们所说的是什么意思（苏格拉底接近真理）。正如吕格尔（1997：101-102）所说，单词本身没有任何意义。只有话语才能创造意义。这就是为什么单词可以有不同的意思。他们缺少上下文相关的词语。这种自我意识中的黑箱可以部分解释为何我们之间难以沟通。无法沟通是使我们从沟通失败中解脱出来的典型方式。我们应该非常谨慎地提及它。在我们有其他选择的情况下，我们当然应该明确我们个人对沟通失败的责任。叔本华（2009：293，297）说，我们的责任使我们更清楚地意识到我们的基本自由边界。

但是，无法交流并不能解释所有的交流失败。沟通失败的根源也可能是组织内部缺乏道德领导。特里维诺和纳尔逊（2007）这样阐释负面的领导风格：（1）不道德的领导（创建一个不道德的组织文化）；（2）虚伪的领导（假设领导者关于组织伦理价值的组织话语有缺陷，以及领导者有道德错误行为）；（3）一个道德中立的领导（不处理有争议的道德问题）（特里维诺，纳尔逊，2007：256-313）。其他类型的"负面领导"表达了我们永远不应该从领导者那里得到的合理期望：领导风格永远不应该成为破坏组织生活或文化中的社会联系和相互信任的因素。从长期来看，这种负面的领导风格正在摧毁个性以及组织内的团结感。领导者应该尊重彼此，增强他们的个性，这样才能产生归属感。根据魏斯（2003），当增加隐藏会议议程时，一些组织文化可能会受到威胁。当将领导者与中层管理者和员工分开时，也可能会出现这种情况。组织文化可能会瓦解。组织可以绝对（盲目）强调竞争和利润最大化，并打开一扇使人们陷入非伦理/非法实践的组织氛围的门（魏斯，2003：129-134）。这种组织文化的解体很大程度上取决于对领导者的社会期待和心理表征，以及组织偏差（如欺诈、洗钱或网络犯罪）在组织和整个社会中被感知的方式。

沟通交流的第二个目标是描述在组织历史中发生的特定事件的具体情况。每个组织成员都可以自行承担责任（萨特，1948：31）。就组织生活经验的责任而言，沟通交流意味着一个基本的伦理维度。沟通交流变成了合作伙伴了解组织生活各个方面的方式，因此任何人都不能排除他自己对组织和组织成员的责任。根据格里玛和墨勒（2006：198）的观点，对负责任的组织行为的呼吁必须以对伦理审议空间的认识为前提。否则，这种对责任的呼吁就是矛盾和病态的（格里玛，墨勒，2006：184-200）。

沟通交流的第三个目标是用恰当的方式表达，也就是说，用一种能反映说话人实际生活的方式来表达。交流揭示了说话者可能想到的意图或项目。说话者选择的词汇反映了他们的思想、感情、情绪和观点。他们在提高自我意识。交流使每个人都可以选择相关的词汇来表达自己是谁，自己的感受。此外，这些话将揭示他自身或其生活经验中不为人知的一面。正如萨特（1948：58）所说，每个字都是自我超越之路。

沟通交流的第四个目标意味着作者将自己理解为其艺术作品中必不可少的一部分。根据萨特（1948：50–51）的观点，最重要的是创造性活动，而不是艺术作品。沟通交流的合作伙伴认为他们自己对组织生活的叙述是至关重要的。没有组织成员之间的交流，就没有组织生活。作为组织成员，我们没有必要意识到通过交流而产生的叙述。至少，我们意识到了创造性活动，即一系列的沟通交流。

沟通交流的第五个目标是在交流中发现自我。作家只能在自己的艺术作品中找到自我。他们有写作法则，这些法则构成了评判他们作品的主要参数（萨特，1948：52）。在作家的作品中，我们可以感知他们的感受和情绪，他们的知识和目的。在任何艺术作品中，都只存在艺术家的主体性（萨特，1948：54）。在交流的过程中，我们只能发现每一个伙伴的自我，或者更准确地说，是其在交流中暴露出来的自我。但是部分有意识的自我仍然在黑暗中，它仍然通过交流而被遮蔽。

沟通交流的第六个目标是参与他人。作家不为自己创作作品（萨特，1948：54–55）。交流不是为了满足我们自己的需要、利益和欲望而进行的。交流是为了他人而进行的。沟通交流的最终目的是更好地了解他人，从而提高我们对自我的理解，尽管我们永远不可能完全理解他人的自我（马尔罗，1946：226）。另外，交流是由他人进行的，他人是交流的必要条件。写作是给予（萨特，1948：137）。把组织生活作为叙事来写，然后关注他人（为他人）。这意味着与他人进行对话。任何对话都必须承认对方的差异性，即非我性。

■ 7.4　他人是组织生活中沟通交流的伙伴

根据萨特（1980：273）的观点，他性（otherness）既是我看到的这个人，也是看着我的这个人。如果他人不看我，我就看不到自己（萨特，1980：306）。对我来说，他性是一个客体。我是他人的对象。他人与我都是个体（萨特，1980：349）。当我作为身体被感知和认识时，我即是我自己（萨特，1980：401）。"我是谁"不能成为我的对象，因为我是我自己（萨特，1980：365）。他性是那个不是我自己的自我。"非你"（not－being Thou）意味着"你"成为我的客体（萨特，1985：217）。敌人可以被理解为他们把我当作客体。我可以对敌人（如压迫者）有自己的理解，我的这种理解与敌人本身密切相关（萨特，1985：884，892）。他性的结构就是否定。他性是另一个不是我的人，是我永远也成不了的人（萨特，1980：275）。他人是被我自己排除在外的个体。他人是我的客体，正如我是他的客体一样（萨特，1980：281）。他性是我作为客体的存在（萨特，1980：388）。我们可以遇见他性，但我们不能创造他性（萨特，1980：295）。我和他人之间需要相互承认。我需要他人承认我是一个人（萨特，1980：281－282）。我是为他人而存在的，他人与我也是相同的。他人的同一性是我自身无法磨灭的。差异性是不能通过同一性来克服的。我的自我既是与他人相同的自我（存在困境），又是他人无法否认的个体。在同一性和差异性之间存在矛盾统一（萨特，1985：241，643，690，786－787）。我个人的贡献是让他人成为"他们是谁"，并且被他人的行动转化（萨特，1985：374）。那么，我是为他人，即面向他性。只有为他人，我才能成为自己的对象。他人必须为我而存在，这样我才能成为我的客体。伯蒂耶夫（1936：57）不同意萨特的观点：我不可能是我的客体，因为存在从来都不是客体。但是根据萨特（1980：318）的观点，当他人看着我时，我意识到自己是一个客体（为我）。他人知道我是谁。他们掌握着我存在的秘密。他人（非我）的存在揭示了"我是谁"（萨特，1980：412 - 413）。但是，我无法理解"我为谁而活"。

他人是非我的存在。他人在做他自己的时候，把我排除在他之外。而我在做自我的过程中，也把他人排除在自我之外。他人是我看到的存在和看到我的存在（萨特，1980：273，275，281）。我能看到自己只是因为他人都在看着我（萨特，1980：306）。我是他人的客体（萨特，1980：273，317，388）。如果没有他人为我而存在的事实，我就无法意识到自己是他人的客体（萨特，1980：318）。他人的自我反映了我的自我，因为我是他人的自我客体（萨特，1980：283）。我的存在就是为他人而存在（萨特，1980：283，307，328）。"自为存在"无法为他人所感知，因为在他人看来我就是一个自体客体。如果我只想当然地将他人（作为客体）来看待的话，我就无法理解他人对他们自身而言意味着什么。"自为存在"总是战胜自我客体（萨特，1980：287）。当我向他人展示我的自我客体时，我可以把握自我主体的存在（萨特，1980：302）。我只能是另一个自由存在的客体（萨特，1980：316，365）。只有在主体在场的情况下，我才能成为客体（萨特，1980：336）。他人的存在揭示了"我是谁"。当他人看着我的时候，他们其实并不完全了解"我是谁"。他们知道一些我不知道的事情。与我而言，我是一个不断调整"我是谁"的项目。面对他人时，我声称自己是谁，尽管有被他人同化的计划。自由与他人看待我的方式有着内在的联系。当他人看着我的时候，一种矛盾的意识就出现了：（1）他人变成了我可以视为客体的存在；（2）他人成为自由的存在，他们承认我是自由的存在（萨特，1980：412，415，429）。

通过我们在这个世界的经验，我们意识到我们是"我们本性"（we - ness）不可分割的一部分（萨特，1980：477）。与他人相处是建立在为他人而存在的基础上的（萨特，1980：465）。根据萨特的观点，我对一切负责，因为世界只有通过自我存在才存在。然而，我不对我的自由负责，因为我不是我存在的基础（萨特，1980：612 - 614）。与陀思妥耶夫斯基（2002：788）一样，萨特认为，如果上帝不存在，那么一切都是允许的。人类注定要获得自由。人类在走向世界的过程中，对自己所做的每一件事都负有责任（萨特，1970：36－37）。学会自由就是学会对自己的行为负责。学会负责意味着看到现实的本来面目。根据萨特（1980：320）的观点，为他人而活与为自己而活是完全不同的。萨特承认，马尔罗（1946：57）在哲学上有理由谴责作为恶魔的自我，因为我们宁愿选择任何其他现实。我不明白，"他人"是为他自己而存在的，尽管我把"他人"作为客体来看待（萨特，1980：287）。我对我的"为他人"负责：我可以以真实或不真实的方式实现它（萨特，1980：291）。正如杰克逊（2005：314）所说，萨特关心真实的存在。萨特（1980：291）认为他遵循了海德格尔关于我们与他人相处的责任的概念，因为这是在真实性或不真实性中自由实现的。事实上，海德格尔强调的是自我，而萨特则把不真实性视为不诚实，这就是我们逃避接受自由的各种方式。正如伯勒尔和摩根（1979：304）所说，不诚实的概念指的是这样一种情况：我们接受了自我存在的外部约束，以至于我们几乎无法概念化虚无。萨特认为，当我们追求自由时，我们意识到我们的自由依赖于他人的自由。我只能实现我的自由，让他人实现他们的自由。我只想建立起存在条件，使他人成为可能的自由存在（萨特，1970：83－84）。

　　作者或读者不会主动说出他们所知道的一切。这就是交流的动力。所说的一切是已知的一切的组成部分，是通过交流而揭示的。我们都受益于作者的实际知识。我们教他们那些他们确实不知道的东西（萨特，1948：88－90）。交流意味着从已知到未知的运动。如果所教的东西不是建立在我们已知的基础上，我们就什么也学不到。没有完全的无知，因为它意味着没有生活经验。无知的前提是有人质疑现实或已经知道一些别人不知道的事实（萨特，1985：215）。我们的部分知识直接来自我们的生活经历。总有一些已知的东西可以成为学习其他东西的基础。当我们从事一项创造性的活动时（如写一本书），我们是在利用部分已知的（假定读者应该知道的）来探索未知的（大多数读者不可能知道的）。这里唯一相关的问题是定义"一切已知的事物"的一部分，它构成了理解"将要知道的事物"（读者仍然不知道的事物）的解释学基础。萨特（1948：96）谈到了写一本书的计划，内容有关针对特定人类与全球形势的自由应对。写书的计划是完全自由的。这就是为什么我们面对的是一位作家（萨特，1948：99）。
创造性活动是克服人类普遍处境的自由尝试。组织生活和文化的建立方式
意味着克服组织内部的关系和结构问题的自由尝试。这种情况实际上会对
所有组织成员产生影响。有些人把作家看作创作的人，另一些人则把一种
特定的社会功能强加给作家。这正是一些组织成员在进行信息交换时所能
做的。它们甚至动摇了组织生活中最具战略眼光的读者的自信心。然后，
他们将努力确保高层管理者在组织文化方面进行一些基本变革。

根据萨特（1948：104，356）的观点，作家给社会（并最终给读者）
一种"不幸的意识"，它来自压迫、冲突、迷信和常识、证明和无知、希
望和恐惧、习俗和价值观。为了维护现状，作家们反驳了那些正在强化社
会或文化传统的人。交流合作的伙伴实际上揭示了一些不道德或非法的问
题，这些问题使组织生活更加困难（例如，欺诈行为）。它们也可以突出
组织的目的和战略（包括防止金融犯罪的战略），大多数组织成员都不愿
意这样做，因为他们不接受既定的文化变化。沟通交流的伙伴可能与寻求
避免组织生活或文化中的任何变化（出于正确或错误的动机）的最佳方法
的组织成员格格不入。

面对统治阶级的意识形态，作家们有两种选择（萨特，1948：124）：
（1）接受统治阶级的意识形态，并试图在意识形态思想或行动的边界内强
加一个自由空间。萨特认为，当文学没有反映出其自主性的明确意识时，
文学就会背离其本质。当作家们屈从于统治阶级或他们的意识形态时，文
学就被疏远了（萨特，1948：186）。组织生活中的交流可以传达对读者自
由的诉求（主要是高层管理者）。但这种自由有时与管理意识形态有关，
也就是说，与那些必须战略性地阅读组织生活并相应地改变组织文化的人
的意识形态有关。那些阅读组织生活的人（尤其是高层管理者）反映了他
们的思想、价值观、信仰和象征（这些构成了观察组织生活的基本棱镜）。
（2）拒绝统治阶级的意识形态。沟通交流对读者（主要是高层管理者）的
自由构成了一种激进的呼吁。对作者的要求实际上是与读者的意识形态相
矛盾的。萨特认为，当意识形态强加于他人时，我们必须拒绝；否则，我
们将支持压迫。这种拒绝具有政治、经济、社会和组织方面的理由。压迫

性的意识形态是自由建立的（萨特，1948：193）。但它们只不过是企图摆脱人类的自由和尊严。压迫使他人成为次等人，即动物（萨特，1985：222，269）。人是可以使他人失去人性的存在（萨特，1985：888）。人类在成为其产品的产品时，会使自己失去人性（萨特，1985：73）。萨特（1970：87-89）利用司汤达的《帕尔马修道院》（1970：I，113）来强化他的哲学观点：激情被定义为自然本能。我们可以选择任何可能性，如果它是自由选择的。根据萨特的观点，司汤达认为激情作为自我超越的能量是人类唯一的真正价值。这种哲学视角在司汤达的《红与黑》（2011）中更为丰富。司汤达（2011：293）说，当我们所爱的人忘记了我们的存在，我们可能会失去生命的意义。歌德（1964：45）曾说过，人生意味着永远有迷失自我的危险。萨特正确地理解了司汤达描述人类对真实性和自我超越的热情追求的方式。像司汤达一样，萨特不相信存在本身有任何意义。司汤达因此强调，人类在建构生命意义的过程中，基本上是受到了自我超越的激情的影响。除了那些来自激情的东西，以及由此而来的存在主义选择，生命没有任何意义。

■ 7.5 总结

根据萨特（1948：194）的观点，艺术作品既是对当下的描述，也是一种从未来导向的角度来判断当下状况的方式，不管这种未来是被预测的还是被期望的。这是对自我超越的一种呼吁，因为我们无法预测未来的盛衰。未来是缺失的，同时也是借由缺失而显现的现实（萨特，1985：78）。通过交流来创造组织的生活或文化只不过是一种描述现状的方式，就像组织成员所感知的那样。这也是一种发现组织成员心中所期望的未来，以及他们想要避免的不期望的未来的方法。沟通交流促进自我超越。但最重要的是，它们传达了一个深刻的组织挑战：组织必须克服其局限性，从而改变组织的生活或文化。在这种解释学语境下，防范金融犯罪的策略可能成为深化组织成员自我超越的手段。自我超越是在交流中进行的。如果没有表达出愿意被他人的观点质疑的意愿，那就什么也不能传达给他人。金融犯罪（如贿赂、诈骗和洗钱）正在使我们的世界失去人性。它们对任何使相互信任和理解成为可能的努力都构成严重障碍。组织生活或文化中的交流有助于发展人文实践和价值观。我们应该虚心向其他组织成员和引领者学习。正如柏拉图（2011）所说，如果我们不缺乏任何东西，那么我们谈不上喜欢或不喜欢任何与我们不相同的东西（*Lysis*，215a）。我们存在的有限性意味着存在一种本体论上的缺失。我们必须敞开心扉，听听其他组织生活的作者或读者的看法。在组织生活和文化中的交流将成为丰富的生活体验。

问题

1. 如果我们想当然地认为组织生活是由一系列叙事构成的，那么我们如何解释企业犯罪呢？

2. 你相信存在意味着自由吗？

3. 你是否同意某些金融犯罪（如贿赂和洗钱）有一种神秘的形式？

4. 什么样的沟通交流有助于预防企业犯罪？

| 参考文献 |

［1］Aktouf, Omar. 1990. Le symbolisme et la culture d'entreprise. Des abus conceptuels aux leçons du terrain. In *L'individu dans l'organisation. Les dimensions oubliées*, ed. Jean-François Chanlat, 553 – 588. Québec：Presses de l'Université Laval/Éditions ESKA.

［2］Burrell, Gibson, and Gareth Morgan. 1979. *Sociological paradigms and organizational analysis*. Heinemann：Portsmouth.

［3］Berdiaeff, Nicolas. 1936. *Cinq méditations sur l'existence*. Paris：Aubier/Montaigne.

［4］Cassirer, Ernst. 1944. *An essay on man*. New York：Bantam Books.

［5］D'Almeida, Nicole. 2006. La perspective narratologique en organisations. In *Responsabilité sociale：vers une nouvelle communication des entreprises*? ed. P. de la Broise and T. Lamarche,

27 – 38. Villeneuve d'Ascq：Presses universitaires du Septentrion.

[6] Dostoyevsky, Fedor. 1992. *Notes d'un souterrain*. Paris：GF-Flammarion.

[7] Dostoyevsky, Fedor. 2002. *Les frères Karamazov*. Paris：Gallimard.

[8] Drummond, Geoffrey. 1996. *Understanding organizational culture, leadership, conflict, and change*. Ph. D. dissertation in Philosophy, Swinburne University of Technology, Australia.

[9] Feldman, Martha S. , and Anat Rafaeli. 2002. Organizational routines as sources of connexions and understandings. *Journal of Management Studies* 39 （3）：310 – 331.

[10] Fincham, Robin. 2002. Narratives of success and failure in systems development. *British Journal of Management* 13 （1）：1 – 14.

[11] Goethe, Johann-Wolfgang. 1964. *Faust*. Paris：Garnier-Flammarion.

[12] Grima, François, and Renaud Muller. 2006. Responsabiliser sans manipuler：les conditions psychosociales de la responsabilité. In *Responsabilité sociale de l'entreprise. Pour un nouveau contrat social*, ed. J. – J. Rosé, 184 – 200. Bruxelles：De Boeck.

[13] Heidegger, Martin. 1957. *Qu'est-ce que la philosophie?* Paris：Gallimard.

[14] Heidegger, Martin. 1961. *Introduction to metaphysics*. New Haven：Yale University Press.

[15] Heidegger, Martin. 1962. *Being and time*. New York：Harper & Row.

[16] Heidegger, Martin. 1966. *Discourse on thinking*. New York：Harper & Row.

[17] Heidegger, Martin. 1969. *Identity and difference*. New York：Harper & Row.

[18] Heidegger, Martin. 1977. *The question concerning technology and other essays*. New York：Harper & Row.

[19] Heidegger, Martin. 2010. *Qu'appelle-t-on penser?* Paris：PUF.

[20] Husserl, Edmund. 1965. *Phenomenology and the crisis of philosophy*. New York：Harper & Row.

[21] Husserl, Edmund. 2001. *Idées directrices pour une phénoménologie*. Paris：Gallimard.

[22] Husserl, Edmund. 2008. *Méditations cartésiennes. Introduction à la phénoménologie*. Paris：Librairie Philosophique J. Vrin.

[23] Jackson, Kevin T. 2005. Towards authenticity：A Sartrean perspective on business ethics. *Journal of Business Ethics* 58 （4）：307 – 325.

[24] Jeanson, Francis. 1965. *Le problème moral et la pensée de Sartre*. Paris：Seuil.

［25］ Levinas, Emmanuel. 2012. *Humanisme de l'autre homme*. Paris: Le livre de poche, no 4058.

［26］ Malraux, André. 1946. *La condition humaine*. Paris: Gallimard.

［27］ Musson, Gill, and Suzanne Tietze. 2004. Places and spaces: The role of metonymy in organizational talk. *Journal of Management Studies* 41 (8): 1301 – 1323.

［28］ Plato. 2011. Cratyle. In *Œuvres complètes de Platon*, ed. Luc Brisson, 196 – 254. Paris: Flammarion.

［29］ Ricoeur, Paul. 1984. Time and narrative, vol. 1. Chicago: The University of Chicago Press.

［30］ Ricoeur, Paul. 1985. *Time and narrative*, vol. 2. Chicago: The University of Chicago Press.

［31］ Ricoeur, Paul. 1997. *La métaphore vive*. Paris: Seuil.

［32］ Sartre, Jean-Paul. 1948. *Qu'est-ce que la littérature?* Paris: Gallimard.

［33］ Sartre, Jean-Paul. 1970. *L'existentialisme est un humanisme*. Paris: Nagel.

［34］ Sartre, Jean-Paul. 1980. *L'Être et le néant. Essai d'ontologie phénoménologique*. Paris: Gallimard.

［35］ Sartre, Jean-Paul. 1985. *Critique de la raison dialectique, précédé de Questions de méthode. Tome 1. Théorie des ensembles pratiques*. Paris: Gallimard.

［36］ Schein, Edgar. 1985. *Organizational culture and leadership*. San Francisco: Jossey-Bass Publishers.

［37］ Schleiermacher, Friedrich. 1977. *Hermeneutics. The handwritten manuscripts*. Atlanta: Scholars Press.

［38］ Schopenhauer, Arthur. 2009. *Le monde comme volonté et représentation*, vol. 1. Paris: Gallimard.

［39］ Solomon, Robert. 1991. Business ethics, literacy, and the education of the emotions. In *Business ethics. The state of the art*, ed. Edward R. Freeman, 188 – 211. New York: Oxford University Press.

［40］ Solomon, Robert, and Kristine Hanson. 1983. *Above the bottom line: An introduction to business ethics*. San Diego: Harcourt Brace Jovanovich.

［41］ Stendhal. 1970. *La Chartreuse de Parme*, vol. I. Paris: Librairie Jules Tallandier.

［42］ Stendhal. 2011. *Le Rouge et le Noir*. Montreal: Éditions Caractère inc.

［43］ Trevino，Linda K. ，and Katherine A. Nelson. 2007. *Business ethics. Straight talk about how to do it right.* Hoboken：Wiley.

［44］ Weiss，Joseph W. 2003. *Business ethics. A stakeholder and issues management approach.* Mason：South-Western.

第八章

结 论

　　金融犯罪不是新出现的现象。但是，技术的变化有助于改变我们对自我的理解和对世界的理解。新一代的信息和通信技术更进一步地改进了犯罪分子设计和实现其犯罪活动和行动的方式。技术在面对各种金融犯罪时已实质性地改变了人类的处境。我们已经成为技术工具的奴隶（海德格尔、马塞尔）。无论是有意识的还是无意识的，我们的自我理解以及我们对世界的解释都可能受到我们与技术的关系的深刻影响。的确，技术改变了我们对自我的理解和对世界的理解。我们还从克尔凯郭尔处学到，无论是作为即时性（美学家）还是道德责任（伦理学家），我们对待现实的方式都会使我们对任何非人化的现象漠不关心或仅仅是在道德上关注。但是，即便是道德义务的概念也必须受到哲学质疑，因为它的重要性并非不言而喻。善与恶是植根于存在主义的概念，因此我们永远不应排除任何试图重新解释其基本内容的尝试（尼采）。如果我们想制定针对金融犯罪的有效预防策略，那么我们必须考虑到这样的哲学观念对于我们面对任何非人化现象的方式可能至关重要。我们可以否认我们的自我理解和对世界的解释实际上是不同的，这是因为我们对待人类经验的各个方面（技术工具、时间和即时性、道德责任）的方式是不同的。但是这样做，我们将无法设计出任何有效地预防金融犯罪的策略。我们将失去捍卫人类的意义。金融犯罪不会在短期内消失。随着时间的推进，金融犯罪的复杂性和多样性一直在增加。从存在主义哲学的角度来看，本质是存在的主题。存在主义哲人能够改善组织道德或文化，让我们学会在应对普遍存在的金融犯罪现象时，冷静地面对存在的质疑。

　　存在主义哲学的概念有助于揭露金融犯罪的隐藏部分，帮助我们设计针对金融犯罪的预防策略。下面有六个哲学概念可以应用于日益严重的金融犯罪现象。

（1）对价值进行结构性转变的必要性（尼采）：社会道德对善恶没有正确的认识。因此，我们必须接受价值观发生根本性转变的挑战。这种挑战将为打击或预防金融犯罪提供新的思路。这将帮助我们更好地理解金融犯罪的现象（如非正式价值转移系统）。任何价值观的改变都无法消除善与恶之间的鸿沟。相反，它是在重新解释这两个概念之间的距离，即所谓的善有善报、恶有恶报。我们将开放分析给定替代行动的所有后果（好的和坏的）。但是，这是否意味着价值观的真正转变在道德上是相对的？确实，任何关于善恶的观点都必须受到批判。我们应该能够批判每一个先验善恶观念的理性和哲学基础。价值的结构性转变正在重新定义人类理解的局限性。这并没有湮灭善与恶之间的边界，仿佛善与恶是同一现象。在审视金融犯罪（如腐败和洗钱）时，我们必须对这种现象的偏见和成见持开放态度。否则我们只会助长现状，然后陷入一种意识形态中（正如马克思批评的那样）。最深的偏见是相信我们永远不会传达任何偏见（海德格尔，2013：16）。如果我们想要接受任何可能发生在我们自我认识（以及我们感知和塑造世界的方式）上的变化，那么我们必须接受最高的哲学挑战：我们必须不断地接受对我们的道德价值观和信仰的批判。的确，尼采和苏格拉底同意这种态度。尼采想打破苏格拉底的传统。但是，尼采式的价值观转变给予了撼动我们价值观或信念基础的勇气。尼采无法否定苏格拉底的知识过程哲学方法。这可能是一种可预见的结果：哲学不是一系列答案，而是对现实意义的连续询问过程。

（2）实现道德生活而不是停留在美学生活的挑战（克尔凯郭尔）：如果没有道德主义者，我们就无法从道德上评估金融犯罪及其相关的现实。美学家的立场使个人在道德上对金融犯罪漠不关心。美学家关注即时性的方式使得其不可能合理地分析金融犯罪现象。当即时性决定我们对他人或世界的看法时，我们便在彰显即时性的重要性。随即，我们的人生观就充满了个人的欢喜和愉悦。如果这些现象并没有影响到美学家的幸福和愉悦，他们就对此漠不关心。采用伦理生活观使我们有必要对所有的现象进行道德判断（包括金融犯罪，如贿赂和洗钱）。我们对自己的道德责任持开放态度，因此必须排除任何不道德的行为。与美学家不同，伦理学家威胁着犯罪集团的基本自由，因为他批评其犯罪行为的道德特征。罪犯仍然是自由的人。但是，如果没有公众支持，无论是明示还是暗含，他们都会失去许多实施犯罪的机会。犯罪分子希望在一个以美学为基础的社会中开展其非法活动：对即时性和个人快乐的关注可以为任何犯罪项目打开大门，而不会感到任何被社会反对的威胁。正如休姆（1975）所言，人类行为的基本动机是获得社会认可，或避免既定决定或行为被社会反对。犯罪集团将从基于美学的社会中大为获益。他们将得到专注于个人喜乐的美学家的默许。根据叔本华（2009：320－403）的观点，人类的行动是由利己主义、恶意或同情心驱动的。正义对抗利己主义，而慈善事业则对抗恶意。同情是正义与慈善的基础。从道德的角度来看，人类的行动只能通过同情来证明其正当性。与塞内卡（1995：269－273）和斯宾诺莎（1967：293）不同，叔本华认为同情是道德的基础。利己主义和恶意无法从道德上为任何人类行为辩护。像卢梭（1966：289）一样，叔本华也断言同情心并非针对他人幸福。同情心减轻人们的痛苦（叔本华，2009：339－340）。犯罪分子通过利己主义动机为自己的行为辩护。他们在犯罪时有恶意。只要他们对人没有同情心，他们的行为就不会在道义上是合理的。因为自我是自由意识，所以我能对他人痛苦表达同情（列维纳斯，2011：203）。

（3）沟通与真理（布伯、雅斯贝尔斯）：金融犯罪正在使人们彼此之间建立关系的方式发生根本变化。我们寻求真理的基础是彼此交流。即使是关于金融犯罪的对话也存在偏见。这是否意味着如果不与他人进行交流，无论这些人是我的朋友、亲戚、上级，还是同龄人，我们都无法寻找到有关金融犯罪的真相？雅斯贝尔斯认为，在没有与他人进行密切交流的情况下，任何寻求真理的工作都是无法进行的。如果不与他人交流关于真理的信息，我们将永远不会有任何可靠或合理的真理概念。雅斯贝尔斯所说的关于沟通的真理概念与哈贝马斯的协商过程非常接近。但是，雅斯贝尔斯的真理观与哈贝马斯的协商伦理思想之间仍然存在差距。哈贝马斯（1992：15－32）试图掌握如何定义普遍的道德规范。他的方法论着重于社交互动和协商过程。在协商过程中，每个人都是平等的，并且有相同的机会来解释他的观点。哈贝马斯用理性人之间的协商过程代替了康德的理性人。道德规范和禁令并非基于纯粹的理性（康德），而是通过对真理主张的深思熟虑发现的（哈贝马斯，1999：89）。与哈贝马斯（1992）不同，雅斯贝尔斯并没有想当然地认为沟通交流可以产生共享的真理。相反，他认为交流是我们相互理解彼此的方式。因此，寻求真理是任何人定义真理的唯一途径。根据雅斯贝尔斯的观点，如果不与其他真理概念对比，就根本不会有真理。与哈贝马斯（1992）不同，雅斯贝尔斯认为我们无须就真相达成共识。哈贝马斯主义哲学可以使人们（通过协商程序）就道德和特定金融犯罪的文化约束性质（如贿赂）达成共识。但是，协商并不能最终决定什么是道德或不道德。这意味着，当与我讨论的人不同意我的看法时，我仍可以认为贿赂是不道德的。在哈贝马斯协商伦理的背景下，只有当我已经向他人解释了自己的观点并让他人解释了他们的观点时，我才有理由认为"贿赂是不道德的"（于是，这样的论断被当作是真实的）。如果我倾听了别人的观点，那我就可能允许别人改变我的道德观点。如果我拒绝了别人影响我道德判断的可能性，那么我就会想要拒绝除我之外的任何其他观点。那么受限于社会、文化、政治或经济条件，人们通过协商便可能会对贿赂道德产生共识。在处理金融犯罪时，哈贝马斯的协商式道德尤其具有风险。当从文化或伦理相对主义的角度分析某些犯罪（如贿赂）时，其实并不一定需要达成共识。如果我们关注的是文化相对主义的论点，那么社会文化将决定指定决定或行为的道德品质。任何关于贿赂道德的社会共识，都永远无法在道德上为贿赂辩护。

（4）对技术的批评（马塞尔、海德格尔）：我们生活在以科技为基础的社会中。我们无法回避重新定义我们与技术工具的关系的挑战。事实上，犯罪分子越来越多地利用信息技术来改进他们的犯罪计划。我们不能排除挑战，以审视我们考虑技术工具的方式。我们是技术的使用者。如果我们不使用技术工具来定义自己，那么我们就会降低自己创造或使用技术的能力。在这样做时，我们将隐含地证明任何技术的使用都是正当的，而无视其对社区和生态系统的潜在破坏性影响。此外，我们将无法从道德上评估此类技术及其对社区或生物圈的影响。我们处于一种两难的境地：

①人类只不过是创造或使用技术工具的人——在这种情况下，我们就不能对其技术及其犯罪行为进行道德判断；②人类又不能简单地归结为技术创新的力量：在这种情况下，我们可以对犯罪集团创造或使用的技术进行道德评估。根据海德格尔和马塞尔的观点，我们必须专注于我们定义人类的方式。这不仅是人类学问题，更首先是一个本体论的提问过程。如果他不能对事物、事件和现象进行道德评估，那么作为此在的人类就不能成为拥有特定世界的实体。海德格尔和马塞尔总结说，人类不仅仅是技术创造者。人类必须始终能够发挥自己的道德判断力。

（5）勇于表达自己并成为社会的一员（蒂利希）：直面金融犯罪的可能性意味着勇于实现自我，即不参与犯罪活动。这也意味着成为社会一员的勇气，我们必须意识到金融犯罪（如诈骗）可能对集体意识产生负面影响。西蒙娜·薇依（1949：49）表示，没有风险就没有勇气。勇敢实现自我与失去自我的风险，即被非存在的人际结构消灭的风险，密切相连。在这两种情况下，我们都冒着失去自我或世界的风险。勇气从本质上讲是本体论的：它正在保护我们这个世界不至于消失。本体论意义上的勇气具备有效的本体效应。它可能会改变我们感知自己存在或所居世界的方式。有勇气成为自我，将使我们不愿意参与任何犯罪项目，或能够公开批评日益增长的金融犯罪现象。有勇气成为社会的一员，将使我们深刻认识到金融犯罪对集体利益的整体影响。这两种勇气都会使我们抵制任何去人性化的现象，包括金融犯罪（如腐败、诈骗和洗钱）。

（6）组织生活的"阅读过程"（萨特）：作为组织成员，我们既是组织生活的作家，又是读者。因此，我们有权重新定义组织文化。所有组织成员都是如此。但是，高层管理者是组织生活中最具战略意义的作家或读者。组织成员可以拒绝参加各种公司犯罪。但是，阅读组织生活意味着什么？撰写组织文化意味着什么？撰写和阅读组织生活或文化都意味着组织生活只是叙事。不做决定就不可能撰写这样的故事。这样的决定可以为组织生活或文化的各个方面赋予意义。有意义的决策是可以改变组织文化的决策。把组织生活写成叙事性的东西是不可能实现的，除非你有一种深刻而强烈的意愿去接受每一种伦理、文化和社会的挑战。这样的挑战可以使对组织生活的所有解释更加深入。因此，将组织生活故事化是一种解释性的任务。如果不使用必需的词汇和语法，就无法阅读组织生活。组织的符号和仪式、信念和表示、行为的价值观和规范构成了组织文化的核心。组织文化是可用于掌握组织生活各个方面的基本语言。它的组成部分在整个组织生活中都得到了揭示。因此，品味组织生活需要了解其基础信号，这些基础信号在组织集体生活中有各种表达方式。品味组织生活是一项基本的解释学任务。高层管理者正在撰写和阅读组织生活或文化。通过这种方式，他们能够确定最重要的挑战，这些挑战是人们在组织中生活的基础。高层管理者能够发现在道德上存在疑问的组织过程、活动和运营的轨迹和症状。写作或阅读组织生活或文化的诠释任务意味着组织成员公开批评或证明金融犯罪或公司犯罪现象的公开性。它没有任何道德先驱者。作为组织成员，我们可以撰写或阅读组织生活或文化，并确定采取犯罪行为的良好动机。我们还可以撰写或阅读组织生活或文化，并得出结论：我们不能参加犯罪计划。高层管理者也在写作或阅读组织生活或文化。但是他们可以制定措施和程序来预防金融犯罪以及企业犯罪。因此，他们的解释性任务对设计预防金融犯罪或公司犯罪的策略非常重要。

对金融犯罪的非人性化方面是否有适合的选择？它们在哲学上是可持续的，在社会上是可用的吗？我们如何才能平衡金融犯罪实际上被神化的非人化过程？可以考虑三个应用选项。第一，有必要重新审查企业或政府伦理的形而上学基础。只要企业和政府伦理没有面临界定其形而上学基础的挑战，任何可以在商业环境或政府机构、部门中应用的道德守则，都具备有限的适用范围和吸引力。伦理学必须有形而上学的基础。它与存在范畴相联系。伦理课程应该包含这样一种挑战，即找出自由和瞬间、痛苦和死亡、错误、罪责和绝望的确切含义，或反映某一存在范畴的无意义。这种形而上学的过程应该融入任何道德课程中。拒绝面对形而上学问题的挑战就是否定了人的本质，即人对现实的质疑（海德格尔，2013：93）。人类只是一组关于现实问题的综合（和无限）集合（萨特，1985：109）。第二，需要克服享乐主义趋势和人类自我的神化过程。金融犯罪正在增强个人的欢愉，就好像它们即将成为人类生存的目标一样。贿赂或受贿的乐趣，洗钱的乐趣，逃税的乐趣，被卷入政府、破产或保险诈骗的乐趣，所有这些乐趣都表达了自我崇拜的过程。任何关于金融犯罪的道德观点都不应认为这种快乐在道义上是合理的。在这些情形下，金融犯罪的受害者都承受着不适当的负担，他们的困境加剧了他们存在的痛苦。第三，有必要在公民和组织成员之间建立起更好的跨文化或宗教对话结构。在伦理学可以涉及的各种文化/宗教/精神范式的范围内，必须有倾向于增进相互理解和信任的组织结构和机制。关于真理声明的沟通交流可以使组织成员或公民更好地掌握道德的形而上学依据。他们将揭示使存在的范畴变得有意义或无意义的哲学视野。正如列维纳斯（2012：22）所说，经验是对意义的理解，因此是一种诠释任务。

有效的预防策略不能回避深化人类自我认识的哲学挑战。我们定义人类的方式将影响我们对任何非人性化现象的哲学解释。在《君主论》一书中，马基雅维利认为人类具有天生的恶意，以自我利益为中心，沉迷于权力（如霍布斯在《利维坦》中所说的）。其目的是证明手段是正当的，至少对那些掌握权力的人来说是如此。另外，如果人类本善，尽管他可能被社会腐化，我们也必须改造整个社会，以确保善能自由而普遍地表达出来。正如卢梭（1971：249）所说，人性本善。但是，人的行为必须社会化。我们必须学会区分善与恶。我们如何才能在善与恶之间划清界限？社会制度将是基本的参考模式。它们与一系列行动和思想、偏见和迷信、法律和政治机构有着内在的联系，它们决定了长期建立和维持特定社会制度的方式。没有这样的集体诉求，社会制度就不存在（法尔科内，莫斯，1969：16－17，25）。在特定社会中有关金融犯罪的集体诉求决定了政府将以何种适当而有效的方式打击它们。集体诉求不是所有单个诉求的总和。他们更多地是反映给定社会的发展方式（法尔科内，莫斯，1969：26－27）。如果不强制性采取特定行动，集体诉求就不可能存在。金融犯罪不过是一种社会现象。它们是社会系统的组成部分（莫斯，1969：47，51，54）。在马基雅维利社会中，金融犯罪是可预测的行为，并且可以被这样的事实所证明：人类只不过是一种恶意的、以自我为中心的、沉迷于权力的生物。但是在卢梭社会中，我们可以将金融犯罪视为去人性化的现象，因为犯罪是由社会引起的。在这本书中，我们揭示了存在主义原则，这些原则可能会改变我们审视金融犯罪的方式。为此，我们正在转变视角，这种解释观的棱镜会有本质上的不同。存在主义哲学可以帮助我们彻底转变对世界的理解与对自我的理解。我们对"这意味着什么"的存在主义的表达是针对金融犯罪的长期预防策略的关键组成部分。如果不深化我们想要生活的世界的意义，我们就无法有效打击金融犯罪。萨特在他的《辩证理性批判》（1985：149）中正确地指出，我们的思想既受我们所生活的世界制约，也体现了我们对自己的世界的认识。存在主义视角将有助于我们从这两个方面正视金融犯罪现象。

｜ 参考文献 ｜

［1］Falconnet, Paul, and Mauss Marcel. 1969. La sociologie：objet et méthode. In *Essais de sociologie*, ed. Mauss Marcel, 6 – 41. Paris：É ditions de Minuit.

［2］Habermas, Jürgen. 1992. *De l'éthique de la discussion*. Paris：Cerf.

［3］Heidegger, Martin. 2013. *Introduction à la recherché phénoménologique*. Paris：Gallimard.

［4］Hume, David. 1975. *Enquiries concerning human understanding and concerning the principles of morals*. Oxford：Oxford University Press.

［5］Levinas, Emmanuel. 2011. *Autrement qu'être, ou au-delà de l'essence*. Paris, Le livre de poche, no 4121.

［6］Levinas, Emmanuel. 2012. *Humanisme de l'autre homme*. Paris：Le livre de poche, no 4058.

［7］Marcel, Mauss. 1969. Division concre'te de la sociologie. In *Essais de sociologie*, ed. Mauss Marcel, 42 – 80. Paris：Éditions de Minuit.

［8］Rousseau, Jean-Jacques. 1966. *Émile, ou de l'éducation*. Paris：GF Flammarion.

［9］Rousseau, Jean-Jacques. 1971. *Discours sur les sciences et les arts. Discours sur l'origine et les fondements de l'inégalité parmi les hommes*. Paris：GF Flammarion.

［10］Sartre, Jean-Paul. 1985. *Critique de la raison dialectique, précédé de Questions de méthode. Tome 1. Théorie des ensembles pratiques*. Paris：Gallimard.

［11］Schopenhauer, Arthur. 2009. *Le monde comme volonté et représentation*, vol. 1. Paris：

Gallimard.

［12］ Spinoza，Baruch. 1967. *Éthique*. Paris：Gallimard.

［13］ Seneca. 1995. *Traités*. Paris：France Loisirs.

［14］ Weil，Simone. 1949. *L'enracinement*. Paris：Gallimard.

文献目录

[1] Acquaah – Gaisie, Gerald Anselm. 2005. Curbing financial crime among third world elites. *Journal of Money Laundering Control* 8 （4）: 371 – 381.

[2] Agarwal, James, and David Cruise Malloy. 2000. The role of existentialism in ethical business decision – making. *Business Ethics: A European Review* 9 （3）: 143 – 154.

[3] Apke, Thomas M. 2001. Impact of OECD convention anti – bribery provisions on international companies. *Managerial Auditing Journal* 16 （2）: 58 – 62.

[4] Arendt, Hannah, and Karl Jaspers. 2006. *La philosophie n'est pas tout à fait innocente*. Paris: Petite bibliothèque Payot.

[5] Arunthanes, Wiboon, Patriya Tansuhaj, and David J. Lemak. 1994. Cross – cultural business gift giving. A new conceptualization and theoretical framework. *International Marketing Review* 11 （4）: 44 – 55.

[6] Ashman, Ian, and Diana Winstanley. 2006. The ethics of organizational commitment. *Business Ethics: A European Review* 15 （2）: 142 – 153.

[7] Bacon, Francis. 1883. *Essays*. New York: H. M. Caldwell.

[8] Baughn, Christopher, Mancy L. Bodie, Mark A. Buchanan, and Michael B. Bixby. 2009. Bribery in international business transactions. *Journal of Business Ethics* 92: 15 – 32.

[9] Berdiaeff, Nicolas. 1950. *Esprit et réalité*. Paris: Aubier/Montaigne.

[10] Berdiaeff, Nicolas. 1979. *De la destination de l'Homme. Essai d'éthique paradoxale*. Lausanne: L'Âge d'Homme.

[11] Bergson, Henri. 1961. *Essai sur les données immédiates de la conscience*. Paris: Presses universitaires de France.

[12] Bergson, Henri. 1976. *Les deux sources de la morale et de la religion*. Paris: Presses universitaires de France.

［13］ Bergson, Henri. 1993. *L'énergie spirituelle*. Paris: Presses universitaires de France.

［14］ Bergson, Henri. 1999. *Matière et mémoire. Essai sur la relation du corps à l'esprit*. Paris: Presses universitaires de France.

［15］ Biagioli, Antonello, and Massimo Nardo. 2007. A crossroad in combating and preventing financial crime. Looking for synergeting instruments for attack and prevention. *Journal of Financial Crime* 14 (2): 127 – 137.

［16］ Cassell, Cathy, Phil Johnson, and Ken Smith. 1997. Opening the black box: Corporate codes of ethics in their organizational context. *Journal of Business Ethics* 16 (10): 1077 – 1093.

［17］ Cleek, Margaret Anne, and Sherry Lynn Leonard. 1998. Can corporate codes of ethics influence behavior? *Journal of Business Ethics* 17 (6): 619 – 630.

［18］ Cobb, John B. 1992. Sustainability. *Economics, ecology, and justice*. Maryknoll: Orbis Books.

［19］ Coste, René. 1989. Paix, *Justice, Gérance de la Création*. Paris: Nouvelle Cité.

［20］ Croall, Hazel. 2003. Combating financial crime: Regulatory versus crime control approaches. *Journal of Financial Crime* 11 (1): 45 – 55.

［21］ Deal, Terrence E. , and Allen A. Kennedy. 1982. *Corporate cultures. The rites and rituals of corporate life*. Reading: Addison – Wesley Publishing Co.

［22］ Derrida, Jacques. 1990. *Heidegger et la question. De l'esprit et autres essais*. Paris: Éditions Galilée.

［23］ Dobovsek, Bojan. 2008. Economic organized crime networks in emerging democracies. *International Journal of Social Economics* 35 (9): 679 – 690.

［24］ Dostoyevsky, Fedor. 1961. *Les Possédés*. Paris: Le livre de poche.

［25］ Dubbink, Wim, and Jeffery Smith. 2011. A political account of corporate moral responsibility. *Ethical Theory and Moral Practice* 14: 223 – 246.

［26］ Épictète. 1991. *De la liberté*. Paris: Gallimard.

［27］ Erwin, Patrick M. 2011. Corporate codes of conduct: The effects of code content and quality on ethical performance. *Journal of Business Ethics* 99: 535 – 548.

［28］ Flamholz, Eric G. 1990. *Growing pains: How to make the transition from an entrepreneurship to a professionally managed firm*. San Francisco: Jossey – Bass.

［29］ Gilligan, George Peter. 2007. Business, risk and organized crime. *Journal of Finan-*

cial Crime 14 (2): 101 – 112.

[30] Gottschalk, Petter. 2010. Theories of financial crime. *Journal of Financial Crime* 17 (2): 210 – 222.

[31] Habermas, Jürgen. 1987. *Théorie de l'agir communicationnel, tome 1*. Paris: Fayard.

[32] Habermas, Jürgen. 1999. *Morale et communication. Conscience morale et activité communicationnelle*. Paris: Flammarion.

[33] Habermas, Jürgen, and John McCumber. 1989. Work and Weltanschauung: The Heidegger controversy from a German perspective. *Critical Inquiry* 15 (2, Winter): 431 – 456.

[34] Hardie – Bick, James, and Ronnie Lippens. 2011. *Crime, governance and existential predicaments*. New York: Palgrave Macmillan.

[35] Hegel, G. W. F. 1979. *Esthétique, vol.* 2. Paris: Flammarion.

[36] Heidegger, Martin. 1973. *The end of philosophy*. New York: Harper & Row.

[37] Heidegger, Martin. 2006a. *Qu'est – ce qu'une chose?* Paris: Gallimard.

[38] Heidegger, Martin. 2012. *Phénoménologie de la vie religieuse*. Paris: Gallimard.

[39] Helin, Sven, and Johan Sandström. 2007. An inquiry into the study of corporate codes of ethics. *Journal of Business Ethics* 75: 253 – 271.

[40] Hobbes, Thomas. 1972. *Léviathan*. Paris: Sirey.

[41] Hölderlin, Johan Christian Friedrich. 2008. *Odes, élégies, Hymnes*. Paris: Gallimard.

[42] Horkheimer, Max. 2010. *Les débuts de la philosophie bourgeoise*. Paris: Petite bibliothèque Payot.

[43] Jaspers, Karl. 1966a. *Initiation à la méthode philosophique*. Paris: Petite bibliothèque Payot.

[44] Jaspers, Karl. 1971. *Philosophy, vol.* III. Chicago/London: The University of Chicago Press.

[45] Jogulu, Uma D. 2010. Culturally – linked leadership styles. *Leadership & Organization Development Journal* 31 (8): 705 – 719.

[46] Kahlil, Fahad, Jacques Lawarrée, and Sungho Sun. 2010. Bribery versus extortion: Allowing the lesser of two evils. *The Rand Journal of Economics* 41 (1): 179 – 198.

[47] Kaler, John. 2000. Positioning business ethics in relation to management and political philosophy. *Journal of Business Ethics* 24 (3): 257 – 272.

[48] Kant, Immanuel. 1983. *Foundations of the metaphysics of morals*. Indianapolis: Bobbs –

Merrill/ Library of Liberal Arts.

［49］ Kantabutra, Sooksan. 2010. Vision effects: A critical gap in educational leadership research. *International Journal of Educational Management* 24 (5): 376 – 390.

［50］ Ksenia, Gerasimova. 2008. Can corruption and economic crime be controlled in developing countries and if so, is it cost – effective? *Journal of Financial Crime* 15 (2): 223 – 233.

［51］ Lippens, Ronnie, and Don Crewe. 2009. *Existentialist criminology.* London: Routledge Cavendish.

［52］ Machiavelli, N. 1980. *Le Prince.* Paris: GF – Flammarion.

［53］ Maguire, Stephen. 1997. Business ethics: A compromise between politics and virtue. *Journal of Business Ethics* 16 (12 – 13): 1411 – 1418.

［54］ Marcel, Gabriel. 1973. *Cinq pièces majeures: Un homme de Dieu; Le monde cassé; Le Chemin de Crête; La soif; Le signe de croix.* Paris: Plon.

［55］ Marine, Frank J. 2006. The effects of organized crime on legitimate business. *Journal of Financial Crime* 13 (2): 214 – 234.

［56］ McDaniel, Jay B. 1990. *Earth, sky, gods & mortals. Developing an ecological spirituality.* Mystic: Twenty – Third Publications.

［57］ McFarlane, John. 2005. Regional and international cooperation in tackling transnational crime, terrorism and the problems of disrupted states. *Journal of Financial Crime* 12 (4): 301 – 309.

［58］ McNutt, Patrick A., and Charlie A. Batho. 2005. Code of ethics and employee governance. *International Journal of Social Economics* 32 (8): 656 – 666.

［59］ Meier, Robert Frank, Leslie V. Kennedy, and Vincent F. Sacco. 2001. Crime and the criminal event perspective. In *The process and structure of crime: Criminal events and crime analysis*, ed. R. F. Meier, L. V. Kennedy, and V. F. Sacco, 1 – 28. New Brunswick: Transaction Publishers.

［60］ Moltmann, Jürgen. 1988. *Dieu dans la Création. Traité écologique de la création.* Paris: Cerf.

［61］ Parker, Sharon K., Uta K. Bindl, and Karoline Strauss. 2010. Making things happen: A model of proactive motivation. *Journal of Management* 36 (4): 827 – 856.

［62］ Peppas, Spero C. 2003. Attitudes toward code of ethics: The effects of corporate misconduct. *Management Research Review* 26 （6）： 77 – 89.

［63］ Peter, Gottschalk, and Robert Smith. 2011. Criminal entrepreneurship, white – col-
lar criminality, and neutralization theory. *Journal of Enterprising Communities* 5 （4）：
300 – 308.

［64］ Plato. 1967. *The republic.* New York/London： Oxford University Press.

［65］ Plato. 2011a. Lachès. In *Œuvres complètes de Platon*, ed. Luc Brisson, 1484 – 1792.
Paris： Flammarion.

［66］ Plato. 2011b. Lysis. In *Oeuvres completes de Platon*, ed. Luc Brisson, 1011 – 1033.
Paris： Flammarion.

［67］ Plato. 2011c. Protagoras. In *Œuvres complètes de Platon*, ed. Luc Brisson, 1436 –
1480. Paris： Flammarion.

［68］ Plato. 2011d. Republic. In *Œuvres complètes de Platon*, ed. Luc Brisson, 597 – 621.
Paris： Flammarion.

［69］ Prasad, Anshuman. 2002. The contest over meaning： Hermeneutics as an interpretive
methodology for understanding texts. *Organizational Research Methods* 5 （1）： 12 – 33.

［70］ Rebovich, Donald J. , and John L. Kane. 2002. An eye for an eye in the electronic
age： Gauging public attitude toward white collar crime and punishment. *Journal of Eco-
nomic Crime Management* 1 （2）： 1 – 19.

［71］ Rich, Arthur. 1994. *Éthique économique.* Genève： Labor et Fides.

［72］ Ricoeur, Paul. 1960. *Philosophie de la volonté. Finitude et culpabilité. Tome 1 .
L'Homme faillible.* Paris： Aubier/Montaigne.

［73］ Ricoeur, Paul. 1969. *Le conflit des interprétations. Essais d'herméneutique.* Paris：
Seuil.

［74］ Rodriguez – Dominguez, Luis, Isabel Gallego – Alvarez, and Isabel Maria Garcia –
Sanchez. 2009. Corporate governance and codes of ethics. *Journal of Business Ethics*
90： 187 – 202.

［75］ Ross, Eward Alsworth. 2002. The criminaloid： An early sociologist examines deviance
by powerful people and their organizations. In *Corporate and governmental deviance.
Problems of organizational behavior in contemporary society*, 6th ed, ed. M. David Er-
mann and Richard J. Jundman, 57 – 66. Oxford： Oxford University Press.

［76］ Rousseau, Jean – Jacques. 1975. *Du contrat social.* Paris： Garnier – Flammarion.

［77］ Ruether, Rosemary Radford. 1992. *Gaia and god. An ecofeminist theology of earth healing*. San Francisco: Harper Collins Publishers.

［78］ Saksena, Pankaj. 2001. The relationship between environmental factors and management fraud: An empirical analysis. *International Journal of Commerce & Management* 11 (1): 120 – 139.

［79］ Salamun, Kurt. 1988. Moral implications of Karl Jaspers' existentialism. *Philosophy and Phenomenological Research* 49 (2): 317 – 323.

［80］ Santos, Filipe M. , and Kathleen M. Eisenhardt. 2005. Organizational boundaries and theories of organization. *Organization Science* 16 (5): 491 – 508.

［81］ Sarros, James C. , and J. C. Santora. 2001. The transformational – transactional leadership model in practice. *Leadership & Organization Development Journal* 22 (8): 383 – 393.

［82］ Scheler, Max. 1955. *L'homme et l'Histoire*. Paris: Aubier/Montaigne.

［83］ Schopenhauer, Arthur. 1978. *Le fondement de la morale*. Paris: Aubier – Montaigne.

［84］ Schwartz, Mark. 2001. The nature of the relationship between corporate codes of ethics and behaviour. *Journal of Business Ethics* 32 (3): 247 – 262.

［85］ Schwartz, Mark S. 2002. A code of ethics for corporate code of ethics. *Journal of Business Ethics* 41 (1 – 2): 27 – 43.

［86］ Schwartz, Mark S. 2004. Effective corporate codes of ethics: Perceptions of code users. *Journal of Business Ethics* 55: 323 – 343.

［87］ Schwartz, Mark S. 2005. Universal moral values for corporate codes of ethics. *Journal of Business Ethics* 59: 27 – 44.

［88］ Sen, Amartya. 1992. *On ethics and economics*. Oxford: Blackwell.

［89］ Sen, Amartya. 2010. *L'idée de justice*. Paris: Flammarion.

［90］ Sethi, S. Prakash. 2002. Corporate codes of conduct and the success of globalization. *Ethics & International Affairs* 16 (1): 89 – 106.

［91］ Singh, Jang B. 2011. Determinants of the effectiveness of corporate codes of ethics: An empirical study. *Journal of Business Ethics* 101: 385 – 395.

［92］ Skolimowski, Henryk. 1992. *Éco – Philosophie et Éco – Théologie. Pour une philosophie et une théologie de l'ère écologique*. Genève: Éditions Jouvence.

［93］ Soffer, Gail. 1996. Heidegger, humanism, and the destruction of history. *The Review of Metaphysics* 49 (3): 547 – 576.

［94］ Solomon, Robert C. , and Kristine R. Hanson. 1983. *Above the bottom line. An intro-duction to business ethics.* New York: Harcourt Brace Jovanovich Inc.

［95］ Steiner, Georges. 1981. *Martin Heidegger.* Paris: Flammarion.

［96］ Stohl, Cynthia, Michael Stohl, and Lucy Popova. 2009. A new generation of corporate codes of ethics. *Journal of Business Ethics* 90: 607 – 622.

［97］ Thiele, Leslie Paul. 1991. Reading Nietzsche and Foucault: A hermeneutics of suspi-cion? *The American Political Science Review* 85 (2): 581 – 592.

［98］ Tolstoy, Leo. (no date). *The death of Ivan Ilyitch.* New York: The Library Press.

［99］ Van Zolingen, Simone J. , and Hakan Honders. 2010. Metaphors and the application of a corporate code of ethics. *Journal of Business Ethics* 92: 385 – 400.

［100］ Weick, Karl E. , Kathleen M. Sutcliffe, and David Obstfeld. 2005. Organizing and the process of sensemaking. *Organization Science* 16 (4): 409 – 421.

［101］ Winkler, Ingo. 2011. The representation of social actors in corporate codes of ethics. How code language positions internal actors. *Journal of Business Ethics* 101: 653 – 665.

［102］ Xenopho. 1958. *Cyropédie, Hipparque, Équitation, Hiéron, Agélisas, Revenus.* Paris: Éditions Garnier Frères.

［103］ Xenopho. 2012. *Mémorables de Socrate.* Paris: Éditions Manucius.